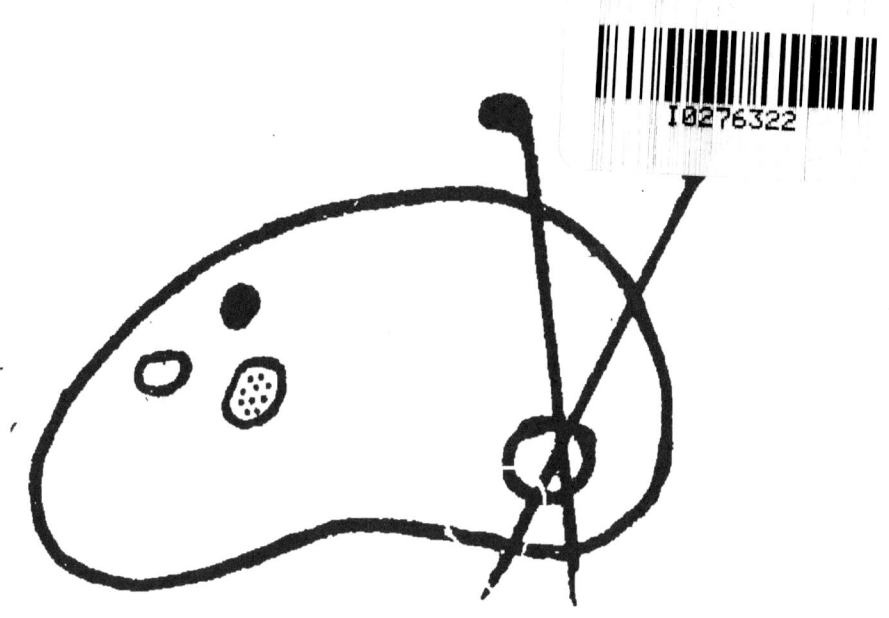

Couvertures supérieure et inférieure
en couleur

VOYAGE
D'UN FRANÇOIS
EN ITALIE.

TOME SIXIEME.

VOYAGE D'UN FRANÇOIS EN ITALIE,

FAIT DANS LES ANNÉES 1765 & 1766.

ntenant l'Histoire & les Anecdotes les plus singulieres de l'Italie, & sa description; les Mœurs, les Usages, le Gouvernement, le Commerce, la Littérature, les Arts, l'Histoire Naturelle, & les Antiquités; avec des jugemens sur les Ouvrages de Peinture, Sculpture & Architecture, & les Plans de toutes les grandes villes d'Italie.

TOME SIXIEME.

A VENISE.

Et se trouve A PARIS

Chez DESAINT, Libraire, rue du Foin.

M. DCC. LXIX.

..... Mi gioverà narrar' altrui
Le novità vedute, e dir', io fui.
Gier. Liber. XV. 38.

VOYAGE
EN ITALIE,
FAIT DANS LES ANNÉES 1765 & 1766.

CHAPITRE PREMIER.

Voyage de Rome à Naples par Velletri & Terracina.

LA distance de Rome à Naples est de quarante-trois lieues ; la route la plus ordinaire, c'est-à-dire, celle de la poste passe à *Terracina* ; mais il est assez ordinaire aux voyageurs de vouloir faire aussi la route du mont Cassin : je décrirai celle-ci en parlant de mon retour ; je vais commencer par la route la plus commune & en même temps la plus célebre.

La lecture des Auteurs classiques, l'intérêt qu'ils nous font prendre aux lieux que ces grands hommes ont habités, est une des choses qui augmentent le plus la curiosité & le plaisir d'un voyage en Italie. J'avois lu comme tout le monde la cinquieme Satyre du premier livre d'Horace, dans laquelle il décrit son voyage de Rome à Brindes, mais je ne prenois aucun intérêt à cette géographie. C'est en allant de Rome à Naples que j'ai relu avec plaisir le voyage d'Horace : en parcourant une partie des lieux qu'il y décrit, j'aimois à comparer leur état actuel avec la narration d'Horace, & les noms qu'ils portent aujourd'hui avec ceux qu'ils avoient de son temps : voici quelques notes à ce sujet qui seront sur-tout intéressantes pour ceux qui aiment l'histoire Romaine. L'an 713 de Rome ou 41 ans avant J. C. Antoine venoit de quitter Cléopatre pour s'opposer au progrès d'Octave à qui rien ne résistoit en Italie ; Domitien Ænobarbus se joignit à Antoine, & celui-ci vint mettre le siege devant Brindes, tandis que Sextus Pompée faisoit une descente ailleurs. Les amis communs, Mécene, Pollion,

Voyage d'Horace.

Cocceius, allerent à Brindes pour négocier l'accommodement d'Antoine avec Octave, qui eut lieu en effet, auffibien que le mariage d'Antoine avec Octavie, fœur d'Octave; Horace fut du voyage, mais il partit d'abord de Rome avec Heliodore pour aller attendre Mécene à Terracine. La premiere ftation fut *Aricia*, qui eft aujourd'hui *Lariccia*, dont nous avons parlé dans le volume précédent. Ce n'eft pas la route actuelle de Naples, mais elle en eft peu éloignée.

> Egreffum magna me excepit Aricia Roma,
> Hofpitio modico: Rhetor Comes Heliodorus,
> Græcorum longe doctiffimus: inde forum Appî
> Differtum nautis, cauponibus atque malignis.

La ville ou le bourg appellée *Forum Appii* étoit, felon quelques Auteurs, à l'endroit où eft le hameau ou auberge appellé *Cafe Nuove*. Mais celui-ci n'eft point tout-à-fait fur la voie *Appia*; il eft plus propable, comme d'autres l'ont dit, que c'eft *Cafarillo di fanta Maria*, à quatorze lieues de Rome dans les MaraisPontins où fe perd la voie *Appia*; car on voit près de là des reftes d'une ancienne ville: elle avoit été fondée par Appius Claudius Cæcus, fur le grand chemin qu'il fit conftruire vers l'an 313 avant J. C.

Horace marchoit comme l'on voit à petites journées, on croit même qu'il fit la route à pied depuis Rome jusqu'à l'endroit dont nous parlons; cela arrivoit souvent aux Romains, à ceux même qui étoient très-riches, & l'histoire en fournit plusieurs exemples. Horace paroît l'indiquer dans ces deux vers :

> Hoc iter ignavi divisimus, altius ac nos
> Præcinctis unum : minus est gravis Appia tardis.

d'ailleurs il faut convenir que, même pour des voitures, la voie *Appia* devoit être fort incommode : l'on étoit obligé d'y aller très-lentement.

Cette ville appellée *Forum Appii* étant située sur le bord des Marais Pontins, il n'est pas étonnant que l'eau y fût mauvaise : Horace qui la craignoit ne voulut point y souper :

> Hic ego propter aquam, quod erat teterrima ventri
> Indico bellum, cœnantes haud animo æquo
> Expectans comites.

Je passe la description du voyage qu'il fit sur les Marais Pontins depuis *Forum Appii* jusqu'à une lieue de Terracine, & de la mauvaise nuit qu'il passa ; il en partit le lendemain, quatre heures après le lever du soleil.

CHAP. I. *Route de Naples.*

> .... Quartâ vix demum exponimur horâ
> Ora, manufque tuâ lavimus Feronia, lymphâ.
> Millia tum pranfi tria repimus atque fubimus
> Impofitum faxis late candentibus Anxur.
> Huc venturus erat Mæcenas.

Le temple & le bois facré de la déeffe *Feronia*, étoient à une lieue de Terracine ou d'Anxur, ville des Volfques, dont nous parlerons bientôt, qui eft à vingt lieues de Rome & de Naples, ou à peu près.

De Terracine Horace paffe à Fondi qui eft à quatre lieues plus loin, & dont nous parlerons également. C'eft là qu'il eut la fcène plaifante de ce Juge de province qui portoit la robe bordée de pourpre, & qui fe faifoit rendre tous les honneurs de fa charge avec pompe & avec cérémonie.

> Fundos aufidio Lufco prætore libenter
> Linquimus, infani ridentes præmia fcribæ,
> Prætextam & latum clavum, prunæque batillum.

De-là il arrive à *Formie*.

> In Mamurrarum laffi deinde urbe manemus.

Du moins on croit communément que c'eft la ville de Formie qui étoit appellée auffi *urbs Mamurrarum*; mais il y a des Auteurs qui croient que c'eft la petite ville d'Itri qui étoit *urbs Mamurrarum*,

& non pas celle de Formie qui est aujourd'hui *Mola di gaeta*. Horace continuant son voyage, rencontre à *Sinuessa* Virgile, Plotius & Varius, ses amis intimes; il témoigne toute la joie qu'il ressentit à cette entrevue:

> Postera lux oritur multo gratissima, namque
> Plotius & Varius Sinuessæ, Virgiliusque
> Occurrunt, animæ quales neque candidiores
> Terra tulit, neque queis me sit devinctior alter.
> O qui complexus & gaudia quanta fuerunt !
> Nil ego contulerim jucundo sanus amico.

La ville où il eut tant de plaisir, & qu'il appelle *Sinuessa* étoit la derniere ville du Latium ajouté, bâtie dans l'endroit où l'on croyoit qu'avoit été l'ancienne ville grecque de Synope, sur le *Liris* ou *Garigliano*; c'est actuellement *Mondragone*, ou peut être *Sessa*. Les eaux chaudes qui sont près de-là à *Torre de' Bagni*, étoient célebres chez les anciens, on les appelloit *Suesanæ aquæ*, elles passoient pour guérir la stérilité des femmes & la folie des hommes.

Le terroire célebre des vins de Falerne étoit auprès de cette ville, au-dessous du mont *Massicus*; car le même Massique s'appelloit quelquefois aussi *Mons*

CHAP. I. *Route de Naples.*

Falernus comme dans ce vers de Martial.

> Iec in Falerno monte major autumnus.
> *L.* 12. *epig.* 57.

C'est le territoire de Falerne que l'on appelloit aussi *Minea Regio.* (a)

> Sunt & Amyneæ vites, firmissima vina.
> *Virg.*

De Formie jusqu'à Capoue il y a quatorze lieues.

> Proxima Campano ponti quæ villula tectum
> Præbuit & parochi quæ debent ligna salemque.
> Hinc muli Capuæ clitellas tempore ponunt.

La troisieme journée fut donc employée à aller de Formie à Capoue ; il paroît qu'on dîna dans une maison de campagne près du pont de Campanie, assez près de Capoue. Aucun Auteur que je sache n'a assigné la situation de ce pont ; mais probablement il séparoit le Latium de la Campanie. Voyez la carte de la Campagne de Rome de Magin. Nous parlerons de Capoue dans la description de la route de Naples.

De Capoue la voie Appia retournoit à l'orient du côté de Benevent & passoit à Caudium.

> Hinc nos Coccei recipit plenissima villa
> Quæ superest Caudî cauponas....

(a) V. le P. Briet, *Italia recentior.*

Cette ville de Caudium eſt célebre par la défaite des Romains arrivée l'an de Rome 432, ou 322 ans avant J. C.

Fourches Caudines. dans les défilés appellés les fourches Caudines; les Romains furent ſurpris par les Samnites, vaincus, obligés de paſſer ſous le joug avec ignominie; cette défaite cauſa dans Rome une ſi grande conſternation qu'on ferma les tribunaux & les marchés comme dans la derniere diſgrace; on livra aux ennemis les Conſuls & les autres Officiers qui avoient eu part à la reddition de l'armée : mais les Samnites qui ne vouloient pas que les Romains puſſent être par-là dégagés de leur parole, renvoyerent à Rome tous ces priſonniers volontaires (Tite-Live, L. 9. c. 2.) Il y a encore deux villages appellés *Furchi*, & *Gaudiello*, qui ſemblent par leurs noms avoir conſervé la mémoire de ce fameux événement. Ce n'eſt pas loin de la ſource des eaux de l'acquéduc de Caſerte, dont nous parlerons dans le ſeptieme Tome, & la ville elle-même s'appelle *Arpagia*.

De Caudium Horace paſſe à Benevent, puis à *Canuſium* ou *Canoſa* qui eſt à l'extrémité de la pouille. Le village *Cannes.* de Cannes célebre par une autre défaite

CHAP. I. *Route de Naples.*

des Romains, étoit sur l'*Offanto*, une lieue au-dessous de *Canusium* ;

> Sanguineus tumidis in campos Aufidus undis
> Ejectat redditque furens sua corpora ripis.
> *Sil. Ital. L. 10, v. 310.*

mais nous ne le suivrons pas plus avant, & nous allons reprendre plus en détail la route que l'on suit actuellement pour aller à Naples. Elle n'est pas tout-à-fait la même que la voie Appia ; on laisse *Lariccia* deux milles sur la droite pour passer à *Marino :* voici l'état des postes, avec leur prix en bayoques Romaines, les 60 font 3 livres 4 sols.

De Rome à *Tor di mezza via*, deux lieues, poste royale,	120
De *Tor di mezza via* à *Marino*, deux lieues, une poste,	80
De *Marino* à *Faiola*, une lieue & demie, trois quarts de poste,	60
De *Faiola* à *Velletri*, une lieue & demie, trois quarts,	60
De *Velletri* à *Cisterna*, deux lieues & demie, une poste,	80
De *Cisterna* à *Sermoneta*, trois lieues, une poste,	80
De *Sermoneta* aux *Case nuove*, trois lieues, une poste,	80

Des *Cafe nuove* à *Piperno*, une lieue
    & demie, trois quarts de poftes,   60
De *Piperno* à *gli Maruti*, deux lieues
    & demie, une pofte,   80
Des *Maruti* à *Terracina*, deux lieues
    & demie, une pofte,   80

Velletri.   VELLETRI eft une petite ville fituée à 23 milles de Rome, fur une colline agréable ; c'étoit autrefois la capitale des Volfques ; les Romains s'en emparerent dans le cours de leur guerre contre ce peuple ; mais on voit que 382 ans avant J. C. elle avoit fecoué le joug ; & quoique les Romains euffent remporté près de la ville une victoire mémorable, ils ne parvinrent à la prendre que 14 ans après. Ce fut le dernier exploit de Camille, qui ayant été fait Dictateur à l'âge de 80 ans, défit les Gaulois qui s'étoient avancés jufques fur les bords de l'Anio ou Tévérone, & s'empara de Velletri. Cette ville eft remarquable encore pour avoir été la patrie d'Augufte, ou du moins celle de fa famille.

On va voir fur une des places de Velletri la ftatue d'Urbain VIII, le palais Ginnetti qui appartient actuellement au Prince Lancelotti, & le *Palazzo della*

CHAP. I. *Route de Naples.* 11

Communita, ou *della Corte*, qui eſt bâti ſur une éminence, & qui domine toute la campagne.

Le palais Ginetti fut bâti par le célebre architecte Martin Lunghi; on y voit un des beaux eſcaliers de marbre qu'il y ait en Italie, & trois étages de portiques ornés de bas-reliefs & de ſtucs, avec trois grands appartemens où il y a des peintures & des ſtatues antiques & modernes.

Les jardins paſſent pour avoir deux lieues de tour, ils ſont ornés de jets-d'eau & de fontaines où l'eau a été amenée à grands frais depuis la montagne de Fajola, qui eſt à cinq milles de diſtance, & par des acquéducs dont une partie a été creuſée dans la montagne.

C'eſt dans le palais Ginetti que le Roi d'Eſpagne logea en 1744 pendant quelques mois, à l'occaſion de la guerre & du ſéjour des armées de Naples & de l'Empire aux environs de Velletri. Les Eſpagnols qui étoient en Italie ſous les ordres du Comte de Gages en 1744, ayant été affoiblis par la bataille de Campo Santo, & voyant que le Prince Lobkovitz avoit amené aux Impériaux de nouveaux ſecours, ſe retirerent dans

Guerre de Velletri.

A vj

le Royaume de Naples, où régnoit depuis dix ans le second fils du Roi d'Espagne : cette retraite y attira les Impériaux qui suivirent le Comte de Gages jusqu'à Velletri. Le 10 Août 1744 le Prince Lobkovitz surprit pendant la nuit la gauche du camp du Roi, qui étoit près de la ville, & la maison même où étoit le Roi, sur la hauteur des Capucins, ou de Ste. Marie des jardins, qu'on avoit négligé de fortifier; le Roi fut obligé de fuir avec la plus grande précipitation. Cependant les Impériaux n'ayant pu pénétrer au-delà de Velletri, & la saison étant avancée, le Prince Lobkovitz partit le 31 Octobre, & repassa sous les murs de Rome; le Roi de Naples l'y poursuivit, les deux armées camperent aux portes de Rome, & se canonerent à plusieurs reprises ; mais les maladies firent plus de mal que le canon. On dit que le peuple de Rome étoit porté pour les Autrichiens, & que la Cour paroissoit incliner pour les Espagnols. Le Roi de Naples alla baiser les pieds du Pape Benoît XIV ; les Officiers avoient la permission d'entrer à Rome, & cette campagne fut pour eux une partie de plaisir ; enfin l'on se sépara sans s'être

CHAP. I. *Route de Naples.* 13

fait aucun mal. Le Prince Lobkovitz partit; le Roi de Naples chargea le Comte de Gages de le poursuivre, & retourna dans son Royaume. Nous avons une relation intéressante de cette guerre, écrite en Latin, dans le plus beau style par M. Bonamici, qui y servoit lui-même, & qui vient de mourir (a).

CORE', petit bourg à trois lieues de Velletri du côté de Naples, & à deux lieues de Cisterna, étoit autrefois une ville du *Latium* qui étoit habitée par les Volsques, où M. Piranese a observé des restes précieux d'antiquité, (*Antichita d'Albano*) : les murailles anciennes embrassent la montagne depuis le bas jusqu'au sommet : on y voit de distance en distance des plates-formes d'où les assiégés pouvoient se défendre, & l'on y arrivoit par des conduits souterrains taillés dans le roc. Les murs sont formés de grands blocs de pierre placés à joints incertains, c'est-à-dire, dont les bases ne sont point placées horisontalement, mais taillées en poliedre & emboîtées les unes dans les autres, comme dans quelques

Corè.

(a) *Castruccii* BONA-MICI *de rebus ad Velitras gestis anno 1744. Commentarius* 1 vo pag. in 8º. | *Castr.* Bonamici *commentariorum de bello Italico libri* 3. 1750. in 8º.

chemins antiques. Vitruve qui parle de cette maniere de bâtir, convient qu'elle n'est pas la plus agréable à la vue, mais elle est la plus solide ; les Etrusques la pratiquerent autrefois, à l'imitation de la nature qui offre dans certaines carrieres, sur-tout auprès du lac de Bolsene, des blocs de pierre ainsi rangés.

On voit au-dessus de la montagne de Coré, les débris d'un temple que l'on croit avoir été consacré à Hercule ; il reste 8 colonnes doriques du *Pronaus* ou vestibule, avec le mur qui séparoit le temple d'avec le vestibule : il y a sur la frise une inscription qui parle des magistrats qui eurent part à l'édifice ; l'orthographe de cette inscription a fait juger à M. Piranese que ce temple fut bâti au temps de l'Empereur Claude. Il discute à ce sujet les régles d'orthographe qu'a données Antoine Augustin, Evêque de Tarragone, & il n'est point de son avis au sujet de celle-ci. On remarque aussi à Coré un autre temple dont il ne reste que deux colonnes corinthiennes & l'inscription qui est sur la frise de l'entablement ; il étoit dédié à Castor & Pollux.

En faisant cette route le 5 Octobre, nous rencontrions des troupeaux immen-

CHAP. I. *Route de Naples.* 15

fes de moutons qui defcendoient des montagnes où ils paffent l'été, pour aller dans les maremmes, c'eft-à-dire, dans les plaines qui font fur le bord de la mer, où ils paffent l'hiver entier.

En allant de Velletri à Sezze l'on paffe la *Torre dell' Aqua Puzza*, où il y avoit autrefois une compagnie de foldats pour la garde du chemin, mais dont il ne refte qu'une efpece de droit ou de péage, que l'on fait payer au voyageur.

Près de Sermoneta il y a des ruines que l'on croit être celles des trois tavernes, *tres Tabernæ*, dont S. Luc parle dans les Actes des Apôtres. M. Venuti croit que c'eft à *Cifterna*.

Quand on veut aller à Sezze on quitte le grand chemin de Rome à l'*Acqua Viva* qui eft à 46 milles de Rome, à 6 & demi de la pofte de Sermoneta, & à 3 & demi de celle de Cafe Nuove.

SEZZE, en Latin *Setinum*, eft une ville de fept à huit mille ames, fituée fur la hauteur, en face des Marais Pontins, à feize lieues de Rome. Elle eft très-ancienne. Tite-Live en parle à l'occafion d'une révolte d'efclaves Carthaginois, & Martial célebre la bonté de fes vins.

Sezze

Setinum, dominæque nives, densique trientes (a)
Quando ego vos Medico non prohibente bibam.

Mart. 6, 86.

Non Hybla, non me specifer capit Nilus
Nec quæ paludes delicata pomptinas
Ex arce clivi spectat uva Setini;
Quid concupiscam, quæris ergo ? dormire.

Mart. 10, 74.

Et lato Setinum ardebit in auro.

Juven.

Martial citoit ce territoire de Sezze comme l'un des plus fertiles & des plus riches.

Vos nunc omnia parva qui putatis,
Centeno gelidum ligone tibur
Vel præneste domate, pendulamque
Uni dedite Sitiam Colono.

Mart. 4, 64.

On y voit des restes considérables d'un ancien temple de Saturne, *Saturno profugo Sacrum*: on ne peut y entrer, parce que l'entrée en est fermée par des ruines, mais étant au-dessus de la voûte & y jettant une pierre, j'ai reconnu qu'il y avoit environ 135 pieds de hauteur, car la pierre mettoit trois secondes à tomber. (*V. Latium vetus*).

Il y a derriere la ville une fente de rocher qui forme un précipice très-dan-

---

(a) Triens étoit une mesure contenue trois fois dans le Sextarius, & qui renfermoit trois Cyatos.

CHAP. I. *Route de Naples.* 17
gereux, on l'appelle *Ofo*; le peuple dit qu'il n'a point de fond, mais M. le Capitaine Tirletti m'a dit qu'on trouve dans les archives de la ville l'hiftoire d'une perquifition qui fut faite jufques au fond du précipice à l'occafion d'un meurtre.

Une éminence voifine de Sezze, appellée *Monte delle Mufe*, eft l'endroit le plus commode pour voir dans toute leur étendue les Marais Pontins.

L'Eglife des Francifcains réformés qui eft auprès de la ville, eft remarquable par un tableau de Lanfranc, dont on fait le plus grand cas ; c'eft un fonge ou une vifion de S. François ; les Peres difent qu'on a offert de leur en donner 60 mille livres, & une copie de la main de Carle Maratte.

Il n'y a point de fources à Sezze, on n'y boit que de l'eau de cîterne ; le peuple a l'air d'être pauvre, & cependant l'on y a beaucoup d'enfans ; les femmes ne travaillent point, elles font extrémement fécondes, elles ont les mammelles d'une groffeur finguliere ; on croiroit que c'eft-là où Michel-Ange avoit pris fon modele quand il a fait la figure qui eft fur le tombeau du Duc de Nemours à

S. Laurent de Florence. M. le Docteur Marzi me dit que les fièvres d'automne y sont communes, sur-tout pour ceux qui ont affaire dans la plaine. Les maisons du peuple n'ont pas de cheminée, la fumée leur gâte beaucoup la vue.

La Communauté de Sezze paie dix-sept mille livres d'impôt à la *Camera*, qui lui donne un droit de pêche dans les marais, le droit de pâturage dans les montagnes incultes, & qui lui abandonne l'impôt sur le vin. Lorsqu'on défriche quelque nouveau terrein dans les marais on paye un rubio de grain pour chaque rubio de terrein, ce qui fait quatre boisseaux par arpent.

Le principal impôt est celui du bled qu'on appelle *il Macinato*, il revient à 13 sols par septier, (du poids d'environ 240 livres).

Le sel, quoiqu'on le tire de Rome, & que Rome le tire des salines d'Ostie, ne coûte que cinq sols & demi la livre; le Fermier demande qu'il lui soit permis de le tirer de Sicile, cela lui seroit plus commode, mais on feroit tomber par-là les salines de l'Etat Ecclésiastique.

L'impôt sur le vin étranger qui se vend dans les cabarets, est de six deniers par pinte; c'eſt la Communauté qui le perçoit en déduction de ce qu'elle paye à la Camera.

La dixme eſt chez nous un droit général au profit de l'Egliſe, fixé à un dixieme du produit de la terre en bled, plus ou moins ſelon les provinces, & il ſe perçoit ſur le lieu même de la moiſſon; dans l'Etat Eccléſiaſtique, du moins dans le canton dont je parle, il ne s'agit que d'une contribution volontaire, qui ſouvent n'eſt que d'une poignée de bled, toujours très-modique en comparaiſon du dixieme de la moiſſon, & cette eſpece de dixme ſe partage entre le Curé & l'Evêque.

TERRACINA eſt une ville ſituée à 21 lieues de Rome & à 22 lieues de Naples, bâtie autrefois par les Volſques, & qui fut enſuite colonie romaine. C'eſt la derniere ville de l'Etat Eccléſiaſtique où l'on paſſe en allant à Naples, & l'on trouve à deux lieues de la ville, du côté de Naples, ſur le rivage, une tour appellée *Torre de' Confini*, qui ſépare le Royaume du Patrimoine de S. Pierre. Au-delà de *Torre Nuova*, qui eſt la plus proche de la ville, il y a un grand nombre de tours bâties tout le long de cette côte, elles sont ordinairement gardées chacune par un capitaine appellé *Torriere*, qui est obligé d'y résider, & par un soldat, avec deux piéces d'artillerie pour la sûreté de la côte.

La ville de Terracine s'apperçoit de fort loin, comme le dit Horace:

Impositum late saxis candentibus Anxur.

Mais ses rochers sont ternis depuis long-temps, & n'ont plus cette blancheur que des excavations récentes leur avoient donnée du temps d'Horace.

La pierre blanche qui forme la montagne de Terracine ressemble beaucoup à celle de Toulon & du reste de la Provence; il semble que toute cette chaîne de montagnes soit de la même nature, si ce n'est en quelques endroits, où l'on trouve des schites, des ardoises, comme auprès de Gênes, ou des pierres bleuâtres, comme à Naples; peut-être que les différences ne viennent que des accidens causés par les volcans, les torrens, le roulement des pierres brisées & réduites en des graviers qui se seroient réunis, (*M. Guettard*, p. 366). On retrouve cette pierre blanche au-delà même de Naples, comme à Salerne dans l'endroit appellé la *Cava*, auquel on arrive par un chemin magnifique taillé dans le vif de la montagne, & garni de parapets de la même pierre.

La chaîne de montagnes où Terracine est placée, est comme séparée de l'Apennin par la grande vallée du Mont Cassin, & elle est remplie de sources qui sortent du pied de la montagne, & dont une partie va former les Marais Pontins, dont nous parlerons bientôt.

Le voisinage des Marais Pontins y rend l'air dangereux, du moins à la partie basse de la ville, car on ne croit pas qu'il y ait de danger sur la hauteur; les Romains y avoient beaucoup de maisons de campagne très-agréables; l'Empereur Galba y avoit un palais près de l'endroit où sont d'anciennes grottes ou cavernes creusées dans le rocher.

On apperçoit aussi sur la montagne les ruines du palais de Théodoric, Roi des Ostrogots, qui fut le premier Roi d'Italie en 489, & en même temps le plus puissant Monarque de l'Europe. On voit encore de fort loin les substructions qui soutenoient ses terrasses & ses jardins.

Le port de Terracine, construit par Antonin le Pieux, devoit être considérable, à en juger par les restes qui subfiſtent ; on y reconnoît très-bien la forme du baſſin ; les anneaux de pierre qui ſervoient pour amarrer les vaiſſeaux, s'y voient encore, mais les atterriſſemens qui l'ont rempli, ont éloigné la mer du baſſin, & l'on voit les écueils au milieu des ſables dont il eſt plein ; la Cour de Rome penſe à faire nettoyer ce port, & l'entrepriſe mérite d'être ſuivie.

La fameuſe route de Rome à Capoue, appellée *Via Appia*, paſſoit à Terracine, & l'on en voit un beau reſte au bas de la ville, quand on entre dans les magaſins des Chanoines ; ce fragment étant renfermé dans des eſpeces d'écuries, a été mieux conſervé que le reſte ; les blocs de pierres, en forme de pentagones irréliers, y ſont encore unis avec toute l'exactitude d'un ouvrage qui ſeroit neuf.

En ſortant de Terracine pour aller à Naples, on voit ſur la porte la tête de *Maſtrilli*, avec une inſcription qui parle de ce fameux brigand ; les déſordres qu'il commit en 1750 dans les environs de Terracine, & l'adreſſe avec laquelle il ſut ſe dérober aux pourſuites de la Juſtice, le rendirent ſi dangereux, qu'on ne put s'en défaire qu'en mettant ſa tête à haut prix ; en conſéquence de cette proscription il fut trahi, & tué à la chasse; & l'on a placé sa tête sur la porte de la ville.

Il y a une autre porte où l'on voit les armes du Pape Paul II, avec une inscription en lettres gothiques de l'an 1470, ou environ. Le corps-de-garde qui en est proche, est creusé dans le roc, de même que des cavernes profondes qui sont en plusieurs endroits de la montagne : il y a aussi une échelle de cent-vingt pieds gravée sur le rocher ; je n'ai pu en savoir la raison.

Sur le rivage de la mer près de *Torre Nuova*, on voit les restes d'un ancien chemin où la mer a gagné, & dont elle ronge encore continuellement les écueils. Il sort près de-là une eau sulphureuse, & les pierres détachées du rocher semblent être des matieres brûlées comme les scories du Vésuve. Les rues sont pavées de laves, & les maisons en sont bâties, mais il m'a paru qu'on la transportoit de Naples dans des bateaux.

Les paysans des environs de Terracine sont chauffés dans le goût des anciens Romains ; car quant à la forme il n'y a pas de différence entre le brodequin d'un Empereur, & le morceau de peau crue & non tannée, que le paysan de Terracine lie avec une corde autour de sa jambe.

CHAPITRE II.

Des Marais Pontins.

La résolution que j'avois formée d'aller voir les Marais Pontins, me fit prendre à Terracine un bateau plat, ou *sandalo*, large de quatre pieds, assez grossiérement fait, conduit par trois hommes, dont deux ramoient, & le troisieme travailloit à la proue sur une perche. Ils me conduisirent en huit heures de temps en remontant l'Uffente, jusqu'à la poste des *Case Nuove*, qui est à seize lieues & demie de Rome, & j'allai ensuite en deux heures & demie jusqu'à Sezze, où il falloit coucher, pour éviter le mauvais air qui dans les premiers jours d'Octobre étoit encore à craindre.

En faisant cette route nous laissâmes sur la gauche le *Monte Circello*, ou cap de la fameuse Circé, qui est une presqu'isle formée par un rocher élevé qu'on appelle *Monte S. Felice*; c'est-là qu'é-
toit

[marginalia: Cap de Circé.]

CHAP. II. Route de Naples.

toit le palais de la fille du Soleil, & les prisons redoutables où Homere dit que les compagnons d'Ulysse furent enfermés après leur métamorphose, mais où ils passerent ensuite une année dans les délices : (*Odyssée*, L. X.). Le prudent Enée sut éviter le danger de ce rivage.

Proxima circeæ raduntur littora terræ, &c.
Æn. VII. 10.

Cette presqu'isle est aussi appellée dans Virgile *Isle de Circé*.

Et salis Ausonii lustrandum navibus æquor
Infernique lacus, Æææque insula Circes.
Æn. III. 385.

En partant de Terracine nous navigâmes pendant cinq quarts d'heures sur un canal; & nous entrâmes ensuite dans l'Uffente, fleuve qui descend de la partie orientale des marais.

Uffente.

Qua Saturæ jacet atra palus, gelidusque per imas
Quærit iter valles, atque in mare conditur Uffens.
Æn. VII. 801.

Nous y remarquâmes des buffles qui marchant dans le lit du fleuve plein d'herbes aquatiques, & dans les marécages voisins, le nettoyent en partie, & contribuent, à ce qu'on prétend, à son écoulement.

Peu après nous trouvâmes l'embouchûte de l'*Amaseno*, qui tombe dans l'Ufente ; ce fleuve est célebre par le récit touchant que Virgile fait du passage de Métabus, qui chassé de Piperno fuyoit emportant la jeune Camille avec lui.

 Pulsus ob invidiam regno viresque superbas
 Priverno antiqua Metabus cum excederet urbe,
 Infantem fugiens media inter prælia belli
 Sustulit exilio comitem....
 Ecce fugæ medio summis Amasenus abundans
 Spumabat ripis.   *Æn*. XI. 539.

Près de cette embouchure nous fûmes retardés dans notre route par des batardaux que les pêcheurs avoient faits tout au travers du fleuve, en réduisant sa largeur de 30 ou 32 pieds à 7 ou 8 pour la facilité de la pêche. A deux lieues de-là nous retrouvâmes encore pareille manœuvre & des filets qui occupoient la largeur de la riviere ; les rivages étoient bordés de treillis faits avec des joncs pour arrêter les anguilles, & qui augmentoient le marécage. Il me parut par la chûte de l'eau dans les endroits où elle étoit retenue, qu'il y avoit toute la pente nécessaire pour dessécher cette partie des marais, sur-tout si l'on nettoyoit le lit du fleuve, & que l'on redressât son cours pour lui donner plus de pente. Je ne crois pas cependant, comme l'avoit proposé Manfredi, qu'il y eût de l'avantage à conduire l'Amazeno & l'Uffente dans le port de Terracine ; peut-être qu'au lieu de le nettoyer ils augmenteroient les attérissemens.

Nous traversâmes les débris de la voie Appia, qui sont presque ensevelis dans la boue & les joncs, & nous vîmes le grand arc par lequel elle donnoit autrefois passage à l'Uffente. Les bords de ce petit fleuve sont couverts de bois à brûler & de charbon destiné pour Naples ; j'y rencontrai même des bateaux chargés de bois pour la Marine de France & d'Espagne, & qui viennent des forêts qui sont du côté de Frusinone & de Pratica, fief de la Maison Colonne ; il en vient aussi de la forêt de Cisterna.

Les Marais Pontins, *Paludi Pontine*, sont un espace d'environ huit lieues de long sur deux lieues de large (a), situé dans la campagne de Rome le long de la mer, tellement inondé & marécageux, qu'on ne peut le cultiver, ni l'habiter ; on estime la surface marécageuse & déserte de 48000 arpens de Paris, (chacun de 900 toises quarrées) : ces marais

---

(a) La largeur dans certains endroits est de près | de 4 lieues, ordinairement d'une ou deux lieues.

sont terminés au midi par la mer, ou par des lacs d'eau salée qui communiquent à la mer ; à l'orient par le *Monte S. Felice*, ou *Monte Circello*, le rivage de Terracine, les montagnes de Terracine, de Sonnino, de Piperno, de Sezze & de Sermoneta ; au nord, par les collines qui viennent de Velletri ; & au couchant, par les campagnes de Cisterna.

<small>Cause des Marécages.</small> Les eaux qui descendent des montagnes & qui coulent avec peu de pente, forment ces marécages ; le fleuve Amaseno dans la partie orientale descendant des environs de Piperno, y porte les eaux de plusieurs montagnes ; l'Uffente est un autre fleuve qui contribue à ces marais ; il prend sa source près du grand chemin de Rome vers *Case nove* ; trois fontaines limpides qui le forment le rendent navigable dès sa source, il va se réunir à l'Amaseno, & se jette avec lui dans la mer après un cours de huit lieues. Je l'ai remonté en venant de Terracine, & j'ai reconnu qu'il avoit assez de pente pour ne point former de marécage s'il étoit bordé de chaussées, entretenu & nettoyé.

La *Cavatella* est une autre riviere produite par différentes sources qui naissent aux pieds des montagnes de Sezze & de Sermoneta, & sur-tout l'Aqua Puzza qu'on trouve sur le chemin de Rome; elle va du nord au sud presque parallélement à la voie Appia; c'étoit peut-être le canal de navigation dont nous avons parlé à l'occasion du voyage d'Horace; mais les chaussées sont rompues en différens endroits, le lit est exhaussé, & il ne reste plus qu'une partie de cette eau qui aille se jetter dans l'Uffente. Le fleuve Ninfa qui prend sa source à la partie septentrionale des Marais Pontins au-dessous des ruines de l'ancienne ville de Nimfa, détruite par les Gaëtans, va se jetter dans la *Cavata*, dont le lit est incapable de la contenir, & qui déborde aux moindres crues. Le torrent appellé *Teppia*, qui est un peu plus au couchant, ne porte ordinairement que de l'eau claire, & en petite quantité, mais il devient formidable dans les grandes pluies, parce qu'il reçoit les eaux de plusieurs montagnes, comme celles de Norma, de Core, de Rocca Massima, de Monte Fortino, & même de l'Artemisio au-dessus de Velletri; ces eaux qui sont alors pesantes, sabloneuses & troubles, déposent beaucoup, remplissent le lit du fleuve, débordent, & vont faire déborder la Cavata ; c'est la Teppia qui est une des deux principales causes de l'inondation. On passe le pont de la Teppia en allant à Rome, une lieue au couchant de Sermoneta ; elle passe ensuite sous le pont de S. Sala, après avoir reçu la Ninfa ; la Teppia porte dans son état ordinaire un volume d'eau de 30 pieds de largeur sur 3 de hauteur.

La Cavata qui reçoit la Teppia, la Ninfa, le Fosso S. Nicola & la Puzza, est un lit qu'on croit avoir été creusé par Auguste, mais qui est aujourd'hui presque comblé, & dont les chauffées rompues entretiennent l'inondation ; la Cavata va se jetter en partie dans l'Uffente, & en partie dans le *Fiume Antico*, mais ce chemin est trop long, & a trop peu de pente, pour ne pas causer les débordemens dont on se plaint.

Fosso di Cisterna, qui est la seconde cause des inondations, est un torrent qui prend sa source au pied du mont Artemisio, passe à Velletri, à Cisterna, reçoit les eaux d'une vaste étendue de terrein, & devient extrêmement gros après les grandes pluies. Les eaux troubles &

pesantes qu'il charie, vont dans le milieu des Marais Pontins, se perdre en partie dans un ancien lit appellé *Rio Martino*, qu'on avoit creusé pour l'écoulement des eaux jusqu'à la mer, & en partie dans un autre appellé *Fiume Antico*, avec lequel il se perd dans les marécages, depuis que les chaussées faites par Sixte V, ont été rompues.

Une partie de ces eaux doivent nécessairement avoir leur cours au travers de la plaine des Marais Pontins, mais il seroit possible de leur donner une direction plus naturelle & plus courte, de leur faire un lit plus profond, & de les contenir par des chaussées qui empêcheroient l'inondation ; c'est à quoi se réduit le projet dont on s'occupe actuellement à la Cour de Rome pour le desséchement des Marais.

Ces marais produisent en été des exhalaisons si dangereuses, qu'on les regarde comme étant la cause du mauvais air que l'on redoute à Rome même, quoiqu'éloigné de 14 ou 15 lieues. On étoit déja dans cette persuasion du temps de Pline : *Ob putridas exhalationes harum paludum ventum Syrophœnicum Romæ summopere noxium volunt nonnulli. L. 3.*

Danger de ces Marais.

B iv

32 VOYAGE EN ITALIE.

c. 5. Martial en parlant de l'état où ils étoient avant qu'Auguste y eût fait travailler, en donne la même idée.

> Et quos pestifera Pontini uligine Campi
> Qua Saturæ nebulosa palus restagnat & atro.
> Liventes cæno per squallida turbidus arva
> Cogit aquas Uffens atque inficit æquora limo.

En traversant les Marais Pontins je remarquai sur la figure du petit nombre de Pêcheurs qui y habitent, la triste empreinte de ce séjour ; le tein verdâtre & les jambes enflées ; j'appris qu'ils étoient ordinairement cachectiques, sujets aux obstructions du méfentere & du foye, les enfans écrouelleux & rachitiques ; les fiévres y sont communes en Septembre & en Octobre, il y en a même alors jusqu'à Sezze qui est cependant sur la montagne, parce que les chanvres qu'on fait rouir augmentent l'infection.

Ce pays qui étoit autrefois couvert de villes & de villages, & qu'on regardoit comme un des plus fertiles de l'Italie, a été abandonné à cause du mauvais air, & cela n'a pas peu contribué à l'apauvrissement de l'Etat Ecclésiastique.

Histoire de ces Marais. Le nom des Marais Pontins, ou *Pomptina Palus*, vient de *Pometia*, qui étoit une ville peuplée & considérable, même avant la fondation de Rome, située à l'endroit qu'on appelle aujourd'hui *Mesa* ou *Mezia*, qui est une pêcherie de la cathédrale de Sezze ; on appelloit les environs *Ager Pometinus* ; & de-là vint le nom de *Palus Pometina*, *Pomptina* & *Pontina*.

Denys d'Halicarnasse dans le second Livre de son Histoire parle des Lacédémoniens qui vinrent s'établir sur cette côte, & y bâtirent un temple à la déesse *Feronia*, ainsi appellée parce qu'elle présidoit aux productions de la terre, *a ferendis arboribus*, ou parce que les Lacédémoniens y avoient été portés par les dieux. *Cette colonie de Lacédémoniens y vint dans le temps que Lycurgue étant tuteur de son neveu Eunomis, établit des loix nouvelles ; leur sévérité fit abandonner la patrie par un certain nombre de citoyens qui s'embarquerent. Après avoir navigué long-temps, le desir d'aborder enfin sur quelque rivage, les porta à faire vœu de s'établir & de fixer leur domicile dans le premier endroit où les dieux les feroient aborder ; étant arrivés en Italie aux champs Pometins, ils appellerent Feronia l'endroit où ils descendirent, en mémoire de ce qu'ils avoient été si long-temps* portés çà & là sur les flots, & ils construisirent un temple à l'honneur de la déesse *Feronia*. (Den. d'Hal. L. 2.).

Virgile parle aussi de la forêt consacrée à Feronia.

Queis Jupiter Anxuris arvis
Præsidet, & viridi gaudens Feronia luco.

Æn. VII. 799.

Horace parle de la fontaine qui étoit également consacrée à Feronia.

Ora manufque tua lavimus Feronia lympha

L. I. Sat. 5.

Ce pays devint ensuite si peuplé qu'on y compta jusqu'à 23 villes, suivant le témoignage de Pline, (L. 6.). *A Circeiis palus Pontina est, quem locum viginti trium urbium Mucianus ter Consul prodidit.* Du nombre de ces villes étoient *Sulmona* ou Sermoneta, *Setia* ou Sezze, *Privernum* ou Piperno, *Antium* ou Nettuno, & *Forum Appii*, dont nous avons parlé ci-dessus. Indépendamment de ces villes il y avoit un grand nombre de maisons de campagnes dans ces environs, qui étoient si considérables que les noms de quelques-unes se sont conservés jusqu'à présent ; les plus célebres furent celle de Titus Pomponius Atticus dans les environs de Sezze, celle de la Famille Antonia auprès de la montagne appellée *Antognano*, où l'on voit encore des ruines appellées *le Grotte del Campo*; celle de Mécenes près de *Pantanello*, où il reste de vieux murs; celle d'Auguste qui étoit près du palais de la Maison Cornelia, dans l'endroit appellé *i Maruti*; celle de la Maison Vitellia, qu'on appelle *i Vitelli*; celle de Séjan à la montagne de Piperno, sur le bord des Marais Pontins; celle de la Famille Julia, autour de Bassiano, fief de la Maison des Gaëtans: ce pays étoit délicieux par sa situation, par la fertilité de ses campagnes, en bleds, en huiles & en fruits, par la bonté de ses vins, & par les plaisirs de la chasse & de la pêche, qui en font encore aujourd'hui une partie des agrémens.

On n'est pas étonné de voir que les Romains prirent soin de procurer l'écoulement des eaux, & d'empêcher les débordemens qui pouvoient rendre l'air malsain, en faisant séjourner les eaux dans les marécages voisins de leurs plus belles habitations, aussi voyons-nous qu'ils y travaillèrent dans tous les temps. *V. Dom. Antonio Comatori de Historia Terracinensi.*

Appius Claudius 310 ans avant J. C.

paroît avoir été le premier, qui fit travailler aux Marais Pontins, lorsque faisant passer sa fameuse route au travers, il y fit faire des canaux, des ponts & des chaussées, dont il reste encore des vestiges considérables. Les guerres qui survinrent aux Romains, les détournèrent long-temps du soin & de l'entretien que ce canton exigeoit; les inondations recommencèrent, & 158 ans avant J. C. il fallut y faire de très-grandes réparations, *Pomptinæ Paludes à Cornelio Cethego Consule, cui ea provincia evenerat, exsiccatæ, agerque ex eis factus. Epit. Liv. L. 46.* Le Sénat lui donna en récompense de ses soins une partie du territoire qu'il avoit desséché, comme on l'a reconnu par une inscription trouvée dans la ferme des Maruti, dont parle Ligorius.

Ces travaux avoient été long-temps négligés & suspendus, lorsque Jules-César forma les plus vastes projets pour la bonification de ces campagnes : il vouloit porter l'embouchure du Tibre vers Terracine, pour rendre le commerce de Rome plus facile, donner un écoulement aux Marais Pontins, & dessécher des campagnes qui occuperoient plusieurs milliers de Laboureurs. Plutarque, Sué-

CHAP. II. *Route de Naples.* 37

tone & Dion parlent de ce deſſein dont ſa mort empêcha l'exécution. Ce fut Auguſte qui reprit le projet du deſſéchement, comme il paroît par ces vers d'Horace,

Regis opus ſterilisque diu palus aptaque remis
Vicinas urbes alit & grave ſentit aratrum.
Art. Poët. 65.

Il y a un paſſage de Dion qui dit que *L. Antonius*, frere de Marc-Antoine, étant Tribun du Peuple, fit faire à la follicitation de ſon frere, une loi qui ordonnoit qu'on diſtribueroit au peuple le territoire des Marais Pontins, quoiqu'il ne fût pas encore en état d'être cultivé ; & Strabon qui vivoit du temps d'Auguſte, en parle en ces termes : On a creuſé auprès de Terracine & de la voie Appia un grand canal, qui eſt rempli par les rivieres & les marais, ſur lequel on navigue principalement la nuit, afin qu'après s'être embarqué le ſoir, on ſorte le matin pour continuer ſa route ſur la voie Appia, & quelquefois auſſi pendant le jour on fait tirer les bateaux par des mulets. C'eſt ce canal dont nous avons parlé à l'occaſion du voyage d'Horace.

Acron, ſur les vers d'Horace que nous avons cités, ajoute : *Divus Auguſtus duas divinas fecit ; nam Ponti-*

nam Paludem siccavit, ut ad mare meatum haberet, ut pòst arari posset, & portum Lucrinum munivit. Quand on traverse les marais, soit à pied, soit en bateau, on reconnoît plusieurs canaux anciens dans différentes directions, qui répondent à différens ponts de la voie Appia, elle servoit de digue pour rassembler les eaux dans les canaux d'écoulement qui les portoient ensuite à la mer.

L'Empereur Trajan fit paver le chemin qui traversoit les Marais Pontins, au rapport de Dion, *L.* 68, & y fit bâtir des ponts & des maisons; on en voit la preuve par l'inscription suivante qui est sur une pierre au-dedans de la tour bâtie sur le *Ponte de' tre Ponti* sur la voie Appia: *Imperator Cæsar Divi Nervæ F. Nerva Trajanus Augustus Germanicus Pontifex maximus, tribuniciâ potestate IV. Cos. III. Pater Patriæ refecit.* Il y a d'autres monumens de cette espece qui sont rapportés dans Kircher, Corradini, Ricchi, Pratillo, &c. Du temps de Pline on songeoit à ce desséchement: *Siccentur hodie Pontinæ Paludes, tantumque agri suburbanæ reddatur Italiæ.* Plin. *L.* 26. c. 4.

L'inondation des marais recommença

dans le temps de la décadence de l'Empire; on voit dans les lettres rapportées par Cassiodore, que Théodoric les abandonna à Cécilius Décius pour les dessécher; & il paroît que l'entreprise de Décius eut tout le succès qu'on pouvoit en espérer; l'inscription qui fut gravée à ce sujet, se voit près de la cathédrale de Terracine, & elle est rapportée dans l'Ouvrage de M. Bolognini sur les Marais Pontins.

Boniface VIII fut le premier des Papes qui s'occupa du desséchement des Marais Pontins; ayant été élu en 1294, il ordonna que toutes les eaux fussent rassemblées dans des canaux, & il en fit creuser un très-grand pour porter les fleuves Ninfa, S. Nicolas & Falcone, dans la Cavata, ou canal d'Auguste, qui conduit les eaux du côté de Sezze; cela dégagea toute la partie supérieure de la campagne, qui est encore à sec entre Sermoneta & Sezze; mais les eaux de la partie basse n'ayant pas assez de pente, & les canaux se remplissant peu-à-peu, l'inondation recommença.

Martin V, de l'illustre Maison des Colonnes, étant encore Camerlingue, avoit été chargé en 1417 de visiter les

Marais Pontins, il s'en occupa dès qu'il fut sur le throne pontifical; il consulta les plus habiles Ingénieurs, qui après avoir examiné l'état des lieux convinrent que si les travaux entrepris jusqu'alors pour le dessèchement, n'avoient eu qu'un succès passager, c'est parce qu'on avoit toujours conduit l'écoulement vers la mer par un chemin trop long, & qui avoit par conséquent trop peu de pente; ils furent d'avis de couper une colline, & d'y creuser un canal qui se dirigea vers la mer par la voie la plus courte, c'est ce qui fut exécuté en grande partie.

{Rio Martino.} Ce canal qui subsiste encore, & qu'on appelle *Rio Martino*, est un ouvrage si considérable, qu'il y a des personnes qui n'ont pu croire que ce fût un ouvrage aussi moderne. M. le Cardinal Buonacorsi m'a dit même qu'il étoit sûr que ce canal étoit ancien, & qu'il portoit le nom de Rio Martino long-temps avant le regne de Martin V. Il est digne en effet de la grandeur & de la puissance des Romains, c'est le plus grand qu'il y ait dans ce genre, il a depuis 35 pieds jusqu'à 45 de largeur, & environ 35 pieds de profondeur dans une partie de son cours; il est bordé de deux chaus-

CHAP. II. *Route de Naples.* 41

sées qui ont 140 pieds de base & 15 à 16 pieds de hauteur au-dessus de la campagne. Cet ouvrage fut continué sur une longueur de deux lieues & jusqu'au-delà de la colline, il ne s'en faut qu'un quart de lieue qu'il n'aille jusqu'à la mer. Martin V espéroit de faire conduire toutes les eaux dans ce grand réservoir, & en abrégeant de plus de moitié la longueur de leur cours augmenter leur rapidité : cette belle entreprise manqua par la mort de Martin V, arrivée en 1431 ; ses successeurs ne la continuerent point, ils espéroient de pouvoir rétablir les canaux des anciens Romains, ils donnerent plusieurs Brefs pour y obliger les communautés de Sezze & de Terracina ; mais ce fut sans succès.

Léon X en 1514 donna ces marais à Julien de Medicis en toute propriété, sous l'hommage & la redevance de cinq livres de cire, payables la veille de S. Pierre. Laurent de Medicis fit travailler au desséchement de la partie la plus basse, où est la ferme des Gavotti, dont le territoire est encore en bon état, & la Maison de Medicis posséda pendant 69 ans toute l'étendue des Marais Pontins, sans pousser le desséchement plus loin.

Sixte-Quint élu en 1585, reprit le même projet pour affainir l'air, & augmenter la fertilité de l'Etat Eccléfiaftique; il laiffa à la Maifon de Medicis toute la partie defféchée qui a environ cinq lieues de tour, & reprit le furplus; il s'y tranfporta en perfonne, & logea même dans l'endroit qu'on appelle encore *le Pavillon de Sixte*; il fit faire un grand canal qu'on appelle auffi *Fiume Sifto*, où il raffembla une grande partie des eaux difperfées, & les fit déboucher dans la mer au pied du mont Circello vers la tour d'Oleola; il profita des canaux anciens faits par Appius Claudius, Augufte, Néron & Trajan, pour conduire les eaux dans fon nouveau canal, & il fit faire des chauffées (*Argini*) des deux côtés pour les contenir; ces digues étoient un peu foibles dans les parties fupérieures, où l'on avoit penfé qu'elles avoient befoin de moins de force; les digues s'y rompirent après la mort de Sixte-Quint, & ce grand homme n'ayant pas eu des fucceffeurs auffi ardens que lui à fuivre de grands projets, fon ouvrage devint prefque inutile; il s'éleva des différends au fujet de la dépenfe qu'il falloit faire pour rétablir les digues & net-

CHAP. II. *Route de Naples.* 43

toyer les canaux, les ouvertures ne furent pas bouchées, le volume d'eau diminua, il n'y eut plus affez de force pour nettoyer l'embouchure du canal, & vaincre la réfiftance des atterriffemens que la mer y produit, & il n'y a maintenant que très-peu d'eau qui débouche par le canal.

Urbain VIII en 1637, Innocent X en 1648, Alexandre VII en 1659, Innocent XI en 1679, Innocent XII en 1699, Clément XI, Benoît XIII en 1729, firent faire des vifites, formerent des projets, établirent des compagnies, firent des conceffions; mais la grandeur des dépenfes, les divifions entre les affociés, les oppofitions des parties intéreffées, empêcherent le fuccès de toutes ces entreprifes. Il y eut encore des mémoires préfentés à Benoît XIV en 1742, par une compagnie, mais les propofitions ne furent point acceptées.

Le Pape regnant Clément XIII voulut en 1759 que la Congrégation *del Buon Governo* s'occupât de nouveau du projet de defféchement; M. Emerico Bolognini Gouverneur de Frofinone ou de la Province *di Marittima e Campagna* fut chargé d'examiner de nouveau la possibilité & les moyens ; il s'y transporta avec un Ingénieur nommé Angelo Sani qui en fit son rapport le 15 Juillet 1759, & M. Bolognini lui même a donné un ouvrage fort bien fait sur cette matiere (*a*) qui a beaucoup contribué à rappeller l'attention du ministere sur cet objet important. I'y rapporte le devis que M. Sarni en a fait & le projet de desséchement qu'il a dressé après avoir fait toutes les mesures & les nivellemens nécessaires, & discuté tous les projets qui avoient été faits avant lui ; M. Sarni pense qu'on peut se procurer un desséchement sûr & permanent en conduisant les eaux de la *Ninfa* & de la *Teppia* dans le *Rio Francesco* & dans le *Rio Martino*, & comme le torrent *Teppia* est le plus dangereux de tous, il propose de le prendre depuis la partie la plus septentrionale vers le pont sur lequel on le traverse en allant à Rome, de tirer de-là un grand Canal en ligne droite du nord au sud, sur une longeur de huit milles, pour porter ces eaux dans le *Rio Francesco*, il trouve

---

(a) *Memorie dell' Antico e presente stato delle Paludi pontine, Rimedi e mezzi per disseccarle. In Roma 1759 in 4°. 88 pages.*

qu'il y a 41 pieds de pente sur une longueur de seize milles ou cinq lieues ⅓, quantité bien suffisante pour procurer l'écoulement, au lieu qu'auparavant elle étoit repartie sur une longueur de trente deux miles qui se termine à *Torre Badino* près de *Terracina*. La Ninfa sera reçue dans le même canal, & la Cavata ancien canal d'Auguste avec les eaux qu'on y doit introduire tombera dans le *Rio Martino*, au même endroit que le *Rio Francesco*. Ce nouveau canal devra avoir jusqu'à 27 pieds & demi de profondeur dans certains endroits & le canal même de Cisterna y entrera facilement quoiqu'il soit à la partie la plus occidentale & la plus basse des Marais Pontins.

Cet Auteur entre dans le détail de toutes les excavations qu'il faudra faire ; elles ne montent qu'à 170 mille toises cubes, & la dépense à 523 mille livres, chaque toise cube ne devant coûter que trois livres à déblayer, en prenant un milieu entre les parties aisées & les parties difficiles. M. Bolognini en y comprenant tous les frais de bestiaux, de fourage, de culture, de magasins, de sémences, ne porte pas la dépense totale à plus de 1590 mille livres. Cette dépense seroit encore diminuée en y employant des forçats, & M. Bolognini croit qu'avec 500 hommes l'on pourroit achever l'ouvrage en un an.

Avantages du desséchement.

Le terrein que l'on rendroit à la culture est suivant M. Bolognini 30 mille *Rubbia*, qui font 162 mille arpens, qu'il proposoit de céder en toute propriété à une compagnie, sous une redevance d'un rubio de grain pour 20 Rubbia de terrein, ou d'un boisseau pour cinq arpens. Le P. Boschovich qui a levé la carte générale de l'Etat Ecclésiastique, & qui a fait à la suite de M. le Cardinal Buonacorsi la visite des Marais Pontins, n'évalue ce terrein qu'à 9000 rubbia ou 48660 arpens de Paris. Mais le terrein qu'on acquerroit par le desséchement ne pourroit manquer d'être extrémement fertile, à en juger par celui qu'on a déja desséché du côté de Sermoneta; quoiqu'il soit à une hauteur bien plus grande & dans un terrein bien moins gras, on y seme toutes les années du froment, & après la moisson l'on y seme encore du gros bled que l'on recueille trois mois après. Le P. Maire estimoit que chaque arpent devoit rapporter 14 septiers par an; mais quand il n'y en auroit que la moitié, & qu'on ne semeroit la premiere année que seize mille arpens ou le tiers du total, on en retiteroit 1590 mille livres, dont il y auroit 92220 livres de bénéfice. Plus l'on differe le remede & plus le mal augmente ; j'ai vu avec regret que les pêcheurs en barrant les fleuves & les courants font refluer les eaux & augmentent encore l'inondation. M. Sani visita les marais avec un battelier du pays qui lui montra un canton où il avoit chassé à pied sec 30 ans auparavant & qui étoit devenu un marécage impraticable, parce que le lit de la Cavata s'étoit élevé sensiblement par le sable que charrie la Teppia. Les ingénieurs Bertaglia & Rumberti qui visiterent ces marais par ordre de Benoît XIII avoient pensé la même chose.

Contatori dans son histoire de Terracine a fait différens raisonnemens pour prouver l'impossibilité de ce projet, mais les habitans de cette ville sont suspects à cet égard, & ils ont fait tous leurs efforts pour contrarier ceux qui ont entrepris ces travaux, par la crainte de perdre les droits de pâturage & de chasse, & quelques bois qu'ils vont couper dans

Difficulté du desséchement.

ces marais. C'est ainsi qu'un foible intérêt balance les choses les plus grandes, les plus importantes pour le bien du public.

Cet Auteur imbu des préjugés de son pays, soutient qu'il y a dans ces marais des sources qui en rendent le desséchement impossible, que le fonds n'en est pas ferme & solide, que les marécages remués infecteroient l'air, qu'enfin ce seroit un travail continuel, ces sortes d'ouvrages ne pouvant être de durée; mais toutes ces objections sont illusoires comme l'a fait voir M. Bolognini. Les personnes qui vont à la chasse m'ont assuré que presque partout le terrein est solide, que l'eau & la boue y ont peu de profondeur, & souvent ne vont pas à deux pieds. La principale difficulté vient du parti qu'on a pris de vouloir faire faire ce desséchement aux frais de la *Camera*, & pour son compte; la Maison des Gaëtani qui tire 25 mille livres de la pêche des marais, qui posséde une grande partie de ce territoire & qui s'en verroit dépouillée par le desséchement, employe son crédit pour éloigner l'exécution du projet. La Maison des Corsini, qui est étroitement liée à celle
des

des Gaëtani, & même celle des Albani qui eft fi puiffante, pourront contribuer aux obftacles ; la Congrégation des Eaux qui tire 6 à 7 mille francs de cette pêche n'eft pas difposée à perdre ces avantages : la Cour de Naples a auffi une efpece d'intérêt à retarder une opération qui promet tant d'avantages à un Etat rival & voifin du royaume de Naples, & qui *produifant* 25 pour un, rendroit l'Etat Eccléfiaftique plus indépendant de la Sicile pour les approvifionnemens de bled. M. le Cardinal Buonacorfi actuellement chargé de l'entreprife, fe regardant comme le miniftre d'une opération qui n'eft pas tout à fait jufte, n'y veut rien faire de fon chef; il eft rebuté par les obftacles, on dit même qu'il doute de la poffibilité de l'exécution, & le P. Ximenez lui en a exagéré les obftacles en forte qu'il femble n'avoir qu'un miniftere purement paffif, tandis qu'il faudroit là-dedans toute l'ardeur & même l'inflexibilité du Cardinal Cenci fon prédéceffeur. Pour vaincre toutes les réfiftances, il a demandé une Congrégation qui réglât toutes les conteftations qui pourroient s'élever à ce fujet, & cette Congrégation n'a point encore été formée ; il a demandé une création de lieux de monts ou un emprunt pour faire les fonds, tout cela n'a point été exécuté, en sorte qu'il a lieu de se plaindre aussi de n'être pas assez secondé ; enfin l'épuisement des finances de Rome est le plus grand obstacle pour à présent. On avoit commencé en 1764 à couper des arbres, on a discontinué en 1765 à cause de la disette qu'il y a eu, & de la dépense considérable qu'on a été obligé de faire pour l'achat des grains en Sicile, qui a monté à près de 900 mille livres.

Cependant il ne faut pas encore desespérer de l'exécution ; le plus grand nombre la désire, le Pape s'y intéresse personnellement ; lorsque je rendis compte à Sa Sainteté de cette partie de mon voyage, elle y prit un intérêt marqué, & me demanda avec empressement ce que je pensois de la possibilité & des avantages de ce projet ; je les lui exposai de mon mieux ; mais ayant pris la liberté d'ajouter que ce seroit une époque de gloire pour son regne, le S. Pontife interrompit ce discours profane, & joignant les mains vers le ciel, il me dit, presque les larmes aux yeux, ce n'est pas la gloire qui nous touche, c'eſt le bien de nos peuples que nous cher‑chons.

La chaſſe eſt très‑conſidérable dans ces marais; on y trouve des ſangliers, des cerfs, des bécaſſes; l'on ſe ſert de petites barques, & l'on deſcend ou nuds pieds ou avec des bottes dans les endroits où les barques ne peuvent aller.

Les buffles y pâturent en quantité, & il n'y a gueres de pays où cette eſpece d'animal ſoit plus commune; ils ſe vau‑trent dans les marais, & l'on aſſure qu'un Buffle qui eſt bleſſé ſe guérit en demeurant vingt‑quatre heures dans cette boue; il eſt cependant défendu en certains endroits de les laiſſer aller.

Les joncs qui croiſſent dans ces ma‑rais ſervent à ſoutenir les vignes des côteaux voiſins; les payſans en font auſſi des torches pour s'éclairer pendant la nuit dans leurs maiſons.

La partie de ces marais qui avoiſine la montagne de Sezze & de Piperno, re‑çoit des ſources d'eaux ſulphureuſes qu'on appellent *aqua puzza*, comme nous l'avons dit ci‑deſſus. Ces eaux pro‑duiſent une eſpece de concrétion aſſez

C ij

singuliere. Il y a un ruisseau considérable qui en est couvert comme d'une voûte d'aqueduc, & on l'appelle pour cette raison *Fiume coperto*; quelquefois il s'en détache une partie, & cela

Isle flot- forme une isle flottante comme celles de
tante. la fontaine sulphureuse de Tivoli; on y trouve même de certains endroits où le terrein est mobile & élastique comme une peau de tambour, on les appelle *Cuore*, ou *Lucerne*; il y en a sur-tout près des lacs *Gricilli* du côté de la montagne, mais il n'y a pas de sûreté à y marcher, parce que la croûte s'enfonce quelquefois lorsqu'on s'y attend le moins. La pellicule grasse de ces eaux sulphureuses sert à frotter ceux qui sont atteints de la gale; on s'en sert aussi pour guérir les chiens.

Dans les champs cultivés qui sont du côté de Sezze, il y a une espece de tuf ou d'incrustation pierreuse, formée sur les racines & les tiges des roseaux & d'autres plantes, qui est assez dure & assez légere en même temps pour servir avec avantage à la construction des voûtes, c'est un diminutif de la pierre sulphureuse de Tivoli dont nous avons parlé.

CHAP. II. *Route de Naples.* 53

LA TOUR D'ASTURA eſt à l'embouchure de la riviere du même nom, à l'extrémité d'un cap qui fait la partie la plus occidentale des Marais Pontins. Il y avoit un petit port, où Ciceron s'étoit embarqué pour aller vers ſa maiſon de Formies, le jour qu'il fut aſſaſſiné. C'eſt auſſi là que fut trahi & arrêté le jeune Conradin, Roi de Naples, par un Frangipani, Seigneur d'Aſtura, chez qui il s'étoit réfugié.

<small>Aſtura.</small>

Quand on eſt à l'extrémité des Marais Pontins, vers *Torre d'Aſtura*, il ne reſte que deux lieues à faire pour aller à *Nettuno*, qui eſt une ville maritime de l'Etat Eccléſiaſtique, ſituée près de *Capo d'Anzo*, où étoit l'ancien port d'Antium, & où l'on voit encore une belle maiſon des Princes Corſini. C'étoit une ville des Volſques, qui tiroit ſon nom d'un des fils d'Ulyſſe & de Circé, ſuivant Denys d'Halicarnaſſe : elle fut célebre par les guerres des Antiates & des Volſques contre les Romains, l'an de Rome 262. Ce fut à Antium que Coriolan fut tué trois ans après. Numicius détruiſit le port d'Antium l'an 284, ou 470 ans avant J. C. On y envoya une colonie deux ans après; mais les Antiates ne furent pas encore ſoumis, ils reprirent les armes 460 ans

<small>Nettuno Antium.</small>

C iij

avant J. C. Cornelius les subjugua, & les punit par la mort des principaux d'entre eux. Camille les défit encore 386 ans avant J. C. & Valerius Corvus l'an 347; mais ce ne fut que l'an 318 que les habitans d'Antium, à l'exemple de ceux de Capoue, demanderent des loix à la République, & cesserent d'aspirer à l'indépendance. Il avoit fallu 436 ans aux Romains pour assurer leur domination sur cette ville belliqueuse, qui n'étoit pourtant qu'à onze lieues de leur capitale.

Il est parlé de cette colonie d'Antium dans le huitieme Livre de Tite-Live, dans Tacite, L. 13. & 14. dans Appian d'Alexandrie, L. 1. dans Polybe, L. 3. Philostrate dans la vie d'Apollonius de Tyane, L. 8. dit qu'on y conservoit un manuscrit écrit autrefois par Pythagore. Denys d'Halicarnasse, L. 1. dit que ses habitans étoient devenus redoutables à la Grece par leurs pirateries, aussi bien que les Etrusques; & Démétrius avoit engagé le Sénat de Rome à leur défendre ces brigandages.

Le temple de la Fortune qui étoit à Antium, avoit beaucoup de réputation. C'est ce qui paroît dans Horace.

CHAP. II. *Route de Naples.*

O diva, gratum quæ regis Antium,
Præsens vel imo tollere de gradu
Mortale corpus, vel superbos
Vertere funeribus triumphos.
Te pauper ambit sollicita prece
Ruris colonus, te dominam æquoris.

Tacite en parle aussi dans le troisieme Livre de son Histoire.

L'Empereur Néron fit rétablir Antium, il y construisit un port vaste & commode, où il dépensa des sommes si considérables, qu'il y épuisa, dit Suétone, les trésors de l'Empire. Une fille de Néron & de Poppæa nâquit à Antium.

Il ne reste presque plus rien de ces vastes & somptueux édifices, si ce n'est des ruines sur le bord de la mer (a). On travailla en 1704 au rétablissement du port, & le Pape Lambertini songeoit aussi à reprendre ce projet, il y consacra même l'argent qui fut donné par l'Espagne lors du Concordat passé au sujet des élections & des annates ; mais cela n'a pas suffi pour en faire un endroit considérable.

(a) Voyez le livre de Philippe della Torre, intitulé : *Monumenta veteris Antii. Romæ.* 1700. in 4°.

CHAPITRE III.

Route de Terracine à Naples par Gaëte.

De Terracine à Naples il y a 22 lieues; les postes sont *Fondi*, *Itri*, *Mola*, *Garigliano*, *Sant' Agata*, *Torre di Francoliza*, *Capua*, *Aversa*, *Napoli*. La première & la dernière se comptent pour une poste & demie. A chaque poste on paye 11 carlins pour les deux chevaux, & ordinairement trois pour les guides, en tout six liv. de France par poste, & ces dix postes ne font que 22 lieues en ligne droite.

Lorsqu'après être sorti de Terracine on entre dans le Royaume de Naples, on trouve un corps-de-garde où il faut montrer ses passe-ports; on les envoie à l'Officier qui est de garde dans la tour *dell' Epitafio*, qui donne la permission de passer.

On fait ensuite plusieurs lieues sur l'ancienne voie Appia, où l'on est extrêmement cahoté : bien des voyageurs aiment mieux aller à pied, que de rester dans la voiture avec de pareilles secousses.

Les bords du chemin sont couverts en bien des endroits par des buissons de myrthe mâle: cet arbrisseau que les Italiens appellent *Mortella*, est toujours vert, sa feuille est allongée & d'un vert tendre, à la différence du myrthe femelle, dont la feuille est plus courte & d'un vert foncé; son fruit qu'on appelle *Myrtille*, est une petite baye comme celle du geniévre, mais d'un goût plus agréable. On y voit aussi même à la fin de Décembre des fleurs de toute espece, & surtout des narcisses qui y croissent naturellement en abondance.

Depuis la tour *dell' Epitasto* jusqu'à Fondi il y a cinq milles.

FONDI est une petite ville située à trois lieues de Terracine, sur la voie Appia, qui forme elle-même la principale rue de la ville. C'étoit autrefois une des villes des *Arunci*, peuples du *Latium*. Strabon, Pline & Martial font un grand éloge des vins de Fondi.

Hæc Fundana tulit felix autumnus opimi
Expressit mulsum Consul & ipse bibet.
Mart.

Ces vins sont encore estimés actuellement.

Ferdinand d'Arragon, Roi de Naples, donna cette ville à Prosper Colonne, grand Général de son temps; elle appartient actuellement à la Maison Sangro, mais elle fut presque ruinée en 1534 par les Turcs, qui vouloient enlever Julie de Gonzague, épouse du Comte de Fondi, & la plus belle femme de son temps, (*Leandro Alberti*, p. 137. *M. Richard*, T. IV. p. 29.). Pour s'en venger Barberousse pilla la ville, renversa la cathédrale & fit esclaves beaucoup d'habitans; il détruisit les tombeaux de Prosper & d'Antoine Colonne, mais on les a rétablis dans la suite.

On va voir à Fondi la chambre qu'habitoit S. Thomas d'Aquin, & l'auditoire où il enseignoit la Théologie, qui sont l'un & l'autre en grande vénération chez les Dominiquains.

Le lac de Fondi est très-poissonneux, les anguilles en sont grosses & excellentes, mais ce lac est sujet à s'enfler par certains vents, & il rend l'air de la ville mal-sain. Les environs de Fondi abondent en orangers, citroniers & cyprès.

Villa Castello qui fut la patrie de l'Empereur Galba, est un peu sur la gauche de cette route.

A quatre milles de Fondi l'on trouve la montagne de S. André.

Itri, petite ville située à 3 lieues de Fondi, à deux lieues de Mola & de la mer ; quelques Auteurs disent que c'est la ville appellée dans Horace *Urbs Mamurrarum* ; elle est aussi traversée par la voie Appienne ; elle n'est ni riche, ni belle, non plus que celles de cette route, l'air en est mal-sain en été, mais elle est située entre des collines, où il croît beaucoup de vignes, de figuiers, de lauriers, de myrthes & de lentisques (a) ; la position en est si agréable, les campagnes si riantes, les productions si variées, qu'on ne peut faire cette route sans un extrême agrément.

D'Itri à Castellone il y a sept milles, c'est un gros bourg qui est à un demi-quart de lieue de Mola, autre bourg plus considérable.

En approchant de Mola on voit sur la droite du chemin une ancienne tour en forme de *Trizonium*, qui passe pour avoir été le tombeau de Cicéron. Près de-là, sur le bord de la mer, est une fontaine, où l'on croit reconnoître la fontaine d'Artachia, vers laquelle Ulysse ren-

Itri.

_____
(a) C'est l'arbre d'où coule la resine précieuse du mastic.

contra la fille du Roi des Lestrigons, suivant Homére.

Mola, ou *Mola di Gaeta*, est une petite ville, ou un gros bourg situé à deux lieues & demie d'Itri, près de la mer & du golfe de Gaiete ; elle est bâtie sur les ruines de l'ancienne Formie, ville des Lestrigons, habitée ensuite par les Laconiens, dont parle Ovide, (*Metam. L. XIV.*) : cette ville étoit célebre chez les Anciens par la beauté de sa situation.

O temperatæ dulce Formiæ littus.
Mart. X. 30.

Horace mettoit les vins de Formie avec ceux de Falerne au premier rang.

Mea nec Falernæ
Temperant vites neque Formiani
Pocula colles.
L. I. od. 20.

Cette ville fut détruite par les Sarrasins l'an 856 ; Grégoire IV en transféra le siége épiscopal à Gaiete, & cette derniere ville s'accrut des débris de la premiere.

Les sources qui viennent des montagnes voisines, fournissent de l'eau en abondance dans les maisons. Il n'y a point de port à Mola, mais beaucoup de pêcheurs ; la plage en est délicieuse : on voit d'un côté la ville de Gaiete qui en s'avançant dans la mer forme une perspective charmante, de l'autre les isles d'Ischia & Procida qui sont du côté de Naples.

Les femmes des environs sont grandes, bienfaites, & ont d'assez belles couleurs, mais elles ont presque toutes le nez écrasé; leur coëffure est une des plus galantes qu'on puisse voir, à la campagne elles portent les cheveux natés & entrelassés avec des rubans qu'elles font passer des côtés au derriere de la tête où elles les arrêtent en les entrelaçant avec grace & d'une maniere qui leur sied parfaitement; les femmes & les filles des matelots portent des corsets ouverts avec des jupes bleues ou rouges; celles dont les maris ont été aux Indes portent des fichus brodés en or, il y en a même qui sont habillées les jours de fêtes en étoffes d'or des Indes.

Entre Mola & Gaiete on montre des ruines qu'on assure être celles de la maison de Ciceron, qu'il appelloit *Formianum*, où Scipion & Lelius alloient souvent se recréer (*de Orat. L. 1 2.*) & près de laquelle il fut assassiné dans le temps de la grande proscription, 44 ans avant J. C. à l'âge de 64 ans.

Gaiete. GAETA, est une ville de dix-mille ames, située à quinze lieues de Naples & à vingt-cinq de Rome, en ligne droite; elle est sur le penchant d'une petite montagne, avec un port commode qui fut construit ou du moins réparé par Antonin le Pieux, & un golfe ou une espece d'anse qui sert encore pour les vaisseaux, & au fond duquel est un fauxbourg considérable.

Strabon dit qu'elle fut fondée par des Grecs venus de Samos, & qu'ils l'appellerent Caieta du mot Καιαττα qui dans leur langue exprimoit la courbure ou la concavité de cette côte; (a) Γαιν dans les Poëtes grecs signifie aussi terre, patrie; Virgile suppose que ce nom lui venoit de la nourrice d'Enée qui y mourut, 1183 ans avant J. C.

> Tu quoque littoribus nostris, Æneia nutrix,
> Æternam moriens famam Cajeta dedisti
> Et nunc servat honos sedem tuus; ossaque nomen
> Hesperia in magna (si qua est ea gloria) signat.
>
> Æn. 7, 1.

D'autres disent que ce fut la nourrice de Créuse, ou celle d'Ascanius, ou que le

---

(a) On dit en françois, *Gaiete, Gaete, Caete* & *Caiete.*

mot de Caeta vient de Καίω uro, parce que la flotte Troyenne y fut brûlée. (V. Turnebe, L. 26 & L. 30.)

Gaiete a été longtemps gouvernée en forme de République; ses Ducs y acquirent la souveraineté dans le 7e siecle; on voit que Didier Roi des Lombards fit la guerre au Duc de Gaiete en 760, parce qu'il refusoit de rendre à l'Eglise de Rome ce qui étoit dans son district dépendant du patrimoine de S. Pierre. Elle arma contre les Sarrasins en faveur du Pape Léon IV en 848: ses Ducs releverent long-temps du Pape. Cette ville de Gaiete battoit monnoie & armoit des galéres en 1191, comme on le voit dans un privilége du Roi Tancrede. Mais depuis ce temps-là Gaiete a toujours fait partie du Royaume de Naples, & en 1450 le Roi Alfonse d'Arragon y établit un Viceroi.

La ville est isolée & ne tient au continent que par une langue de terre; on n'y entre que par deux portes qui sont gardées avec soin.

La tour appellée vulgairement *Torre d'Orlando* est le monument le plus remarquable de Gaiete; il paroît que c'étoit le mausolée de Munatius Plan-

Tour de Roland.

cus qu'on regarde comme le fondateur de Lyon; on voit sur la porte l'inscription suivante en abréviations. *Lucius Munatius Plancus Lucii filius, Lucii nepos, Lucii pronepos, Consul, Censor, Imperator, iterum Septemvir Epulonum, Triumphator ex Rœtis. Ædem Saturni fecit de manibus. In Italia agros Beneventi divisit. In Gallia Colonias deduxit Lugdunum & Rauricam.* Ce mausolée doit avoir été fait seize ans avant J. C. il est sur le sommet de la montagne & on le voit de fort loin.

Le château est très-fort, il fut fait par Alfonse d'Arragon, vers l'an 1440, augmenté par le Roi Ferdinand ; Charles-Quint fit entourer la ville de fortes murailles, & on la regarde comme une des meilleures forteresses du Royaume de Naples. Dans le château de Gaiete on voit le tombeau du Connétable Charles de Bourbon, qui commandoit les troupes de Charles-Quint; il fut tué au siege de Rome qui fut mise au pillage par son armée l'an 1528, après avoir assiégé long-temps le Pape Clément VIII. Le Connétable étant excommunié, ne fut point mis en terre sainte, mais son squélette fut placé dans le château, où il fut embaumé par ordre de l'Espagne, & mis dans une niche à côté de la Chapelle. Le Prince d'Ascoli gouverneur de cette forteresse en 1628 le fit placer vis-à-vis de la même Chapelle dans une châsse, dont la porte brisée s'ouvroit par le milieu, habillé de velours verd avec des galons d'or, debout, l'épée au côté, botté & éperonné, ses armes en broderie à côté de lui, avec cette inscription sur la niche :

Francia me diò la leche,
Spagna fuerza y ventura
Roma me diò la muerte,
Y Gaeta la sepoltura.

On le voyoit encore il y a quelques années, mais on m'assure que le Roi le fit enterrer avec des funérailles dignes de sa réputation & de son rang, & n'a pas voulu que les os d'un Prince de sa Maison fussent plus long-temps sans sépulture.

Latratina est une autre tour ronde, presque semblable à la premiere, que Gruter estime avoir été un temple de Mercure ; Mercure étant une divinité correspondante à Anubis étoit représenté sous la figure d'un chien ; ses oracles sortoient d'une tête de chien, ce qui a pu faire nommer son temple *Latratina.*

L'Eglife cathédrale eſt dédiée à ſaint Eraſme Evêque d'Antioche, Patron de la ville de Gaiete; on y conſerve deux tableaux de prix, l'un de Paul Veroneſe, l'autre d'André de Salerne, & l'étendard que Pie V donna à Don Jean d'Autriche, Général de l'armée chrétienne contre les Turcs. Le baptiſtere eſt un beau monument d'antiquité, c'eſt un vaſe porté par quatre lions de marbre d'une ſeule piece, avec des bas-reliefs; ils repréſentent Ino, femme d'Athamas Roi de Thebes aſſiſe ſur un rocher qui cache un de ſes enfans dans ſon ſein pour le garantir de la fureur d'Athamas, tandis que des Satyres & des Bacchantes danſent autour d'elle au ſon des inſtrumens; on y lit le nom de Salpion ſculpteur Athénien. Ce monument fut apporté de Formie ou de *Mola di Gaeta*, après que cette ville eut été détruite. Vis-à-vis de l'autel du S. Sacrement il y a un monument ſymbolique qui paroît ſe rapporter à Eſculape.

Le clocher de la Cathédrale eſt remarquable par ſa hauteur & par ſon travail; on dit qu'il fut fait par l'Empereur Frederic Barberouſſe.

Le Couvent de ſainte Catherine eſt

extrémement considérable, il est placé sur la hauteur, & chargé d'allumer la lanterne du port.

Dans le Couvent des Récollets on a représenté S. François prêchant sur le rivage de Gaiete près de la porte de fer, & les poissons qui levent la tête pour l'écouter; les Physiciens qui soutiennent que les poissons n'entendent pas, trouvent ici un miracle de plus que ceux qui ont écrit cette anecdote dans la vie de S. François, persuadés que les poissons pouvoient entendre aussi-bien que les autres animaux. Près de la porte de terre il y a une plage appellée *Serapo*, du nom Sérapis qui y avoit un temple, à l'endroit où est l'Eglise de *Santa Fortunata*: S. Nil Abbé y fit construire une Eglise en 688.

La Trinita est l'Eglise la plus célebre de Gaiete; elle est hors de la ville près d'un rocher qui se fendit en trois parties à l'honneur de la sainte Trinité le jour de la mort de J. C. selon la tradition du pays; un gros bloc tombé dans la principale fente du rocher & qui s'y est arrêté, a servi de base à une Chapelle du Crucifix, fort petite à la vérité, car il y tient à peine deux person-

Rocher fendu.

nes, mais fort élevée, & sous laquelle passe la mer, qui baigne le bas de cette fente de rocher : cette chapelle étoit fort ancienne, mais elle a été rebâtie en 1514 par Pierre Lusiano Châtelain de Gaiete, comme on le voit par une inscription qui est sur la porte. On l'appelle communément la chapelle de la Trinité à cause du couvent qui en est proche.

Tous les vaisseaux qui passent devant cette Chapelle, la saluent avec la plus grande vénération, & tirent le canon par honneur, lorsqu'ils en ont ; on en raconte une foule de miracles : S. Philippe de Néri, S. François, S. Bernardin de Sienne, y avoient une extrême dévotion ; il y a des gens qui y font des stations d'un mois, d'une année, & même de toute la vie ; les pélerins y accourent de toute part ; il faut convenir que la chose est très-singuliere & qu'on ne voit pas d'exemple ailleurs d'une situation semblable à celle de la chapelle du Crucifix. On reconnoît aisément que cette fente a été faite par une rupture violente, car les angles saillans qui paroissent sur un des côtés répondent aux angles rentrans qui sont sur l'autre;

il eſt probable qu'elle eſt arrivée dans le bas âge, car les Auteurs anciens qui ont parlé fort en détail de la ville de Gaiete, n'ont pas fait mention de cette ſingularité. Au reſte cet événement reſſemble à ceux dont nous avons parlé à l'occaſion des Alpes, de Velleia, de Pérouſe, de Ceſi & de la plaine de Narni ; (*Tome I. page 8.*).

Gaiete a toujours paſſé pour être très-fidele à ſes Princes ; Charles-Quint & Philippe II lui rendoient ce témoignage ; elle ſe ſignala ſur-tout en 1707. en ſoutenant un long ſiege de la part des Autrichiens commandés par le Général Daun : elle fut enfin priſe d'aſſaut le 30 Septembre & fut miſe au pillage, après avoir eſſuyé 20 mille coups de canon & 1400 bombes ; il y avoit 2400 hommes de garniſon Eſpagnole qui tenoient pour Philippe V, & qui furent tués ou faits priſonniers.

La poſition de Gaiete eſt ſur un golfe dont le rivage eſt délicieux ; il étoit couvert autrefois des plus belles maiſons, & l'on apperçoit même dans la mer des ruines d'anciennes conſtructions, comme dans le golfe de Baies ; cela marque le goût que les Romains avoient pour ces rivages, qui font véritablement délicieux.

Nous reprendrons maintenant la route de Naples que nous avions quittée, pour aller de Mola à Sezza. Au sortir de Mola on côtoie la mer pendant une mille, on la perd ensuite de vue pendant trois milles, & on la retrouve à *Scavalo*, petit village, ou elle forme une anse. On fait encore un mille sur le bord de la mer, & à trois milles de là on voit les restes d'un amphitéâtre, d'un aqueduc, & autres ruines qu'on dit être de l'ancienne ville de *Minturnum*. Peu après on passe le Garigliano sur un bac, l'on cesse alors de marcher sur la voye Appia, mais on trouve des terres fortes d'où les mules du pays ont beaucoup de peine à se tirer pendant l'hyver.

Sezza, petite ville à six lieues de Mola, que l'on regarde comme l'ancienne *Suessa* des Volsques, est actuellement un Evêché suffragant de l'archevêché de Capoue. De Sessa à Capoue il y a encore six lieues; on rencontre dans cette espace quelques vestiges de la voie Appienne, & à la moitié du chemin on passe le pont de *la Torre* en laissant à gauche le village du même nom.

CHAPITRE IV.

Description de Capoue.

CAPOUE, en Italien & en Latin *Capua*, est dans une situation un peu différente de l'ancienne Capoue, tout ainsi que Modene & d'autres villes anciennes qui ont été ruinées & rebâties ; la nouvelle Capoue est une ville de 5000 ames, située à cinq lieues de Naples, sur le Volturno, à quatre lieues au-dessus de son embouchure ; elle n'a gueres que 300 toises de longueur depuis la porte de Rome jusqu'à la porte de Naples, qui est la partie que l'on traverse, mais elle en a 750 dans la partie qui est le long du Volturno ; elle est entourée de fortifications, & l'on y entretient une garnison considérable ; les étrangers sont obligés d'y décliner leur nom, & d'essuyer une longue cérémonie avant que le Gouverneur leur permette de passer outre.

Capoue.

Strabon dit que Capoue fut bâtie par les Tyrrhéniens, chassés des bords du Pô par les Gaulois, environ 524 ans

Histoire de Capoue.

avant J. C. D'autres soutiennent qu'elle existoit plus de 300 ans auparavant, & qu'elle avoit été fondée par Capius, l'un des compagnons d'Enée : elle s'appella d'abord *Vulturne*, & prit ensuite le nom de *Capua*. Strabon, (*L. V.*), dit que ce nom venoit de *Caput*, parce que c'étoit la capitale des villes. Florus comptoit Rome, Carthage & Capoue pour les trois premieres villes du monde, *Capua quondam inter tres maximas numerata*, (*L. I. c.* 16.).

Les Tyrrhéniens furent chassés de Capoue par les Samnites, & ceux-ci par les Romains ; elle fut si célebre de leur temps par les agrémens de sa situation & par le caractere de ses habitans, qu'on l'appelloit *Capua-Dives*, (Virg. Georg. II. v. 224.) *Capua Amorosa*. Les soldats Romains qui avoient hyverné à Capoue 343 ans avant J. C. étoient si charmés de l'abondance & du luxe de cette ville, qu'ils avoient formé un complot pour s'en rendre maîtres & y fixer leur séjour ; mais les voluptés de Capoue produisirent un événement bien plus célebre lorsqu'elles retinrent Annibal pendant l'hyver, 217 ans avant J. C. après la bataille de Cannes, dans le moment

où

CHAP. IV. *Description de Capoue.* 73
où il pouvoit s'emparer de Rome, & mettre fin à ses travaux ; les délices de Capoue sauverent la République, & donnerent des fers à l'univers.

Il faut voir la description que fait de cette ville Silius Italicus, L. II. Sa situation étoit en effet dans une plaine agréable & fertile de la Campanie, *Campania felix*, dont elle étoit la capitale, & que Cicéron appelloit le plus beau fond du Peuple Romain. Florus en parle sur le même ton : *Omnium non modo Italiâ, sed toto orbe terrarum pulcherrima Campaniæ plaga est, nihil mollius cœlo, nihil uberius solo, deinde floribus bis vernat.* (Florus, L. 1. c. 16.). Les vins de Falerne & de Massique, dont nous avons parlé plus haut, le *Cæcubum*, le *Calenum*, les huiles de Venafre se tiroient de ces campagnes.

> Cæcubum & prælo domitam Caleno
> Tu bibes uvam ; mea nec Falernæ
> Temperant vites neque Formiani
>   Pocula Colles.
>
>   Hor. 1, od. 17.

Polybe qui écrivoit son histoire 150 ans avant J. C. à l'occasion de la guerre d'Annibal, parle ainsi des plaines de Capoue dans son troisieme Livre : « Ces

Tome VI.   D

» campagnes qui environnent Capoue,
» sont la partie la plus noble de toute l'I-
» talie, la plus diſtinguée par l'agrément
» & la bonté du territoire ; d'ailleurs el-
» les ſont près de la mer, & l'on y trou-
» ve des comptoirs où abordent les étran-
» gers de toutes les parties du monde,
» lorſqu'ils viennent en Italie ; c'eſt-là
» que ſont les villes les plus célebres &
» les plus belles de l'Italie : en effet les
» côtes de Campanie ſont occupées par
» les habitans de Sinueſſe (Mondrago-
» ne) de Cumes & de Pouzol ; on y trou-
» ve encore Naples, & Nocera la moins
» ancienne de toutes. Dans l'intérieur des
» terres, du côté du nord, ſont Calene
» & Tiano ; à l'orient & au midi, Aſcoli
» & Nola : dans le milieu de ces campa-
» gnes eſt ſituée Capoue, plus floriſſante
» depuis long-temps que toutes les au-
» tres ; en ſorte qu'il y a beaucoup de
» vraiſemblance dans ce que les fables ra-
» content de cette province qu'on a auſſi
» appellée *Phlegræa*, comme les autres
» pays les meilleurs & les plus riches ; les
» Dieux devoient ſe diſputer des cam-
» pagnes auſſi agréables & auſſi diſtin-
» guées «. Et dans ſon ſecond Livre :
» Cette plaine fut occupée autrefois par

CHAP. IV. *Description de Capoue.* 75

« les Etrusques, qui ayant eu à combat-
» tre grand nombre d'injustes agresseurs,
» se firent connoître des étrangers, & ac-
» quirent la plus grande réputation de
» bravoure «.

Annibal pour attirer à son parti la ville de Capoue, avoit promis à ses habitans d'en faire la capitale de l'Italie.

Æmula nec virtus Capuæ.
Hor. epod. 11.

In primis Capua, heu rebus servare secundis
Inconsulta modum, & pravo peritura tumore.
Sil. Ital. L. VIII.

Les Romains se vengerent cruellement contre les habitans de Capoue, de ce qu'ils avoient prétendu s'élever sur les débris de Rome, en prenant parti pour Annibal; car ayant pris cette ville cinq ans après, à la suite d'un long siége, le peuple fut fait esclave & vendu à l'encan, les citoyens dispersés, & les sénateurs battus de verges & décapités; Vibius Virius qui avoit engagé les habitans à se déclarer pour Annibal, s'empoisonna avec les principaux chefs de son parti, au nombre de 27, après un grand repas où il les avoit invités.

Genseric, Roi des Vandales, acheva de détruire Capoue l'an 455, & il n'en

D ij

resta plus que le nom, qu'on a donné à une ville nouvelle qui s'est formée des débris de l'ancienne (a). Cette nouvelle Capoue fut d'abord une dépendance du Duché de Bénévent, mais vers l'an 840 elle devint un Comté particulier, où Landulf se rendit indépendant par le secours des Napolitains, qui saisirent cette occasion de se venger des Princes de Bénévent. L'an 969 elle fut assiégée par les troupes de l'Empereur d'Orient pendant 40 jours, mais le Général fut obligé d'abandonner le siége.

Cette ville est défendue par un vieux château & des fortifications à la moderne : en 1718 on détruisit les anciennes pour les rétablir suivant les nouveaux principes, au moyen de quoi Capoue est devenue une place un peu plus importante. Aussi a-t-on vu en 1734 les Espagnols y perdre beaucoup de monde avant que de pouvoir forcer le Général qui y commandoit à capituler. Capoue a quelque apparence au-dehors, mais

---

(a) *Apparato alle antichita di Capua, overo discorsi della Campagnia felice*, di Camillo pellegrino. 1651. in 4°.

M. Granata Evêque de Sessa a donné aussi une histoire de Capoue, où sont les plans de l'ancienne ville & de la moderne : on y voit deux amphitéatres, l'un desquels subsiste encore, comme nous le dirons plus bas.

CHAP. IV. *Description de Capoüe.* 77

lorsqu'on y est arrivé l'on ne trouve qu'une ville pauvre, mal bâtie & mal pavée, dont les rues sont mal alignées ; le pont qu'on passe sur le Volturne avant d'y entrer, est aussi fort mauvais.

L'église de Capoue fut érigée en archevêché par le Pape Jean XIII l'an 968. La cathédrale est petite, mais jolie : elle est soutenue par des colonnes de granite de différentes proportions, & qui ont été rassemblées de différens endroits. Dans la troisieme chapelle à droite il y a un tableau de Solimene, représentant la Vierge avec l'Enfant Jesus, à qui S. Etienne porte sur un livre les pierres avec lesquelles il fut lapidé. S. Augustin lui offre son cœur, & une Sainte lui présente une corde qu'elle a au col, comme l'instrument de son martyre. La Sainte est fort belle, & quoique le sujet du tableau soit un peu ridicule, les régles de l'art y sont bien observées dans la composition, les caracteres en sont gracieux, & les figures drapées de bon goût, le pinceau en est libre & la touche fiere. Il y regne un peu plus d'intelligence du clair-obscur que dans les autres ouvrages de Solimene ; les figures du fond sont seulement un peu trop gri-

D iij

ses pour être sur un plan aussi peu éloigné.

Le maître-autel est décoré d'une Assomption, du même Peintre. La tête de la Vierge n'est pas belle, les figures de devant sont trop petites relativement à celles du fond, l'on n'y découvre que peu d'intelligence du clair-obscur, mais on pardonne tout à ce Maître, en faveur de la touche brillante de son pinceau, & du bon caractere de dessein qui domine dans son ouvrage.

Dans l'église souterreine on voit sur l'autel une demi-figure de N. D. de Pitié, par le Bernin, exécutée en marbre; le caractere en est très-expressif, il y a des traits d'une grandeur & d'une majesté qui en imposent, mais les mains ne sont pas de la même beauté.

Le Christ du Bernin.

Dans le milieu de l'église est une figure de J. C. dans le tombeau, par le Bernin; le Christ est en marbre, grand comme nature, couché sur un linceuil, ayant la couronne d'épines à ses pieds; l'attitude en est admirable, la tête est de toute beauté, les mains & les pieds en sont d'une si grande pureté, que l'on croit voir la nature; les jambes & les genoux sont d'un dessein fini & d'un travail délicat. Si l'on avoit quelque chose à reprocher à cet ouvrage, ce seroit que les muscles de l'estomac sont trop prononcés pour un homme mort, il semble qu'ils ont encore de l'action, ce que l'on ne peut supposer : ce tombeau d'ailleurs embarrasse l'église qui a peu d'étendue.

Derriere le S. Sépulchre il y a un mausolée où l'on voit un grand bas-relief antique, aussi mauvais que déplacé. Il représente la chasse de Méléagre.

L'Eglise *del' Annunziata* est décorée à l'extérieur d'un ordre corinthien, son architecture est très-simple : on croit que c'étoit un ancien temple bâti auparavant à quelque distance de l'ancienne Capoue; mais ce qu'il y a de sûr, c'est qu'il n'y a que le socle, (ou stilobate) qui soit vraiment antique, les Anciens n'ayant point connu les pilastres grouppés, tels qu'on les trouve à l'extérieur de cet édifice. Son intérieur a une décoration moderne qui est très-riche, quoique mauvaise.

On rencontre beaucoup de marbres & d'inscriptions de l'ancienne Capoue, incrustés dans les murs des maisons de cette nouvelle ville, ainsi que quelques têtes en bas-relief sculptées sur les clés des arcades d'entrée; les bornes même y font quelquefois de beaux tronçons de colonnes antiques, ou des pierres sépulchrales.

Le 26 Décembre on tient une grande foire à la porte de Capoue, & le long du grand chemin de Rome, dont les marchands occupent un mille de longueur; on ne sauroit voir ailleurs autant de tambours de Basque qu'il y en a dans cette foire; aussi les femmes font-elles un usage fréquent de cet instrument en dansant, dans les campagnes du royaume de Naples.

Ruines de Capoue.

L'ANCIENNE CAPOUE étoit située à une demie lieue de la nouvelle, & l'on en voit encore des restes considérables au bourg sainte Marie entre le Vulturne & le Literne ou Clanius, presque à égales distances de l'un & de l'autre, & du côté de Caserte belle maison du Roi de Naples dont nous parlerons dans la suite. On y voit deux arcades sur le chemin à la partie orientale ou du côté de Casilino, on prétend que c'étoit une porte de la ville; il y a une niche dans la face des alettes soutenant les arcades, & trois dans le massif en retour sous la porte: ce monument est d'une belle élévation.

CHAP. IV. *Description de Capoue.* 81

Mais le monument le plus considérable que l'on trouve dans ces ruines est un amphitéatre ovale, il a 250 pieds de long intérieurement sur 150 de largeur ; sans compter l'épaisseur des bâtimens & des voûtes qui est de plus de 130 pieds. (a) Il en reste quelques parties assez bien conservées, telles que de grands corridors, des voûtes d'escaliers & des loges pour des animaux. Ce monument est bâti de briques & revêtu de grandes pierres blanches qui ressemblent à un marbre aigre. L'arêne est si enterrée que l'on ne découvre pas même le mur qui en régnant tout au tour, garantissoit les spectateurs des bêtes féroces. Cet amphitéatre avoit quatre grandes entrées, autant que l'on en peut juger par les parties qui ont échappé à la destruction, & il étoit d'un goût très-mâle : on voit encore les restes d'une de ses portes dont il subsiste deux arcades égales d'ordre Toscan, ayant à leurs clefs, une tête de Junon & une tête de Diane en bas-reliefs très-saillantes, mais mal sculptées. Un chapiteau de colonne dorique tombé dessus cette porte, fait présumer

---

(a) M. Cochin dit qu'il a environ 150 pieds de long sur 90 de large.

D v

que le second ordre qui décoroit l'extérieur de l'édifice étoit dorique. Lorsqu'on est monté au plus haut des ruines de l'amphitéatre, on découvre une très-belle vue fort étendue, & l'on apperçoit le mont Vésuve dans le lointain.

Une route appellée *via Consularis*, alloit à Cumes du côté du midi, & l'on en voit encore les restes au-dessous d'Aversa. La voie Appia passoit aussi à Capoue, comme nous l'avons remarqué dans le voyage d'Horace à Brindes.

Hinc, muli Capuæ clitellas tempore ponunt.

L. 1. Sat. 5.

Dans les environs de Capoue on remarque plusieurs villages dont les noms indiquent leur ancienne origine. *Marcianese* étoit un temple de Mars ; *Ercole* un temple d'Hercule ; *Curtis* un ancien palais ou *Curia* ; *Casa pulla* un temple d'Apollon, mais il n'en reste plus rien, non plus que du temple de Jupiter Tiphatin qui étoit vers l'Abbaye de S. Pierre sous Caserte, & celui de Diane Tiphatine, dont l'Abbaye S. Ange a pris la place. On appelle encore *Monti Tiphatini* les montagnes des environs de Capoue & de Caserte. Quoique le beau château de Caserte soit très-voisin de Capoue, nous n'en parlerons qu'à la suite de Naples, & dans le VIIe. volume, il est juste d'aller droit à la Capitale.

On a trouvé vers 1753, à trois lieues de Capoue, une carriere d'albâtre d'un blanc sale, avec des veines de couleur fauve ou isabelle; le Roi en a fait tirer des colonnes pour le château de Caserte, qui mises en place ne reviennent qu'à 300 livres.

A une lieue & demie de Capoue on passe le *Clanio*, autrefois *Clanius*, qu'il faut distinguer de *Clanis* qui est auprès de Chiusi en Toscane. Une lieue & demie plus loin on trouve Aversa.

La ville d'Aversa s'appelloit autrefois *Atella*; elle fut célebre chez les Romains par les bons mots & les fines plaisanteries, autant que par ses spectacles, obscenes & ses débauches: cette ville ayant été ruinée par les barbares, elle fut rebâtie par les Normands vers l'an 1030 & sur-tout par Robert Guiscard Duc des Normands, qui méditant la conquête de Naples & de Capoue, vint camper à l'endroit dont nous parlons, & augmenta cette ville, à laquelle il donna le nom d'*Aversa*, parce qu'elle servoit à tenir en respect les deux villes

Aversa

dont nous parlons. Charles I, de la Maison d'Anjou, Roi de Naples, détruisit Aversa de fond en comble, parce que ses habitans s'étoient révoltés, soutenus de la Maison de Rebursa qu'il vint à bout d'exterminer. Mais la ville ne tarda guere à être réparée, à cause de la beauté du climat & de la fertilité du terrein. Ce fut dans le château d'Aversa qu'Andréasse, Roi de Naples, fils de Charles II Roi d'Hongrie, fut étranglé sous le regne de la Reine Jeanne Iere sa femme, le 18 Septembre 1345.

La ville d'Aversa est fort petite, mais jolie & bien bâtie; elle a le titre de Comté avec un Evêché suffragant de l'Archevêque de Naples; elle est située dans un plaine délicieuse, & à la tête d'une grande avenue qui conduit jusqu'à Naples.

On arrive dans cette belle capitale par une route charmante, large, droite, bordée de grands arbres qui font un ombrage agréable, & qui sont liés par des guirlandes de vignes; on trouve de distance en distance des villages fort bien peuplés, les derniers sont *Melito* & *Capo de Chino*. Quand on a descendu la colline, on passe le *Borgo S. Antonio*, espece de grand fauxbourg, dont nous parlerons plus en détail dans le cours de notre description.

CHAPITRE V.

Histoire de Naples.

Naples est une ville de 330 mille ames, située à 40 degrés 50 minutes de latitude & à 31 degrés 52 minutes de longitude, ou 47 minutes 30 secondes de temps à l'orient de Paris, à 43 lieues de Rome, & à 333 lieues de Paris en suivant la route de Lombardie & de Toscane.

La ville de Naples est si ancienne que son origine est enveloppée dans l'obscurité des fables de la premiere antiquité : on a écrit que Falerne l'un des Argonautes en avoit été le fondateur, environ 1300 ans avant J. C. & qu'elle avoit été ensuite accrue, enrichie & peuplée par des colonies Grecques venues de Rhodes, d'Athenes & de Chalcis. Un temple fameux de la Syrene qui y fut bâti dans la suite, a donné lieu de dire que Parthenope, l'une des Syrenes qu'Homere chante dans l'Odyssée, ayant fait naufrage sur cette côte, y avoit abordé & avoit formé cette ville en lui donnant son nom. (a) D'autres on dit que ce nom de Parthenope, relatif à sa beauté, lui avoit été donné par les Phéniciens, enchantés de sa situation, & on ne peut rien dire de plus naturel, car il n'est pas en effet de situation plus belle dans l'univers que celle de Naples.

Il y avoit sur le même rivage une autre ville contiguë, & appellée *Paleopolis*, dont on attribue la fondation à Hercule. Strabon dans le cinquieme livre de sa Géographie parle de ces colonies grecques, auxquelles ces villes durent leur premiere origine; il nous apprend aussi que les peuples de la Campanie, & ensuite ceux de Cumes, s'emparerent de Naples.

La ville de Cumes étoit bien plus ancienne & plus puissante; ses habitans furent jaloux de la grandeur & de la beauté de Naples, ils la ruinerent, mais elle fut bientôt reconstruite par les ordres même de l'Oracle, & ce fut alors qu'on lui donna le nom de *Napolis*, ou Ville neuve, qu'elle a toujours porté depuis; ce

(a) Παρθένος Virgo.

fut Auguste qui réunit ces deux villes de Neapolis & de Paleopolis en une seule.

Dans le temps que Naples étoit encore peu connue, il y avoit dans le royaume, dont elle est aujourd'hui la capitale, & sur-tout en Sicile, des villes anciennes, des Monarques & des Tyrans fameux; Phalaris fut brûlé à Agrigente dans son propre taureau, 960 ans avant J. C. Les Carthaginois y fonderent Palerme, l'an 584 avant J. C. Et Denys le Tyran s'étoit emparé de Syracuse, l'an 405 avant J. C. Mais à cette époque il n'est parlé de Naples que très-peu dans l'Histoire ; on voit seulement que l'an 330 elle fut au nombre des villes confédérées ; que l'an 215 elle offrit aux Romains un secours d'argent considérable, & qu'Annibal entreprit de s'en emparer, mais inutilement, de même que de Nola qui n'est qu'à quatre lieues de Naples vers l'orient.

Cette ville n'étoit point alors sujette, mais alliée des Romains ; elle ne reçut même le nom de colonie Romaine que sous les Empereurs, & elle ne discontinua point d'être une ville Grecque dans ses usages, sa religion, & même dans son langage;

mais elle étoit alors un lieu de délices & de repos pour les plus riches habitans de Rome, & plusieurs même s'y établirent, Adrien la fit augmenter vers l'an 130, de même que Constantin en 308.

Alaric, Roï des Goths, l'an 409 de J. C. après avoir saccagé la ville de Rome pendant trois jours, passa dans la Campanie, la ville de Nola fut presque détruite, cependant ces Barbares passerent près de Naples sans qu'elle ressentît les effets de leur fureur.

Genseric, Roi des Vandales, y vint en 455. Il détruisit Capoue jusques dans ses fondemens, Nola ne fut pas épargnée; les environs de Naples furent dévastés, mais la ville même ne fut point entamée.

Ce fut dans un de ses châteaux appellé *Lucullanum*, que le jeune Augustule, dernier Empereur de Rome, se retira après avoir été détrôné par Odoacre, Roi des Hérules, l'an 476. Naples eut enfin le sort de toute l'Italie, elle fut soumise à Odoacre, puis à Théodoric, Roi des Goths, qui lui donna le titre de Comté.

Bélisaire étant venu en Italie avec les troupes de l'Empereur Justinien, l'an

536, Naples fut la premiere ville qui lui fit réſiſtance, il l'aſſiégea par mer & par terre; ſes efforts furent long-temps inutiles, & il ſe préparoit à ſe tourner d'un autre côté, lorſqu'ayant trouvé le moyen d'y faire entrer des ſoldats par un aqueduc ſouterrein, il la prit d'aſſaut, & la livra au pillage; ſes ſoldats y exercérent toutes ſortes de cruautés & d'horreurs; les femmes, les enfans, les vieillards, les prêtres & les ſoldats, tout fut maſſacré; & le Pape Sylveſtre lui fit les plus ſanglans reproches d'une pareille cruauté.

Béliſaire fut le premier à prendre des meſures pour rétablir Naples & la repeupler, en ſorte qu'elle fut en état de ſoûtenir un nouveau ſiége contre Totila, l'an 542. Elle éprouva pour lors toutes les horreurs de la famine; Démétrius envoyé de Conſtantinople pour la ſecourir, fut battu à la vue de Naples, & les proviſions que portoient ſes vaiſſeaux, tomberent entre les mains des ennemis. Maſſimin, préfet du Prétoire, ne fut pas plus heureux, & Naples fut obligée de ſe rendre. Totila devenu moins cruel par les remontrances de S. Benoît, traita la ville avec humanité, & ſe contenta d'en abattre les murs, pour n'être plus exposé à la longueur d'un pareil siége.

Narsès vint en Italie rétablir les affaires de l'Empereur d'Orient ; Totila fut vaincu & tué ; Teia, le dernier chef des Goths, fut défait aussi près de Naples au pied du mont Vésuve, appellé pour lors *Mons Lattarius*, & l'Italie rentra sous la domination de l'Empereur de Constantinople. Les Exarques de Ravenne qui y commandoient pour lui, étendoient leur pouvoir jusqu'à Naples.

Les Lombards, autres habitans du Nord, venus de l'Autriche, de la Hongrie, &c. firent une irruption en Italie, & y fonderent, l'an 568, un royaume puissant qui dura jusqu'au temps de Charlemagne, en 774 ; mais ils ne possédérent point la ville de Naples ; elle fut assiégée inutilement, & demeura fidele à l'Empereur d'Orient. Elle avoit le nom de Duché, mais elle choisissoit elle-même ses magistrats & ses chefs, & elle jouissoit d'une espece d'indépendance, (*Muratori*, *Diss.* 14.). Les Ducs de Bénévent, Princes Lombards, avoient étendu leur domination jusqu'à Capoue ; l'Empereur Constant II fit une tentative, l'an 663, pour prendre la ville de

Bénévent ; il fut obligé de se retirer à Naples aux approches de Grimoald, Roi des Lombards, & Bénévent resta entre les mains des Princes Lombards ; Arigise s'en déclara Souverain l'an 786 : ses successeurs assiégerent Naples plusieurs fois, & parvinrent enfin à la rendre tributaire vers l'an 830.

Les Sarrasins descendus en Italie, l'an 836, firent de nouveaux ravages, & causerent de nouvelles guerres, ils s'emparerent de Misène, & la détruisirent ; ils dévasterent souvent les environs de Naples, mais ils n'y entrerent point ; le Duc de Naples, Sergius, fit ensuite alliance avec les Sarrasins, il persécuta l'Evêque S. Athanase, s'empara du trésor de la Cathédrale, ce qui lui attira une excommunication, l'an 872, & un interdit sur la ville de Naples. Un autre Athanase, Evêque de Naples, lui fit crever les yeux, & l'envoya prisonnier à Rome, en s'établissant à sa place, l'an 877. Ce nouveau Duc & Evêque de Naples, continuant l'alliance avec les Sarrasins, fut aussi excommunié, & pour se soûtenir il fit venir de la Sicile des troupes Maures, en 885. Ce fut alors que le mont Cassin fut pillé, & l'Abbé Bertaire tué à l'autel même de S. Martin. Les Sarrasins ne furent chassés du pays qu'en 914, par le moyen du Pape Jean X, qui s'étant lié avec les Princes de Bénévent, de Capoue, de Naples & de Gaiete, alla lui-même faire la guerre en personne, battit les Sarrasins, & les obligea de prendre la fuite.

Nous passons toutes les divisions & les petites guerres qu'il y eut dans ce siécle-là entre les Princes de Bénévent, de Naples, de Capoue, les Grecs, les Sarrasins & les Latins, pour venir au temps où le Royaume de Naples commença de prendre une nouvelle forme par l'arrivée des Normands.

Princes Normands. Il n'y a rien de plus singulier dans cette histoire, que de voir un nouvel Etat formé par 40 Gentilshommes de Normandie, qui revenoient de visiter la Terre-Sainte en pélerins, l'an 1017, (*Leo Ost. Chr. L. II. c. 2.*). Basile, chef des Grecs, assiégeoit la ville de Bari, le célebre Melon, Lombard de nation, qui vouloit délivrer ce pays de la tyrannie des Grecs, eut recours aux Normands, & avec leur secours il en vint à bout ; les Normands délivrerent aussi Guaimaire III, Prince de Salerne, qui

CHAP. V. *Histoire de Naples.* 93

étoit assiégé par les Sarrasins ; cette victoire fit qu'on les engagea à rester dans le pays, & ce furent eux qui dans la suite, aidés des autres Normands qu'ils attirerent, chasserent les Sarrasins & les Lombards ; & y formerent un royaume.

L'Empereur Henri, qui étoit venu en Italie pour s'opposer aux progrès des Grecs, fut reconnu pour Souverain, l'an 1022, à Naples, à Bénévent & à Salerne, & il donna aux Normands des établissemens dans l'Apouille. Ils aiderent ensuite Pandolfe à se rétablir dans Capoue : celui-ci prit la ville de Naples ; pour se venger du Duc Sergius IV, qui lui avoit été contraire, il la ravagea & pilla jusqu'aux églises : Sergius, Duc de Naples, revint avec le secours des Normands, reprit sa capitale, l'an 1030. Ce fut alors qu'il leur donna un territoire entre Naples & Capoue, où ils s'établirent, & commencerent la ville d'Averfa, dont Rainulf fut le premier Comte ; il se forma par ce moyen un rempart contre la puissance & les entreprises des Princes de Capoue.

Le succès de ces Normands dans leurs nouveaux établissemens étant parvenu jusqu'à leurs compatriotes, en attira d'autres en Italie : les fils de Tancrede de Hauteville, Guillaume Bras-de-fer, Drogon & Onfroi, y arriverent, l'an 1038 ; ils se distinguerent dans toutes les occasions ; l'ingratitude des Grecs les ayant engagés dans une guerre contre eux, Drogon se fit Comte de l'Apouille ; le Pape & l'Empereur s'unirent pour les expulser, mais le Pape tomba entre les mains de Robert Guiscard, autre fils de Tancrede de Hauteville, qui venoit aussi de débarquer en Italie, l'an 1053.

Les Normands rendirent à S. Léon IX leur prisonnier toutes sortes de respects ; ils le conduisirent dans la ville de Bénévent qui lui appartenoit depuis l'année précédente ; c'est-là que, suivant les Historiens, il donna l'investiture de l'Apouille, de la Calabre & de la Sicile à Onfroi & à ses successeurs, à la charge de l'hommage qu'on en feroit au S. Siége. Robert Guiscard prit le titre de Duc de Calabre en 1060, & il continua d'étendre ses conquêtes ; ce fut lui qui délivra ensuite le Pape Grégoire VII des mains de l'Empereur Henri, qui l'assiégeoit dans Rome, mais il causa plus de dommage à la ville que les ennemis qu'il en avoit chassés. Il se préparoit à faire la

CHAP. V. *Histoire de Naples.* 95
guerre aux Grecs lorsqu'il mourut l'an 1085.

Roger, fils de Robert Guiscard, lui succéda, & fut proclamé Duc de l'Apouille, de la Calabre & de Salerne; Boëmond & Tancrede, son fils & son neveu, partirent en 1096 pour la Croisade, & ce fut ce Tancrede, dont les avantures & les amours furent tant célébrées par les Poëtes, & sur-tout par le Tasse.

Dans le temps que le Duc Roger étoit prêt à passer en Sicile, à l'occasion d'une conjuration faite par un Grec contre le Comte de Sicile, le Pape Urbain II, charmé de son zele pour le bien de l'Eglise, le nomma lui & ses successeurs Légats Apostoliques dans toute l'isle, l'an 1100; il en remplit très-bien les fonctions, il rétablit la religion en Sicile, il y fonda quantité d'hôpitaux, d'églises, d'évêchés, & ce fut l'origine de la fameuse Monarchie de Sicile.

Roger, second fils du précédent, ayant été fait Comte de Sicile, s'empara dans l'absence de son frere aîné de l'Apouille & de la Calabre; le Duc de Naples lui fit serment de fidélité l'an 1129; & étant enfin devenu maître de ce qui forme aujourd'hui le royaume de Naples & de Sicile, il prit le titre de Roi avec le consentement de l'Antipape Anaclet, il soumit tous ceux qui voulurent s'y opposer, & il força le Pape Innocent II à lui confirmer le titre de Roi de Sicile, l'an 1139. Il porta ses conquêtes jusqu'en Afrique, se rendit maître de Tripoli, de Tunis, d'Hippone, & il laissa ses royaumes, l'an 1154, à son fils Guillaume le méchant.

1166. Guillaume II, surnommé *le Bon*, succéda à son pere.

1189. Tancrede, fils naturel du Duc Roger, fils aîné du Roi Roger, fut élu Roi de Sicile, à cause de ses grandes qualités, quoique l'Empereur Henri VI prétendît à ce royaume, comme ayant épousé Constance, fille posthume du Roi Roger.

1192. Après la mort de Tancrede, Henri VI, fils de Frédéric Barberousse, s'empara du royaume, & le transmit à son fils.

1197. Frédéric II, Empereur d'Occident, si connu par ses démêlés avec le S. Siége, posséda le royaume de Sicile pendant 53 ans; après sa mort le Pape s'empara de Naples, comme étant

CHAP. V. *Histoire de Naples.* 97

étant dévolue au S. Siege. Le fils de Frédéric fut auſſi excommunié par le Pape Innocent IV, en haine de ſon pere ; la ville de Naples lui ferma ſes portes, mais il l'aſſiégea, la prit par famine en 1254, & y exerça toutes ſortes de cruautés.

1254. Manfredi, fils naturel de Frédéric II, s'empara du royaume au préjudice de Conradin, fils de Conrad. Ce fut alors que le Pape Urbain IV fit préſent de la Sicile en 1265 à Charles, Comte d'Anjou & de Provence, frere de S. Louis, & celui-ci s'engagea de payer à la Cour de Rome un tribut annuel de 48000 ſols d'or. Conradin, fils de Conrad IV, héritier légitime de Naples & de Sicile, vint d'Allemagne pour conquérir ſes royaumes avec une armée; les Gibelins d'Italie le reçurent avec joie; mais ayant été défait par les troupes de Charles d'Anjou, il fut pris, de même que le jeune Frédéric, héritier du duché d'Autriche, & on les fit mourir à Naples par la main du bourreau, en 1268.

Naples Tributaire du S. Siege.

Ce fut alors que la Maiſon de Suabe s'éteignit, & que Naples entra ſous la domination d'une nouvelle race de Rois. Charles I établit ſa réſidence à Naples,

Tome VI. E

Vêpres Siciliennes.

cela occasionna une révolution en Sicile; les François y furent passés au fil de l'épée le jour de Pâques 1282, au moment où l'on sonnoit les Vêpres à Palerme. Pierre d'Arragon qui avoit épousé une fille de Manfredi, se fit Roi de Sicile, & ces royaumes furent séparés jusqu'au temps de Ferdinand le Catholique, qui les réunit en 1504. Il y eut une réunion momentanée de ces deux royaumes dans la personne d'Alphonse I, en 1443. Jean de Procida qui fut le principal auteur des Vêpres Siciliennes, avoit été dépouillé par le Roi Charles d'Anjou de son isle de Procida, pour avoir suivi le parti de Manfredi & de Conradin; d'autres ont ajouté que le Roi avoit séduit sa femme : les François n'ont que trop souvent donné prise en ce genre aux plaintes des étrangers.

Charles II succéda à son pere, & transmit le royaume à son fils Robert en 1309. Ce Prince avoit des connoissances, & ce fut sous son regne que les Sciences & les Lettres régnerent à Naples.

1343. Jeanne premiere, petite-fille de Robert, fut Reine de Naples après Robert.

CHAP. V. *Histoire de Naples.* 99

Le grand schisme d'Occident ayant commencé en 1378, par la double élection que les Cardinaux firent successivement d'Urbain VI & de Clément VII, ce dernier fut reconnu par la France & par la Reine Jeanne de Naples ; Urbain l'excommunia, & la déclarant privée de ses Etats, il appella Charles de Duras, ou Charles de la Paix, en Italie, & lui donna le royaume de Naples. La Reine Jeanne, pour avoir un défenseur, adopta le Duc d'Anjou, frere du Roi de France Charles V, & second fils du Roi Jean, mais elle ne put empêcher Charles de la Paix d'entrer à Naples le 16 Juillet 1381 ; la Reine assiégée dans le château de l'Œuf, fut obligée de se rendre à composition, & on la fit mourir le 22 Mai 1382, lorsque le Duc d'Anjou venoit d'entrer en Italie pour la secourir.

Sixte IV remit à Ferdinand, Roi de Naples, en 1472, le tribut qu'il devoit à l'Eglise Romaine, à condition qu'il lui feroit hommage tous les ans d'une haquenée blanche ; cela s'observe encore à Rome avec une très-grande cérémonie dans l'église du Vatican.

Charles VIII s'étant trouvé en paix avec l'Espagne, l'Angleterre & les Pays-

Conquêtes de Charles VIII.

Bas, en 1493, songea à faire revivre les droits de la Maison d'Anjou sur le royaume de Naples; il étoit vif & ardent, ses favoris l'animerent à entreprendre cette conquête: il en vint à bout; il entra à Naples le 21 Février 1495, il fit même cette entrée avec les ornemens impériaux, & y fut salué du nom de César-Auguste, car le Pape Alexandre VI l'avoit déclaré Empereur de Constantinople à son passage dans Rome; il est vrai que Charles VIII l'avoit assiégé dans le château S. Ange, mais il répara tout en lui servant la Messe, lui versant l'eau sur les mains, & lui rendant son obédience filiale en grande cérémonie.

Les Vénitiens, le Pape, l'Empereur, le Roi d'Arragon s'étant ligués contre Charles VIII, il ne put conserver sa conquête, & il auroit eu peine à regagner la France, sans la bataille de Fornoue qu'il gagna le 6 Juillet 1495.

Ferdinand II revint alors dans son royaume de Naples par le secours du Roi d'Espagne Ferdinand le Catholique.

Louis XII voulut aussi faire revivre ses droits sur le royaume de Naples, comme successeur des anciens Rois de la Maison d'Anjou, & en particulier de Char-

CHAP. V. *Histoire de Naples.* 101.

les VIII, qui avoit été Roi de Naples en 1595; Ferdinand le Catholique, Roi d'Arragon & de Sicile, y prétendoit aussi, comme neveu d'Alphonse qui étoit mort sans enfans; il s'arrangea avec le Roi de France, & ils conquirent le royaume de Naples; le Roi d'Arragon envoya en 1501 Gonzalve de Cordoue, surnommé le *grand Capitaine*, sous prétexte de secourir Frédéric & Alphonse ses cousins, mais effectivement pour s'emparer de Naples; alors Ferdinand, Roi d'Arragon, & Louis XII, Roi de France, partagerent le royaume, mais Naples resta aux François. Ce partage occasionna des difficultés, Gonzalve gagna la bataille de Seminara en Calabre, où il fit prisonnier M. d'Aubigné, & celle de Cirignola, ou Cérignole, dans l'Apouille, où Louis d'Armagnac, Duc de Nemours, Viceroi de Naples, fut tué le 28 Avril 1503. Il en gagna encore une troisieme près du Garillan, & il entra à Naples en 1503. Les François perdirent alors pour toujours le royaume de Naples, & cette ville fut soumise depuis ce temps-là à des Princes étrangers, c'est-à-dire, qui ne résidoient point en Italie.

Charles-Quint, devenu Roi d'Espagne en 1516, continua d'être Roi de Naples, de même que Philippe II & ses successeurs, jusqu'à la fin du dernier siécle.

Dans le temps que les Rois d'Espagne étoient possesseurs de Naples, ils y tenoient des Vicerois qui profitoient souvent de l'éloignement du Souverain pour opprimer le peuple : le Duc d'Arcos étoit Viceroi en 1647, sous Philippe IV ; l'impôt qu'on avoit mis sur tous les fruits verds & secs, même sur les lupins, devint si insupportable que le peuple en murmura hautement ; le Viceroi fut souvent importuné des sollicitations & des clameurs, en traversant le marché pour aller à l'église des Carmes tous les samedis, suivant l'ancien usage. Dans le même temps le peuple de Palerme avoit forcé le Viceroi de Sicile de lever les droits sur la farine, le vin, l'huile, la viande & le fromage : cet exemple encouragea les Napolitains, & ce fut la cause d'une conjuration fameuse, dont Mazaniello fut le chef.

Conjuration de Mazaniello.   Ce chef de parti étoit un jeune homme de 24 ans, qui s'appelloit Thomas Anello, né à Amalfi, dans le golfe de Salerne, à 9 lieues de Naples, il étoit pêcheur de profession ; le mécontentement général lui échauffa tellement la tête, qu'il résolut de se faire pendre, ou de faire lever l'impôt sur les fruits ; il s'en alla dans les boutiques des Fruitiers, & leur proposa de venir le lendemain tous au marché, & de déclarer qu'ils ne vouloient point payer de droit : l'Elu du peuple en fut informé, il s'y rendit de son côté, & faisant espérer au peuple qu'on leveroit incessamment l'impôt, il parvint à dissiper le tumulte pour cette fois. Mais le 7 Juillet 1647, le tumulte ayant recommencé, il ne put venir à bout de le faire cesser, & il manqua d'être tué par la populace. Mazaniello en profita pour rassembler les plus déterminés, il les conduisit à l'endroit où étoient les bureaux & la caisse des Fermiers, qui furent pillés ; on alla forcer les prisons & délivrer les prisonniers, & de-là au palais du Viceroi, qui fut obligé de promettre la suppression du droit ; il se réfugia ensuite dans le château neuf ; le peuple l'y assiégea, & ne se contentant pas de ses promesses, lui fit dire qu'on vouloit qu'il s'obligeât à supprimer les impôts, & à maintenir les privileges & exemptions qu'avoient accordé les Rois

Ferdinand I d'Arragon, Frédéric & Charles-Quint, au peuple de Naples, & qu'il falloit que le Collatéral ou Conseil qui assistoit le Viceroi au nom du Prince, c'est-à-dire, le Conseil d'Etat, & toute la Noblesse s'y engageassent.

En même temps le peuple alla piller les maisons des Fermiers & de tous ceux qui avoient quelque part à la *Gabella de' frutti*, & brûler leurs meubles; il alloit faire la même expédition dans les palais de plusieurs grands Seigneurs, si le Cardinal Filamarino, Archevêque de Naples, pour qui le peuple avoit du respect & de l'amitié, n'eût détourné le coup. Ce fut à lui que l'on dût & le succès des négociations & l'espece de modération des Révoltés.

Cependant Mazaniello fut élu capitaine général du peuple le 9 de Juillet ; son esprit, sa fermeté, sa bonne conduite rendoient chaque jour son autorité plus considérable : on lui éleva une espece de thrône au milieu de la place du marché, où il montoit avec ses conseillers, pour donner audience à tout le monde. Là avec son habit blanc de marinier il recevoit les placets & les requêtes d'un chacun, rendoit ses jugemens, & se faisoit obéir sur le champ. Il avoit à ses ordres plus de 150 mille hommes armés, sans compter les femmes & les enfans qui prenoient part à la révolte, & lui obéissoient au moindre signe. Le Viceroi entreprit de faire assassiner Mazaniello, & de faire empoisonner l'eau de l'aqueduc, mais il ne réussit pas, il n'en fut que plus étroitement resserré dans le château, & on lui coupa les vivres.

Mazaniello, pour prévenir les surprises, défendit le 11 sous peine de la vie, que personne ne portât de manteau; tout le monde obéit, & les hommes, les femmes, les Ecclésiastiques, les Religieux, la noblesse ne porterent plus ni manteau, ni ajustement qui pût cacher des armes. Il fixa le prix des denrées, établit une police rigoureuse par-tout, & fit exécuter avec fermeté tous ceux qui furent trouvés coupables.

Si Mazaniello en fut demeuré-là, peut-être que son pouvoir auroit duré long-temps; mais son autorité le rendit fier, arrogant, bisarre & même cruel. Cependant le 13 Juillet les négociateurs étant venus à bout de concilier un peu les esprits, le Viceroi alla en grande cérémonie à l'Eglise Cathédrale: il y fit lire à

E v

haute voix la capitulation que le peuple avoit exigée de lui, signée par tous les Conseils : le Viceroi & tous les Ministres jurerent de l'observer, & de la faire confirmer par le Roi. Mazaniello étoit auprès du trône de l'Archevêque, l'épée nue à la main ; & tout fier de ses succès il envoyoit faire au Viceroi, de momens à autres, des propositions ridicules ; la premiere fut qu'il vouloit être Commandant général de la ville ; la seconde, qu'il vouloit avoir une garde, avec le droit de nommer les Officiers militaires & de donner les congés : la troisieme qu'il falloit que son Excellence congédiât tous les gardes qui étoient dans les châteaux, &c. Le Viceroi disoit toujours oui, pour ne point troubler la cérémonie par des refus. Après le *Te Deum* on reconduisit le Viceroi au palais.

Le 14 de Juillet Mazaniello continua de faire mille extravagances ; il couroit à cheval par la ville, faisant emprisonner, donner la torture, & même couper la tête pour les causes les plus légeres ; il ménaçoit le Viceroi, il créoit des enfans tirés de la populace, capitaines & officiers généraux ; il alla prendre le Viceroi, & l'obligea de venir souper avec lui à Pausilipe, où il s'enyvra de manière à perdre encore plus la raison. Sa femme faisoit de son côté des folies d'une autre espece ; elle alla voir la Vice-reine avec la mere & les sœurs de Mazaniello vêtues d'étoffes riches & chargées de diamans, dans un superbe carrosse qu'on avoit pris au Duc de Mataloni.

Mazaniello avoit des intervalles de bon sens ; ce fut dans un de ces momens qu'il envoya dire au Viceroi qu'il vouloit abdiquer le commandement. Cependant le 15 il continua ses folies ; il fit dire à Don Serrante Caracciolo, grand Ecuyer du Royaume, que pour n'être pas descendu de carrosse lorsqu'il l'avoit rencontré, il eût à venir lui baiser les pieds publiquement dans le marché. Celui-ci le promit, mais il se sauva dans le château. L'insensé ne ménageoit pas même le peuple à qui il devoit toute son existence, & ce fut la cause de sa ruine ; car dès-lors il dût être facile à la Cour de trouver des assassins pour se défaire de lui, & Mazaniello s'en apperçut d'avance.

Le 16 de Juillet, jour de la fête de Notre-Dame du Mont-Carmel, qui est la plus grande solemnité dans l'Eglise des Carmes du marché de Naples, Mazaniello y alla pour entendre la Messe, & lorsque l'Archevêque entra, il alla au-devant de lui, & lui dit: Monseigneur, je vois que le peuple commence à m'abandonner, & que l'on veut me trahir; mais je veux pour ma consolation & pour celle du peuple, que M. le Viceroi & tous les tribunaux viennent aujourd'hui en pompe dans cette Eglise. Le Cardinal l'embrassa, loua sa piété, & alla se préparer à dire la Messe. Aussi-tôt Mazaniello monta dans la chaire, & prenant un crucifix à la main, se mit à haranguer le peuple qui remplissoit l'Eglise, à le conjurer de ne pas l'abandonner, rappellant tous les dangers qu'il avoit bravés pour le bien public, & le succès qu'il avoit eu. Puis tombant dans une espece de délire il fit la confession de sa vie passée avec un ton de fanatique ou de furieux, & exhorta les autres à imiter son exemple: sa prédication étoit si ridicule, & il y mêloit des choses si peu catholiques, que l'on ne l'écoutoit plus, & l'Archevêque engagea les Religieux à le prier de descendre. Il le fit, & voyant qu'il perdoit la confiance publique, il alla se jetter aux pieds de son Eminence, la priant de vouloir bien envoyer son Théologien au palais pour porter au Viceroi son abdication. Le Cardinal le lui promit, & comme il étoit tout en sueur, on le conduisit dans une chambre du couvent pour changer de linge : après s'être reposé il se mit à un balcon qui donnoit sur la mer ; mais un instant après il vit venir à lui plusieurs personnes qui étoient entrées par l'Eglise & qui l'appelloient ; il leur alla au-devant, en disant : Mes enfans, est-ce moi que vous cherchez, me voici. On lui répondit avec quatre coups d'arquebuse, & il tomba mort en s'écriant : Ah, *Traditori, ingrati.* On eut bientôt dissipé une populace qui n'avoit plus de chef. L'on porta sa tête au bout d'une lance jusqu'au palais du Viceroi, sans éprouver de la part du peuple la moindre résistance, & l'on jetta son corps dans les fossés, entre la porte de Nole & la porte de Capoue.

Cette révolution de Naples fut de courte durée, mais elle fut suivie d'une autre qui pouvoit faire à la Cour d'Espagne bien plus de tort. Henri de Lorraine, Duc de Guise, ayant été obligé de quitter la France, & s'étant retiré à Rome au mois de Septembre en 1647, y

Entreprise du Duc de Guise.

conçut le projet de profiter des troubles de Naples pour en chasser les Espagnols, y établir la forme républicaine de la Hollande, & de s'en faire Viceroi ou Stadhouder, en se mettant à la tête du peuple contre la noblesse (a). En effet il ne manqua la conquête du royaume de Naples que parce qu'on lui en envia la gloire, & qu'on le traversa par jalousie. C'étoit dans le *Torrione* ou Tourion des Carmes qu'il logeoit, les autres châteaux étant occupés par les Espagnols; il s'établit ensuite devant l'Eglise de S. Jean de Carbonata; il fut long-temps le Général du peuple, il avoit même attiré à lui beaucoup de noblesse, & les affaires étoient très-avancées, lorsque les Espagnols profitant d'une absence qu'il fut obligé de faire, surprirent la ville & le Tourion; il fut lui-même surpris & fait prisonnier près de Caserte, en se retirant pour aller joindre d'autres troupes qui étoient dans son parti; on le conduisit en Espagne, & tous les troubles finirent.

Les Rois d'Espagne ayant continué de posséder ce royaume, Philippe V, pe-

(a) Voyez les Mémoires de feu Monsieur le Duc de Guise à Paris 1668. in 4º. Histoire de la révolution de Naples dans les années 1647 & 1648, par Mlle. de Lussan. 1757.

tit-fils de Louis XIV, alla prendre possession de Naples en 1702, il la conserva pendant six ans ; mais en 1707 le Comte de Daun s'empara du royaume de Naples au nom de l'Empereur Joseph, & la branche de la Maison d'Autriche qui régnoit en Allemagne, continua de posséder ce royaume, lors même que la Maison de Bourbon fut établie en Espagne ; car par le Traité signé à Bade le 7 Sept. 1714, on céda à l'Empereur Charles VI les royaumes de Naples & de Sardaigne, les Pays-Bas & les Duchés de Milan & de Mantoue, comme partie de la succession de Charles II, Roi d'Espagne.

Les divisions ayant continué entre l'Espagne & la Maison d'Autriche, l'Empereur Charles VI fut obligé de céder la Sicile par le Traité d'Utrecht à Victor-Amédée, Duc de Savoie. Philippe V, Roi d'Espagne, la reprit en 1718 sans beaucoup de peine ; mais par le Traité qui fut fait en 1720. il céda à Charles VI tous ses droits sur cette isle ; l'Empereur fut reconnu de tout le monde pour Roi des Deux Siciles, & le Roi Victor fut obligé de se contenter de la Sardaigne au lieu de la Sicile qu'il avoit eue. Le Duc d'Orléans, Régent de France, qui étoit mécontent de lui, eut beaucoup de part à ce changement peu favorable au Roi de Sardaigne.

Mais lorsque la guerre eut été déclarée entre l'Empire & la France en 1733, à l'occasion de la couronne de Pologne, la France ayant pris le Milanois, Don Carlos alors Duc de Parme s'empara du Royaume de Naples en 1734, & il lui fut assuré par le Traité de 1736 en même temps que le Duché de Lorraine à la France, Parme & Milan à l'Empereur Charles VI, la Toscane au Duc de Lorraine, & les villes de Tortone & de Novarre au Roi de Sardaigne. Don Carlos obtint aussi la cession des places maritimes de la Toscane, de Porto Longone & de l'isle d'Elbe.

Naples commença pour lors à voir son Souverain habiter dans ses murs, avantage dont elle étoit privée depuis deux siécles; elle eut lieu de se féliciter de cette nouvelle domination; Charles III réforma les abus, fit des réglemens sages, établit le commerce avec les Turcs, décora sa Capitale, & fit aimer son regne à ses sujets; il a protégé les lettres comme on en peut juger par les travaux faits à Herculanum, & par le foin qu'il a pris d'en conferver les monumens; il a cherché à exercer les Artiftes habiles par l'entreprife immenfe du château de Caferte; enfin Naples a été fous fon regne plus heureufe & plus tranquille qu'elle ne l'avoit jamais été.

Ferdinand VI Roi d'Efpagne & frere du Roi de Naples étant mort en 1759, Don Carlos voulant lui fuccéder comme fon frere, remit le Royaume de Naples à fon troifieme fils Ferdinand IV, actuellement régnant, & s'embarqua le 6 Octobre 1759 pour l'Efpagne, où il regne paifiblement, & qu'il deftine à fon fils aîné.

L'hiftoire de Naples a été donnée par *Capacio*, *Summonte*, &c. mais celle de *Giannone* en 5 volumes in 4°. eft la plus eftimée; elle parut il y a environ 35 ans pour la premiere fois, & fit grand bruit dans le pays; elle fut profcrite févérement; mais l'on convient qu'elle eft auffi vraie & fincere qu'elle eft hardie. Le P. de S. Felix, Jéfuite, en fit une critique à laquelle l'Auteur repondit; le cinquieme volume de fon ouvrage ne contient que des juftifications, des réponfes, & une profeffion de foi. Il y a une traduction françoife de cet ouvrage.

CHAPITRE VI.

Description de la partie méridionale de Naples.

Beauté de sa situation.

ON ne peut rien imaginer de plus beau, de plus grand, de plus orné, de plus singulier à tous égards que le coup d'œil de Naples de quel côté qu'on la voie : cette ville est placée au fond d'un bassin, appellé en Italien *Cratere*, qui a deux lieues & demi de large & autant de profondeur ; il semble presque fermé par l'isle de Caprée, qui se présente du côté du midi, & quoique à sept lieues de distance termine agréablement la vue ; on croit voir aux côtés de cette Isle deux ouvertures appellées en effet *Bocche di Capri*, mais l'une a plus de huit lieues de largeur, & l'autre a seulement une lieue, quoiqu'elles semblent presque égales. Le contour de ce bassin est orné d'un côté par les maisons agréables du Pausilipe, de l'autre par le palais de Portici, & toutes les maisons de campagne qui se suivent sans interruption depuis Naples jusqu'au-delà de

Portici ; le Véfuve qui s'éleve par-delà, rend ce spectacle plus singulier & plus grand ; Herculane & Pompeia sont du même côté ; de l'autre sont la grotte singuliere du Pausilipe, le tombeau de Virgile, les feux de la Solfatare, la grotte du chien : tout ce qui environne ou avoisine le bassin de Naples, est extraordinaire & fameux.

Naples est située au fond de ce théâtre sur le penchant d'une montagne, elle embrasse la mer par une vaste étendue de fauxbourgs, la domine par des châteaux, l'embellit par des maisons superbes distribuées en amphithéâtre depuis le haut de la montagne jusqu'au bas ; ce développement ou ce coup d'œil est la plus belle chose qu'il y ait au monde, & les voyageurs qui ont vu plus de choses rares que moi, ne m'ont pas dit qu'il y eût rien de comparable à la beauté de cette situation ; pas même la vue de Constantinople & celle de Genes, qui en approchent le plus : Constantinople a l'air de la capitale du monde, dit M. Le Roi, & il n'y a point de ville sur la terre que l'on puisse lui comparer pour son assiette.... mais si l'aspect de cette ville est très-beau, l'intérieur au contraire en est très-désagréable (*M. Le Roi*, p. 5.) ainsi l'on ne peut pas la mettre en comparaison avec Naples.

C'est sur-tout du haut des Chartreux qu'il faut voir celle-ci, ou bien dedans une barque à quelque distance du port, quoique après tout elle soit charmante de quel côté qu'on se place. On trouve à Naples deux grandes estampes qui représentent les deux vues principales de la ville, & que M. Gravier, Libraire François, a fait faire, mais elles répondent très-mal, soit pour le dessein soit pour la gravure, à la beauté de leur modele ; je voudrois voir les plus habiles peintres y exercer leurs talens : je ne suis point étonné que le peuple de Naples enchanté de ce séjour dise dans son langage : *vedi Napolo po mori*, quand on voit Naples on a tout vu ; c'est par une suite de cette persuasion qu'ils disent communément aux étrangers qui ont vu quelque chose de nouveau, *comme li piace*, question qui embarrasse très-souvent lorsqu'il s'agit des choses dont on n'a pas un grand éloge à faire.

Le bassin de Naples est terminé sur la droite, par le Cap de Misene, célebre dans Virgile par la sépulture d'un des compagnons d'Enée ; fur la gauche par le Cap de Maffa, appellé autrefois le Cap de Minerve à caufe d'un temple qui y étoit. Entre l'ifle de Caprée & chacun de ces deux Caps, on voit l'immenfité de la mer, comme par une échappée ; ce coup d'œil noble & vafte dilate l'imagination, fans offrir une monotonie ennuyeufe, comme cela arrive à ceux qui n'ont abfolument que la mer pour borner leur horizon.

Du côté du nord, Naples eft bornée par la colline qui portoit autrefois le nom de Virgile, qui s'appelle actuellement *monte Vergine*, & par les monts *Tifata*, qui forment une efpece de couronne autour de la ville ; enfin on y voit le commencement de la Terre de labour, *Terra di lavoro*, c'eft à dire, de ces campagnes fertiles & célebres que les Romains appellerent la Campanie heureufe, & qu'ils regardoient comme le pays le plus riche & le plus beau de l'univers.

Le Sebeto, petite riviere qui defcend des collines qui font du côté de Nola, fertilife les environs de Naples & fe jette dans la mer fous le pont de la Madeleine, qui eft à la partie la plus orientale de la ville. Le Sebeto étoit célebre dans l'antiquité, c'étoit une divinité à laquelle on avoit élevé un temple ; on en a trouvé l'inscription qui est rapportée dans Falco, *Mevius Eutichius restituit ædiculam Sebeto*. La plus grande partie des eaux qu'il rouloit autrefois, a disparu dans une éruption du Vésuve, on dit même qu'il étoit resté à sec, & qu'il reparut en partie dans l'endroit qui a conservé le nom de la *Bulla*, ou la *Volla*, qui est une espece de petit étang à deux lieues de Naples. Le Sebeto se divise en deux branches dans l'endroit appellé *Casa dell' acqua*, une partie est portée à Naples dans les aqueducs appellés *Formali*, qui regnent sous la ville, & le reste sert à l'irrigation des jardins.

On croit généralement que l'ancienne ville de Partenope ou *Neapolis* étoit située dans la partie la plus septentrionale & la plus élevée de la ville actuelle, depuis *S. Agnello in Capo Napoli* jusques vers S. Georges, S. Marcellin, S. Severin ; elle étoit divisée en trois grands quartiers ou places qu'on appelloit la place haute, la place du soleil, & celle de la lune ; elle venoit enfin aboutir vers l'endroit où est la porte de Nole, porta *Nolana*, entre la vicairie & le marché ; à l'égard de l'autre ville appellée *Paleopolis*, fondée par Hercule, suivant Diodore de Sicile, & qui en étoit très-voisine, on ignore sa situation ; les uns la mettent au nord vers *Capo di monte*, les autres au midi vers *Chiaja*, les autres à l'orient, du côté du *Poggio reale*; & même encore plus loin.

Naples étoit autrefois environnée de très hautes murailles, puisque nous voyons qu'Annibal en fut effrayé, & n'osa pas entreprendre le siege. Mais ayant été ruinée, comme nous l'avons dit, elle fut rebâtie presque à neuf en 540 par Bélisaire. Conrad ayant abattu les murailles en 1252, le Pape Innocent IV les fit reconstruire & agrandir en 1254. Charles I, de la Maison d'Anjou, fit construire le château neuf en 1170, & Charles II son fils en 1300 fit une augmentation encore plus considérable à cette ville, éleva le château S. Elme, fit reconstruire les portes & rebâtir les murs. Une des portes de l'ancienne ville s'appelloit *Porta ventosa*, elle étoit près de la mer & du port qui dans ce temps-là venoit beaucoup plus avant qu'il ne vient aujourd'hui ; derriere l'Eglise de

S. *Onofrio de' Vecchi* on montre des restes de l'ancien phare ou de la lanterne du môle; cette porte fut ensuite transférée par Charles II vers l'an 1300 à l'endroit où étoit le palais des Princes de Salerne, qui est actuellement la maison des Jésuites, *Gesù nuovo*; enfin Pierre de Tolede Viceroi de Naples, la fit construire à l'extrémité de la rue de Tolede; c'est aujourd'hui la porte du

<small>Portes de Naples.</small> S. Esprit. La porte appellée *Donn' orsa* étoit vers *S. Pietro a Majella*, c'est celle par où entrerent les Sarrasins en 788, & par laquelle ils furent repoussés; elle s'appelle aujourd'hui porte de Constantinople à cause d'une Eglise voisine; elle est en face de l'Université sur le *largo delle pigne*. La porte appellée *di Sᵃ. Sofia* étoit vers l'archevêché, & elle fut transportée plus loin par ordre de Constantin; la porte de Capoue étoit vers *monte della misericordia*, & elle fut transportée vers sainte Catherine *a Formello* & ornée de trophées lorsque Charles-Quint fit son entrée solemnelle à Naples par ce côté-là. Une autre porte est appellée *porta Nolana*, parce qu'elle conduit à cette ville ancienne & célebre de *Nola*. Il y a encore plusieurs autres portes

CHAP. VI. *Description de Naples.* 121

portes qui n'ont rien de remarquable; on montre en quelques endroits de la ville des restes des murs anciens, que les uns disent être de l'enceinte de Naples, & que d'autres attribuent à des temples, à des amphitéatres, à des bains; telle est *l'Anticaglia* au-dessous des Incurables, & les restes qui sont à *li Caserti* & à *S. Severo*, Eglise des Dominicains.

Les murs de la nouvelle ville en commençant depuis le fort des Carmes, *Torrione del Carmine*, jusques au-dessous de S. Martin & vers le Couvent appellé *SS. Trinita delle Monache*, sont faits en partie d'une pierre dure & noire qui se tire des environs de Naples, appellée *Piperno*; ce fut le Roi Ferdinand I vers l'an 1460 qui les fit faire pour défendre la partie septentrionale; une partie est de pierre tendre & fut faite en 1537 sous l'Empereur Charles V par le Viceroi Pierre de Tolede. Si l'on suit cette enceinte & que l'on revienne le long de la mer, en y comprenant le Palais, le château de l'Œuf, Sainte Lucie, Plata Monte, & la porte de Chiaia, on trouve environ dix mille de Naples, (chacun de 800 toises) c'est à dire plus de trois lieues.

Tome *VI*.   F

Les portes de la ville ne ferment point, on y entre à toute heure, il n'y a comme à Paris que de foibles barrieres à l'entrée des fauxbourgs; une Capitale est naturellement gardée par le Royaume tout entier, & ne doit point être exposée aux dangers de la résistance: elle est le prix des victoires remportées aux extrémités de l'état.

Les fauxbourgs de Naples sont très-grands & très-agréables; celui de Ste. Lucie est au midi de la ville; celui de Chiaia au couchant, est le plus décoré par les beaux hôtels & le grand nombre de gens de la Cour qui y habitent; du côté du nord est celui de S. Antoine, par lequel on arrive de Capoue; celui des Vierges en est voisin, il s'étend au nord de la ville au-delà de la porte du S. Esprit & de la porte Médine, jusqu'à la *Montagnola*, & aux Capucins de S. Eframo nuovo: celui de Lorette est à l'orient de la ville du côté de Portici: nous parlerons de ces fauxbourgs à la suite des quartiers de la ville qui y sont contigus.

Grandeur de Naples.

La plus grande longueur de Naples est de 2300 toises du nord au sud, ou depuis le château de Capo di Monte jusqu'à la pointe du château de l'Œuf; on en trouveroit même 2600, en prenant depuis Notre-Dame de Pié de grote à l'extrémité de Chiaia qui est au sud-ouest, jusqu'au pont de la Magdeleine qui est sur le chemin de Portici, au-delà du quartier de la Cavalerie; toute la partie qui est depuis la Vicairie jusqu'au palais du Roi, sur une distance de mille toises, est extrémement habitée; la seule rue de Tolede depuis la porte du S.-Esprit jusqu'au coin des Jésuites de St. François Xavier, ou à l'entrée de la place du palais, a 540 toises de longueur sur une seule ligne, sans compter la place dans laquelle elle finit: la ville est traversée aussi d'orient en occident par une autre rue moins réguliere & moins large, mais qui a 2030 toises depuis la porte de Nole jusqu'au-dessus du palais du Duc de Tarsia. J'ai pris ces dimensions sur un grand Plan qu'a fait lever M. le Duc de Noia, & qu'il a bien voulu me communiquer quoiqu'il ne soit pas encore public. Ce Plan est en 35 feuilles, parce qu'il comprend Naples & ses environs; c'étoit une entreprise dispendieuse & pénible, mais utile, puisqu'on n'a d'autre Plan de cette grande ville que celui de M. Jolivet, architecte, (publié en 1764 par M. Gravieres) moins grand, moins exact, moins détaillé que celui de M. le Duc de Noia.

<small>Population de Naples.</small>

Suivant un dénombrement de la ville de Naples fait en 1742, & qui m'a été communiqué, il y avoit dans les 39 paroisses de la ville & des fauxbourgs 305091 habitans, parmi lesquels il y avoit 4757 religieux, 3283 religieuses de 13 Ordres différens ; 4855 personnes dans les hôpitaux & autres communautés, de 45 ordres différens & 292196 personnes dans les maisons ordinaires.

Indépendamment de ces 305091 habitans domiciliés, on assure à la fin de ce dénombrement que les trois paroisses destinées aux étrangers, S. George des Génois, S. Jean des Florentins, & S. Paul des Grecs, contiennent bien 100000 ames ; qu'il faut encore y ajouter 34 mille hommes pour les troupes, 12000 pour les habitans des châteaux de Naples, & 600 pour l'hôpital de l'Annonciade qui fait une paroisse à part ; cela feroit en tout 451691, mais je crois qu'il y a beaucoup à rabattre sur les articles qui ne sont pas le résultat d'un dénombrement exact ; du moins le Cardinal Spinelli, qui avoit été Archevêque de Naples, aſſuroit à un de mes amis qu'il n'y avoit pas en tout plus de 350 mille ames dans la ville de Naples.

Il y a 58 Ordres ou Congrégations à Naples, & huit mille religieux ou religieuſes, c'eſt à-peu-près la quarantieme partie du total des nationaux ; & ſi l'on y ajoute les prêtres ſéculiers, on aura une portion beaucoup plus forte de la ville conſacrée au célibat, mais on doit moins la regretter à Naples que par-tout ailleurs, puiſqu'il y a tant d'autres gens inutiles.

Nous commencerons notre deſcription de Naples par le palais du Roi qui eſt le plus bel édifice de cette ville. Les anciens Rois de Naples habiterent premiérement dans le château appellé *Caſtel Capuano*, enſuite dans le château neuf, & quelquefois dans le château de l'Œuf, où mourut Alphonſe d'Arragon en 1458 ; le Viceroi Pierre de Tolede fut le premier qui entreprit de faire bâtir un palais pour la réſidence du Souverain, il fit conſtruire ce qu'on appelle actuellement le *Palais vieux*, où Charles V logea, & l'on voit encore ſur la porte l'aigle à deux têtes.

REGGIO PALAZZO, Palais du Roi, *Palais du Roi.*

grand édifice qui fut fait sous le Viceroi Dom Ferdinand Ruiz de Castro, Comte de Lemos, qui étoit Viceroi de Naples en 1600, & dirigé par le Cavalier Fontana. Ce palais donne d'un côté sur la mer dont il est très proche, & de l'autre sur une place fort grande, mais d'un plan irrégulier, & environnée de maisons ordinaires sans ornemens. Il sera même difficile de décorer cette place à cause des Eglises dont elle est environnée.

L'architecture de ce palais est bonne & d'un style sage; la façade a près de cent toises de longueur, & il y a vingt-deux croisées de face avec trois portes d'égale hauteur, ornées de colonnes de granite portant les balcons du premier étage. Sa décoration consiste en trois rangs de pilastres, doriques, ioniques & corinthiens, placés les uns sur les autres, & le tout couronné d'une balustrade garnie de pyramides & de vases alternativement.

La cour n'est pas grande, mais l'escalier est magnifique, commode & d'une grandeur prodigieuse. Il conduit à des portiques fort beaux dont la cour est environnée.

Parmi les grands & beaux appartemens

qu'on voit dans ce palais, on remarque la salle des Vicerois, où sont les portraits de tous ceux qui ont gouverné le royaume de Naples, depuis le grand Capitaine dont nous avons parlé, qui vivoit en 1500. La chapelle a été peinte par Nicolas Rossi.

La chambre à coucher du Roi a un grand air de magnificence, elle est décorée de pilastres & de glaces, dont les chapitaux & tous les ornemens sont dorés, & entre lesquels il y a de grands miroirs ; on voit dans cette chambre trois alcoves : le plafond de la plus grande est de Solimene, mais c'est un des plus foibles ouvrages de ce Maître. L'un des plafonds des petites alcoves a été peint par Franciscello delle Mura, il n'est pas mal, quoiqu'il laisse beaucoup à désirer. Voici les plus belles choses qu'on remarque dans les appartemens de ce palais.

Trois grands tableaux d'Ilario Spolverini : sçavoir, le passage d'un pont, un port de mer, & une marine ; ils sont ingénieux de composition, & la touche en est fine, mais la couleur en est fausse.

Une Vierge, S. Pierre & S. Charles, de Lanfranc : la Vierge est trop petite, l'Enfant Jesus trop grand, & les Saints un peu lourds, quoique peints d'une grande manière.

Le Lazare reſſuſcité, de Jacques Baſſan : il y a dans ce tableau quelques têtes de femmes très-gracieuſes, mais la figure du Lazare eſt mauvaiſe.

Les trois Graces, d'Annibal Carrache, d'un deſſein mâle, mais fort maniéré, d'une mauvaiſe couleur & ſans effet.

Une Charité, d'Annibal Carrache; d'une couleur aſſez vigoureuſe.

Le mariage de Ste. Catherine avec l'Enfant-Jeſus, du Corrége : la tête de la Vierge eſt trop petite relativement à celle des Anges : quant aux caracteres de têtes, ils ſont en général gracieux.

Dans une chambre où l'on conſerve beaucoup de porcelaine de Saxe, il y a de fort belles tables, dont les deſſeins ſont à ramages, exécutés en agathes, & autres pierres rares rapportées.

Lorſqu'on va depuis le palais du Roi juſqu'à la Darſe, on voit une grande ſtatue de marbre, trouvée à Pouzzol au temps du Duc de Medina ; c'étoit un Jupiter en forme de Terme, auquel on a ajouté des ornemens de ſtuc & un grand piédeſtal ; on l'appelle *il Gigante*.

On descend ensuite à la fonderie des canons, à l'arsenal & au chantier de construction. On pourroit fabriquer dans cet arsenal jusqu'à 60 galeres, & il en peut tenir 25 dans la Darse.

Le palais communique avec l'arsenal par un pont qui est couvert. Le Roi y passe pour aller s'embarquer lorsqu'il va à Pausilipe, ou qu'il fait quelques promenades sur la mer, comme cela arrive tous les dimanches dans le mois de Juillet & le mois d'Août.

On se donne quelquefois à Naples le plaisir d'aller voir lancer le poisson en mer dans une barque de pêcheur à l'entrée de la nuit; on se sert de la lueur d'un brasier qui faisant un feu clair, attire le poisson & le fait appercevoir. Les mariniers ont l'adresse de ne le manquer presque jamais dès qu'ils l'ont apperçu, comme ils ont celle d'aller chercher un sequin qu'on leur jette, jusqu'au fond de la mer.

Le palais communique aussi au château neuf par une gallerie portée sur des arcades, qui traverse les fossés, & peut servir de retraite en cas d'émeute.

CASTELLO NUOVO, grande forteresse située sur le bord de la mer, & vis-à-vis

Château Neuf.

du Môle auquel il sert de défense. Le massif du milieu, & les hautes tours dont il est flanqué, furent bâtis par Charles I, vers l'an 1280; les fortifications extérieures qui l'environnent, & qui forment un quarré de près de 200 toises en tout sens, furent commencées par Frédéric d'Arragon vers 1500, continuées par Consalve de Cordoue, ou le grand Capitaine, & achevées par Pierre de Tolede vers 1540. Dans la suite trois grosses tours ont été changées en bastions. On arrive à ce château par une grande place appellée *Largo del Castello*; elle a été formée aux dépens d'un grand nombre de maisons qui tomboient en ruine; c'est ce qui fait que l'Eglise de l'*Incoronata*, à laquelle on montoit autrefois par plusieurs marches, est actuellement au dessous du niveau de la place élevée par les décombres.

Après avoir passé les premieres fortifications du château neuf, on arrive dans une grande cour, ou espece de place d'armes, où le Comte de Lemos & le Gouverneur Dom Antoine Cruz se distinguerent autrefois par des tournois, des carousels & des combats de taureaux : c'étoit l'endroit où se donnoient toutes les

CHAP. VI. *Description de Naples.* 131

fêtes ; il y en a plusieurs de gravées dans l'Ouvrage du Marquis de Carpio.

L'arc de triomphe qui est placé à gauche entre deux tours, fut élevé lors de l'entrée du Roi Alphonse : il est tout en marbre, orné de beaucoup de statues ; cet ouvrage fut fait par le Cavalier Pietro Martino de Milan, quoique Vasari paroisse en douter. Près de-là il y a une porte de bronze, ornée de bas-reliefs, où sont représentés les exploits du Roi Ferdinand d'Arragon. On entre ensuite dans une cour intérieure, d'où l'on monte à la salle d'armes que le Viceroi Dom Pierre d'Arragon fit disposer, & qu'il pourvut de toutes les armes nécessaires pour un cas de surprise ; on dit qu'elle peut armer cinquante mille soldats : on y a placé les bas-reliefs en marbre des Empereurs Trajan & Adrien qui étoient nés en Espagne. Cette salle est remarquable dans l'Histoire par la renonciation de St. Pierre Célestin V, qui eut la facilité d'abdiquer le Pontificat en 1294, en faveur de Boniface VIII, de qui l'on disoit alors, *Intravit ut vulpes.*

Vis-à-vis de cet arsenal est l'Eglise de Ste. Barbe, qui a été peinte dans ce siécle par André del Po. La porte est d'un ordre corinthien, on y remarque sur les bases les portraits de *Juliano da Maiano* & de sa fille ; c'est de lui que sont les bas-reliefs, dont nous venons de parler. Le tableau de l'adoration des Mages, qui est dans cette Eglise, passe pour être le premier tableau peint à l'huile par Jean de Bruges, du moins suivant Vasari, quoique d'autres prétendent que c'est celui qui est à l'Eglise de Sanazar. C'est là que furent enfermés le Comte de Sarno & Petruccio, lors de la Conjuration des Barons.

On montre dans ce château plusieurs grosses pieces d'artillerie, où sont les armes du Duc de Saxe, à qui Charles-Quint les avoit enlevées. La tour de S. Vincent célebre par la vigoureuse défense des François qui dura pendant six mois, est presque détruite actuellement.

La tour de S. Sébastien qui est sur le bord de la mer, fut construite sous le regne de Charles I pour la garde de la côte aussi-bien que deux tours qui sont dans le château, mais elle ne sert aujourd'hui qu'à enfermer les enfans de famille dont les parens sont mécontens.

Le bastion du Château-Neuf qui regarde le port s'appelle vulgairement *Ba-*

CHAP. VI. *Description de Naples.* 133
ſtione delle P... parce qu'on prétend qu'il fut fait avec le produit d'un impôt mis ſur les filles. Les eſpeces d'ovales qu'on y voit ſur les pierres ont été faits pour en conſerver le ſouvenir par une repréſentation obſcene, mais rélative à leur état.

LE PORT de Naples qui eſt à la partie orientale de la ville, eſt un quarré d'environ 150 toiſes en tout ſens, défendu par un grand môle qui le ferme à l'orient & au midi, & par un petit môle qui le défend au nord. Le môle eſt terminé par un petit fort appellé *fortino S. Gennaro*: le petit môle ou *Braccio nuovo* a été conſtruit ſous Don Carlos, & il eſt auſſi défendu par un petit fort ; ces deux forts furent conſtruits après que l'Amiral Byng eut menacé la ville de Naples dans la guerre de 1745, & forcé le Miniſtere à ſigner la neutralité, ſans donner même le temps de délibérer. La lanterne ou le phare du port eſt à l'entrée du môle. La promenade du môle eſt très-agréable & très-fréquentée à l'entrée de la nuit.

Port de Naples.

Ce port pourroit contenir 4 vaiſſeaux de 80 canons ; mais il ne renfermoit en 1765 que deux frégates, avec plufieurs tartanes pour le commerce des grains, qui portent environ 2000 fetiers de bled plus ou moins. Il y avoit aufli deux galéres dans la Darfe, montées par 3 ou 4 cents hommes, les autres galéres étoient en campagne. Un Conftructeur Génois étoit fur le point de faire confbruire à Naples un vaiffeau de 70 canons : mais pour lors la marine du Roi de Naples confiftoit en un vaiffeau de 60 canons, deux frégates de 30 & de 20 canons, cinq galéres, dont trois étoient en Sicile & deux dans la vieille Darfe à Naples, quatre galiotes ou demi-galéres qui étoient en Sicile, fix fchebecks de 18 à 20 canons, bâtimens très-façonnés, qui vont à rames & qui ont aufli des voiles quarrées & des voiles en tiers-point, enfin une petite galiotelle de 32 rameurs, prife fur les Turcs.

Marine du Roi de Naples.

Je n'ai vu confbruire à Naples que des tartanes de 80 pieds, qui peuvent porter 1500 fetiers : on y employe de l'érable du pays, & des mâts qu'on tire de Marfeille & de Livourne ; on fait cependant aufli des tartanes plus grandes, & qui portent jufqu'à 7000 tumuli de grains, ou 2250 fetiers de Paris. Si l'on confbruit peu & s'il y a peu de vaisseaux à Naples, c'est que le commerce y est peu considérable, cependant il y a tant de peuple, & tant de gens oisifs dans cette grande Capitale qu'on est étonné de n'y pas trouver plus de circulation & plus d'activité.

Le port de Naples est petit, mais la Rade est très-bonne vis-à-vis de S^{te}. Lucie, entre le château Neuf & le château de l'Œuf.

Ce port n'a jamais été plus brillant qu'en 1759 au départ du Roi d'Espagne, il montoit un vaisseau de 90 canons, accompagné de 40 autres, sans compter tous les bâtimens qui prenoient part à la fête, & qui donnoient à ce départ l'air d'un triomphe. Le Roi se rendit en 9 jours à Barcelone.

Il y a dans le golfe ou *Cratere* un courant singulier qui vient de Portici, passe près du port & va rejoindre le Pausilipe à l'occident de Naples.

La place appellée *largo del Castello*, par laquelle on revient du port vers le palais du Roi, est ornée de plusieurs fontaines ; la plus remarquable est la fontaine de Medine, décorée de statues : au milieu d'un grand bassin s'élevent trois Satyres qui portent une grande conque marine, au-dessus de laquelle est un

Neptune le trident à la main, jettant de l'eau par les trois pointes du trident. Cette fontaine fut faite dès le temps du Comte d'Olivares, & placée par les Vicerois d'abord à l'arsenal, ensuite sur le bord de la mer: le Duc de Medina Las Torres la fit placer vis-à-vis de la rue de l'Incoronata où elle est actuellement; il fit faire les ornemens extérieurs & les lions qui l'accompagnent sur les desseins du Cavalier Fanzago, & lui donna son nom, c'est la fontaine la plus remarquable de la ville, quoiqu'il y en ait un très-grand nombre; les autres fontaines de la place dont nous parlons sont celle des chevaux marins élevée par le Comte d'Ognate, celle qui est devant l'Eglise de *Monserrato*, élevée aux dépens de la ville; la fontaine *Gusmana* que fit faire le Comte d'Olivares, où deux dragons & un lion jettent l'eau; la fontaine de Vénus où il y avoit autrefois une très-bonne statue de Vénus, par Jérôme de sainte croix, à la place de laquelle on a substitué une mauvaise copie; la fontaine des miroirs, *degli specchi*, où il y a des jets d'eau & des cascades qui forment comme des miroirs.

Malgré toutes ces fontaines le *Largo di Castello* ne forme pas une bien belle

CHAP. VI. *Description de Naples.* 137
place, elle n'est ni réguliere ni décorée; les Vicerois n'ont jamais eu qu'une puissance momentanée, ils n'ont pu former des projets un peu considérables d'embellissements pour la ville de Naples, voilà pourquoi l'on n'y trouve pas de monumens d'une grande importance; la rue de Tolede est la seule chose qui soit véritablement remarquable par sa régularité, son allignement, & les hôtels qui la décorent.

S. Luigi di Palazzo, Eglise de Minimes située près du palais, étoit autrefois une petite Chapelle dediée à St. Louis Roi de France, frere de Charles Ier. Roi de Naples. S. François de Paule s'arrêta quelque temps à Naples en 1481, & y jetta les premiers fondemens de l'Eglise & du Couvent qui subsistent aujourd'hui. On rapporte que quelques personnes l'ayant blamé de ce qu'il avoit choisi un endroit si retiré, il prédit que ce quartier ne tarderoit pas à devenir un des plus beaux quartiers de Naples: si cela est, l'événement a bien confirmé sa conjecture. L'Eglise de S. Louis est une des plus belles de Naples, elle est ornée de marbres & de peintures. La figure de saint François de Paule se voit sur une agate du grand autel, sa barbe, son capuchon même, avec leurs couleurs naturelles, se sont rencontrés à ce qu'on prétend dans l'agate, mais on sait aussi qu'il y des moyens de colorer les matieres les plus dures.

Le tableau qui est derriere le maître-autel, de même que la voûte du sanctuaire & les tableaux des côtés du chœur sont de Jordans, cependant ils ne sont pas assez beaux pour exiger une description, non plus que ceux de Paul de Matteis qui sont dans la même Eglise.

La premiere chapelle à droite contient des tableaux de Solimene, qui sont beaux, mais cependant un peu froids : ils représentent la Religion & une autre Vertu. On montre dans cette Eglise du lait de la sainte Vierge, coagulé dans deux petites phioles, & qui se liquéfie dans les fêtes de la Vierge, ainsi que celui de S. Janvier dont nous parlerons plus bas. L'Apoticairerie des Minimes est une des plus renommées de Naples : par les compositions qu'on y débite, & l'on y voit aussi des peintures de Paul Matteis.

S. SPIRITO A PALAZZO, Eglise des Dominicains en face du palais ; il y a de bonnes peintures, on y remarque un tableau du Rosaire qui est une composition singuliere de Jordans, le baptême de J. C. qui est dans la voûte est un des meilleurs ouvrages de Paul de Matteis.

S. FRANCESCO SAVERIO, Collége de Jésuites, fondé par la Comtesse de Lemos Vicereine de Naples, est aussi sur la place du château; l'Eglise a une façade faite sur les desseins du Cavalier *Cosmo*, & l'on voudroit que tout le reste de la place répondît aussi-bien à la beauté du château. La voûte & la coupole de l'Eglise sont regardées à Naples comme le plus grand & le plus bel ouvrage à fresque de Matteis.

L'Eglise de la Croix qui est au bas de la colline de *Pizzo Falcone*, est occupée par des Religieux de l'ordre de S. François; c'est là qu'étoient autrefois les Religieuses de sainte Claire, que la Reine Jeanne fit transporter ensuite dans la rue où est actuellement le couvent de Sta. *Chiara*. Le couvent avoit été fondé par le Roi Robert vers l'an 1320; la Reine Sancia y fit profession peu de temps après, & l'on voit encore son tombeau dans l'Eglise.

S^a. MARIA DELLA SOLITARIA appellée aussi la Vierge de la *Soledad*, est un couvent de Religieuses Espagnoles, qui est un peu plus haut; il fut fondé par le Frere Trigrisso Capucin, & Don Louis Enriquez officier Espagnol, par le moyen des aumônes & des quêtes ; on y reçoit les filles d'officiers Espagnols qui n'ont ni pere ni mere. Il y a dans l'Eglise plusieurs bons tableaux de l'Espagnolet, de Jordans, &c.

A la premiere chapelle à gauche une sainte Cécile de M. A. de Caravage ; elle est représentée touchant l'orgue, avec un ange qui fait aller le soufflet : la tête de la Sainte est très-belle, & tout ce morceau seroit regardé comme une fort bonne chose si les ombres n'en étoient pas si seches.

Descente de Croix. Au maître-autel une descente de Croix de Luc Jordans : les têtes en sont belles & l'effet en est piquant : c'est un des plus vigoureux tableaux de ce Maître.

Il y a aussi dans cette Eglise une Confrairie de Gentilshommes, qui faisoient le soir du Vendredi-Saint une procession célebre appellée *de' Battenti*.

Pizzo-Falcone, colline qui est en face du palais, & qui s'appelloit autrefois *Ecchia* du nom d'Hercule ; elle fut ensuite nommée *Lucullanum*, parce qu'elle étoit occupée en partie par les jardins & par le palais de Lucullus qui étoit proprement à l'endroit où est le château de l'Œuf; mais alors tout cela étoit continu, & la séparation qu'on y voit actuellement a été faite par un tremblement de terre. Le Comte André Caraffa fit bâtir sur le sommet de cette colline une grande & belle maison, qui est devenue un corps de casernes, *Quartiere*, que le Viceroi Don Pierre d'Arragon fit fortifier. Un pont de pierre, ou plutôt un grand arc bandé sur la rue fait la communication de cette colline avec la rue *delle Mortelle*, où il y a beaucoup de palais considérables.

Le Couvent de *Suor Orsola Benincasa*, ainsi appellé du nom de la Fondatrice, est un des couvents les plus austeres de l'Italie, les Religieuses n'y parlent jamais à qui ce soit; des sœurs du premier cloître font le service. Le couvent est sous la direction spirituelle des Théatins.

Palazzo Francavilla, situé au bas de *Pizzo-Falcone* vers la porte de *Chiaia*, est un des plus grands palais de Naples; le Prince étoit en Espagne en 1765: mais la Princesse qui est de la

Maison Borghese tenoit à Naples la plus grande maison. Les étrangers y sont reçus avec beaucoup d'agrément: cette Princesse a passé 18 mois à Paris, & l'on s'en apperçoit à la maniere dont ses appartemens sont meublés ; les glaces, les vernis, les étoffes de Lyon, les broderies des Indes, les canapés à la Françoise, tous les genres de magnificence m'ont paru réunis chez elle indépendamment de ceux qui sont propres au pays, comme les portes, les chambranles dorés & les tableaux de prix.

Deux bons tableaux d'architecture & de ruines, par Jean-Paul Pannini.

La Magdeleine aux pieds de Notre-Seigneur, par Paul Véronese : la touche de ce tableau est précieuse ; c'est en petit celui que l'on voit en grand du même Maître, dans le palais Durazzo à Genes : il se peut bien que ce Peintre ait fait le petit le premier, pour être plus certain des effets du grand. Quoique l'un ne soit qu'une répétition de l'autre, on ne doit pas moins les regarder tous les deux comme d'excellens originaux ; mais on préférera néanmoins toujours celui de Genes.

Un beau petit tableau du Titien re-

CHAP. VI. *Description de Naples.* 143
préfentant une Vierge, un Ange & St. Jean qui prient l'Enfant-Jefus.

Les jardins de ce palais font en terraffes, & des plus beaux qu'il y ait à Naples; j'y ai vu des ananas en quantité.

La Princeffe a chez elle un Nain qui Nains. appartenoit il y a quelques années au Cardinal Valenti, dont la hauteur n'eft que 3 pieds 3 pouces, quoiqu'il ait 27 ans; il n'eft pas auffi fingulier, ni d'une forme auffi naturelle & auffi fvelte que le Comte *Borowlaski*, Polonois, que nous avons vu à Paris en 1759, & qui n'avoit que 28 pouces, ou le Nain du Roi Staniflas, appellé *Bebet*, qui avoit trois pieds; quant aux facultés de l'ame, il tient à peu-près un milieu entre ces deux, dont le premier avoit beaucoup d'efprit & de talent, & le fecond étoit prefque imbécille; celui de la Princeffe de Francavilla a quelque ouverture (1).

COLLEGIO REALE, college où il y a environ 50 Gentilshommes fous la direction des Scolopies; le P. Carcani qui en étoit recteur, & qui eft mort il n'y a pas long-temps, avoit acquis de la célébrité parmi les Aftronomes; on y mon-

(1) Voyez au fujet des Nains les Mémoires de l'Académie pour 1764.

tre son quart-de-cercle & sa méridienne.

En revenant le long de la rue de Tolede on trouve dans la rue appellée *la Galitta*, l'Eglise des Peres de Lucques, fondée pas Jeanne Quevedo, & dédiée à Ste. Brigitte, avec un couvent considérable : cette Eglise de Ste. Brigitte & celle de S^t. Maria in Portico qui est dans Chiaia, sont desservies par un Ordre de religieux appellés *Padri Luchesi*; leur Institut est assez remarquable, & c'est à Lucques où il a commencé. Les Jésuites n'étant point établis dans cette République, on a tâché d'en avoir une imitation; les Peres, dont je parle, ont le même habit & une partie de leur Regle, avec quelques articles de plus ; une des loix qui sont particulieres aux Peres de Lucques, est de n'assister aucun malade qui ait un testament à faire, c'est un moyen d'éviter des circonstances délicates ; une autre est de ne souffrir dans leur Eglise aucun monument, tombeau ou épitaphe élevé hors de terre, quoiqu'il y ait des personnes inhumées; le célebre Peintre Luca Giordano qui y est enterré, & qui a peint le coupole de l'Eglise, s'est procuré par-là un monument qui ne tombe pas sous la rigueur

Congrégation de Lucques.

de

CHAP. VI. *Description de Naples.* 145
de la Régle. On voit dans les quatre angles les Femmes fortes de l'Ancien Testament, sujet employé dans d'autres Eglises, comme dans la sacristie des Chartreux de Naples. Ces peintures sont de Jordans.

En revenant vers le *Largo del Castello*, on trouve l'Eglise & l'hôpital de S. Jacques des Espagnols, fondé par le Viceroi Dom Pierre de Tolede; on y voit le mausolée de ce Fondateur, de la main de Jean de Nola, & plusieurs autres mausolées, des autels de marbre & des peintures estimées; il y a aussi une Banque fondée par le Viceroi Comte d'Olivarès, où l'on prête sur gages, & où l'on reçoit des dépôts.

La confrairie du S. Sacrement qui est près de l'hôpital de S. Jacques, est une des plus considérables de la ville, quoiqu'il y en ait un très-grand nombre; elle se distingue pendant l'octave de la Fête-Dieu par une pompe des plus éclatantes: c'est ce qu'on appelle la *Fête des quatre Autels*, à cause de quatre grands autels qu'elle fait construire, dont deux dans la rue de Tolede, & deux dans le Largo di Castello, l'un vis-à-vis de l'autre: ces sortes de constructions

Fête des quatre autels.

Tome VI. G

magnifiques dans les rues de Naples ne sont pas bornées au seul temps de la Fête-Dieu ; chaque confrairie, chaque communauté d'artisans se signale dans quelque fête de l'année par des cérémonies de cette espece.

Exposition de tableaux.

C'est auprès de l'Eglise dont nous parlons, que l'on expose le matin les tableaux des meilleurs Peintres de Naples, qui veulent faire preuve de leurs talens, comme on expose à Paris le même jour à la Place Dauphine, ceux des Peintres qui ne sont pas de l'Académie Royale.

Château de l'Œuf.

CASTEL DELL' OVO, Château de l'Œuf, qui fait une saillie de 230 toises dans la mer, est joint à la rue Ste. Lucie par un grand pont. On a dit qu'autrefois il y avoit en cet endroit une ville appellée *Mégare*, du nom de la femme d'Hercule ; mais ce qui est plus sûr, c'est que le célebre & riche Lucullus y avoit une maison de délices, & que le fort même a porté long-temps le nom de *Lucullanum*. C'est-là où le jeune Augustule, dernier Empereur de Rome, fut relegué par Odoacre, premier Roi d'Italie, l'an 476. Il a été appellé *Château de l'Œuf*, non à cause d'un certain œuf enchanté par Virgile, comme quelques Auteurs

CHAP. VI. *Description de Naples.* 147

l'ont rêvé, mais à cause de sa forme allongée & ovale. Guillaume Premier, qui fut le second Roi de Naples en 1154, y fit construire un palais qui fut ensuite fortifié & mis en état de défense : on y voit une inscription à l'honneur du Viceroi François Bénavidès, qui y fit ajouter quelques ouvrages en 1693.

Au-dessous du quai de Ste. Lucie il y a une source d'eau minérale ferrugineuse, que l'on emploie pour la santé, spécialement dans les obstructions ; elle sort tout près du bord de la mer ; son dépôt est ferrugineux, froid, & a un goût de sel ammoniac. Il y a encore tout près de S^a. *Lucia a Mare* une eau acidule & sulfureuse.

Eau minérale.

PLATAMONE est une promenade sur le bord de la mer, assez élevée pour qu'on y jouisse de la plus belle vue. Au-dessous de ce quai il y a des vestiges de grottes anciennes qui portoient le même nom ; il vient d'un mot grec qui exprime les écueils qui sont au niveau de la mer.

CHIAIA est un quai encore plus agréable, plus vaste, plus dégagé, qui a près de mille toises de longueur, & qui forme tous les soirs en été la plus belle promenade qu'il soit possible d'imaginer : il y a des palais considérables & plusieurs Eglises le long du quai.

Santa Maria a Capella est une Abbaye possédée de tout temps par des Cardinaux ; l'Eglise est très-ornée : les deux statues qui sont aux côtés de l'autel sont du Cavalier Cosmo.

Dans la maison des Chanoines réguliers de S. Sauveur de Bologne, il y a une grotte sous la montagne, qu'on a appellée l'*Antre de Sérapis* ; c'étoit une des grottes Platamoniennes, dont parle Sannazzar.

Æquoreus Platamon sacrique Serapidis antrum.

Bataille de Lépante. L'Eglise de la Victoire desservie par les Théatins, fut bâtie par Dom Jean d'Autriche, fils de Charles-Quint, en mémoire de la victoire de Lépante, remportée le 7 Octobre 1571 sur les Turcs ; 205 galeres chrétiennes battirent 260 galeres ennemies d'une maniere si complette qu'il périt 25 mille Turcs, & que cette bataille fût près de causer la ruine entiere de l'Empire Ottoman : Dom Jean d'Autriche avoit donné son aîle droite au fameux André Doria, Génois, & son aîle gauche à Michel Barbarigo, illustre Vénitien.

L'Eglife de Ste. Thérefe des Carmes déchauffés a une belle façade, faite fur les deffeins du Cavalier Cofmo, auffi bien que la ftatue du grand autel ; les tableaux des côtés font de Jordans.

Ascensione *de' Celeftini*, Eglife de Céleftins, dédiée à S. Michel, mais plus connue fous le nom de l'Afcenfion, à Chiaia : on a placé au maître autel un tableau de Luc Jordans, repréfentant S. Michel qui précipite les démons : il y a dans cet ouvrage de bons caracteres de têtes & des figures bien coloriées, mais la compofition en eft trop éparfe, & la lumiere y eft mal entendue.

Au côté droit de la croifée, Ste. Anne préfentant la Vierge au Pere Eternel, par Luc Jordans : c'eft un des plus beaux morceaux de ce Maître, la couleur en étant très-harmonieufe, & les enfans de la Gloire étant deffinés avec des molleffes & des fineffes admirables ; mais l'ordonnance en eft finguliere : on lui reproche auffi que la Vierge ne regarde point le Pere Eternel, quoiqu'il paroiffe que ce fût l'intention du Peintre.

Tout le quai de Chiaia depuis l'Eglife de la Victoire jufqu'à la *Torretta di Chiaia*, a été pavé par le Duc de Medina Celi, Dom Louis de la Cerda, en 1697, lorsqu'il étoit Viceroi, comme on le voit par une inscription : de-là il y a deux rues, l'une qui va à Mergellina, le long de la mer ; l'autre à l'Eglise de Pié-de-grotte, où commence le Pausilipe ; mais nous en parlerons quand il sera question des environs de Naples dans le Tome suivant.

Piedigrotta. Sᴬ. Maria di Piedigrotta, est ainsi appellée à cause du voisinage de la fameuse grotte percée au travers de la montagne pour aller à Pouzzol ; cette Eglise est occupée par des Chanoines réguliers de S. Jean de Latran ; elle fut bâtie en 1351 par la dévotion de trois personnes qui assurerent avoir eu un songe miraculeux le 8 de Septembre, dans lequel il leur étoit ordonné de faire bâtir cette Eglise.

Procession fameuse. On y fait chaque année à pareil jour une fête qui est la plus célebre de Naples ; j'ai assisté à celle du 8 Septembre 1765 ; le temps étoit très-beau, & tout concouroit à rendre la pompe éclatante; on avoit suspendu le deuil de la Cour, pour que les diamans & les habits rendissent la fête plus brillante : il y avoit 6000 hommes sous les armes ; le Roi

CHAP. VI. *Defcription de Naples.* 151
précédé d'une douzaine de carroffes de parade, & fuivi de fes gardes, s'y rendit en cérémonie fur les 22 heures, ou deux heures avant le coucher du foleil ; toutes les fenêtres étoient tapiffées, tout le rivage de Chiaia couvert de peuple : l'on ne peut voir un endroit plus favorable au développement de cette multitude immenfe de peuple & de foldats ; l'empreffement que l'on a pour voir cette cérémonie eft digne de fon éclat, il y a des appartemens qui font loués 200 livres pour ce jour-là, & qui n'en coûtent pas 300 pour l'année entiere. Les gens de qualité qui ne logent point à Chiaia donnent à dîner ce jour-là dans des appartemens loués, & les gens de campagne fe font quelquefois engagés par leur contrat de mariage de mener leurs femmes à Naples pour cette fête : le coup-d'œil mérite d'être deffiné, & j'en ai vu en effet un tableau fait par D. Antonio Joly, architecte du théatre. La Princeffe de la Torella devoit donner le foir un bal dans fon palais de Chiaia, la mort du Duc de Monteleone fit contremander les invitations qui étoient déja faites.

L'Image miraculeufe qui a fait la réputation de l'Eglife de Piedigrotta, eft sur le grand autel ; la dévotion des Napolitains à cette Madonne est très-grande , & l'on y va en foule, sur-tout le samedi ; les vaisseaux qui passent près delà ont coutume de la saluer ; & le dimanche de l'octave on dresse de grands reposoirs , & l'on fait des feux de joie en son honneur dans les rues.

Cette Eglise est petite, on y remarque des peintures de *Santafede* , une coupole peinte par Bélisaire, le tombeau de Jean d'Urbin , célèbre Général ; il étoit autrefois en bronze, mais on en a fait des canons , & l'on y a substitué un mausolée de marbre.

CHAPITRE VII.

Quartier des Chartreux.

QUAND on a vu le beau quartier de Chiaia, il n'y a rien de plus intéressant à Naples que la montagne des Chartreux.

LE CHATEAU S. ELME qui est sur cette montagne, domine toute la ville; aussi dès le temps des Princes Normands on avoit fait construire une tour sur cette hauteur, & on l'appelloit *Belforte*; on augmenta les fortifications du temps de M. de Lautrec; mais ce fut Charles-Quint qui en fit une citadelle dans les régles. C'est aujourd'hui un exagone d'environ cent toises de diametre, avec des fossés creusés dans le roc, des mines, des souterreins & une grande citerne; on prétend que les souterreins communiquent jusqu'au Château neuf, mais personne ne les a suivis jusques-là. Il en est comme des Catacombes auxquelles les uns donnent deux milles, les autres deux lieues de longueur, mais que l'on ne peut suivre actuellement que sur un assez petit espace. Philippe V s'étant

Château S. Elme.

mis en possession du royaume de Naples en 1702, fit travailler aux fortifications du Château S. Elme, & on les répara encore en 1730, lorsque le royaume fut menacé d'une guerre.

Chartreux. SAN MARTINO, couvent de Chartreux qui est au pied du château St. Elme dans la plus belle exposition. Avant l'année 1333 cet emplacement étoit occupé par une maison de campagne que les Rois de Naples y avoient fait bâtir, tant à cause de la beauté de sa situation, qu'à cause de sa commodité pour la chasse ; mais Charles, Duc de Calabre, fils de Robert d'Anjou, Roi de Naples, engagea son pere à l'abandonner aux Chartreux, & à leur faire construire un monastere & une église. Dans le temps qu'il poursuivoit avec le plus de vivacité l'exécution de cette pieuse entreprise, il tomba malade; il chargea par son testament & du consentement du Roi, Jeanne Premiere, sa fille, de faire achever ce bâtiment, & il dota le monastere, pour l'entretien de douze religieux & de huit freres convers, de 12000 ducats de revenu annuel, ce qui fait 51428 livres de notre monnoie.

Jeanne Premiere à son avénement à la

couronne, après s'être acquittée fidélement de cette obligation, y ajouta d'autres marques de sa générosité, en accordant à ces Peres quelques fonds de terre & des prérogatives, dont la principale est que leur Prieur a droit d'exercer les fonctions épiscopales dans l'Eglise de l'*Incoronata*, & d'être le Supérieur né de l'hôpital qui y étoit annexé, mais qui ne subsiste plus aujourd'hui.

L'Eglise est dans le goût moderne, ornée sur les desseins du Cavalier Fanzago; le pavé est de marbre, la voûte ornée de stucs dorés & de peintures, mais trop chargée d'ornemens; ce n'est partout que marbres précieux, peintures, dorures & sculptures, employées avec goût, mais avec profusion.

Au-dessus de la porte on a placé un tableau du Massimo, où l'on voit J. C. avec la Vierge, la Magdeleine, S. Jean & S. Bruno : le dessein en est d'une grande maniere, il a beaucoup d'effet, mais la couleur en est idéale & les ombres trop noires.

Aux côtés de ce tableau il y en a deux autres de l'Espagnolet; ils représentent Moyse & Elie à mi-corps : ces figures sont drapées largement, & les têtes en sont belles.

Prophetes de l'Espagnolet. Les douze Prophetes qui forment douze tableaux dans les archivoltes de la nef, sont encore de l'Espagnolet; les caracteres en sont pleins de variété d'expression, & l'on ne sauroit trop admirer l'intelligence avec laquelle l'artiste les a disposés dans des espaces aussi petits; le coloris en est admirable.

Le sujet dominant de la voûte de la nef est J. C. montant au ciel : toute cette voûte est peinte à fresque par Lanfranc, qui y a inséré quelques grisailles : c'est dommage que les figures d'une aussi belle machine ne plafonnent pas, & qu'il y ait dans la couleur un mélange de tons jaunes & briquetés ; mais les douze Apôtres du même Auteur, distribués dans le pourtour du plafond, sont drapés d'une grande maniere, & ont un caractere de dessein tout-à-fait noble.

La premiere chapelle à droite de la nef est ornée de deux tableaux qu'on dit de Vitazoni.

De cette chapelle on passe dans une autre, qu'on ne peut découvrir de la nef, & dans laquelle il y a un beau tableau de Massimo, représentant un Christ mort, la Vierge & plusieurs Saints & Saintes au Sépulchre.

A la troisieme chapelle du même côté, deux tableaux de Solimene, mais si foibles qu'à peine valent-ils la peine d'en faire mention. Le sujet du premier est S. Martin faisant l'aumône, celui du second est une vision. L'on voit au plafond de cette même chapelle des fresques assez vigoureuses de couleur.

La seconde chapelle à gauche renferme trois beaux tableaux de Massimo, dont les sujets sont tirés de l'histoire de St. Bruno : l'artiste n'auroit pas dû faire dans l'habillement des Chartreux des ombres aussi tranchantes ; celles des draperies blanches sur-tout doivent être préparées par des passages de demi-teintes qui les rendent moins dures.

Le chœur est décoré de cinq grands tableaux : dans le premier on voit J. C. appellant à lui ses Apôtres, par Massimo ; il est d'un ton rouge, & le bas est sans effet ; il n'en est pas de même du haut, les petites figures qui y sont le rendent plus intéressant.

Le second est une Cêne, morceau médiocre qui paroît de l'Ecole de Paul Véronese.

Le troisieme est au fond du chœur ; c'est une Nativité du Guide, qui n'est pas entiérement achevée, mais le deffein en eft fin & les têtes font belles, gracieufes & bien variées de caracteres: d'ailleurs il eft mal entendu d'effet, & en général d'un ton rouge: ces défauts euffent peut-être difparu, fi ce Peintre eût mis la derniere main à cet ouvrage: on prétend qu'il l'abandonna pour éviter les effets de la jaloufie de plufieurs Peintres Napolitains, & finguliérement du Bélifaire, dont il effuya des perfécutions violentes. La même chofe arriva enfuite au Dominiquin.

Dans le quatrieme on voit J. C. donnant la Communion aux Apôtres, tableau de l'Efpagnolet, d'un bon coloris.

Le cinquieme eft le lavement des pieds, par le Caracciolo: il eft peint dans la maniere du Carravage.

L'autel eft couvert d'argent, d'or & de pierres précieufes, avec une richeffe qui répond à celle de l'Eglife.

La facriftie eft belle & confidérable, elle a été peinte par Jofeph d'Arpino; fa décoration eft riche, & le thréfor rempli de vafes & ornemens curieux; on y remarque une grande croix d'argent avec des bas-reliefs d'argent, d'Antoine Faenza, un tabernacle d'argent cizelé, de Jean

CHAP. VII. *Description de Naples.* 159

Palermo, des statues d'argent, des croix de cryſtal de roche, & autres ornemens de la plus grande richeſſe. Mais ce qui la décore le plus eſt un très-beau tableau de l'Eſpagnolet, repréſentant un Chriſt mort, S. Jean qui le ſoutient, la Vierge fondant en larmes, & la Magdeleine qui lui baiſe les pieds; c'eſt un des plus beaux ouvrages de l'Eſpagnolet; l'expreſſion, le deſſein & le coloris, ou pour mieux dire, toutes les parties de l'art concourent à en faire un morceau de la plus grande beauté : le fond en eſt cependant trop noir, ce que l'on peut attribuer à la qualité des couleurs qui par l'effet du temps, ont vraiſemblablement changé : en nettoyant, il y a quelques années, ce chef-d'œuvre, on en a relevé toutes les fraîcheurs, & l'on y a fait un tort irréparable.

Chriſt mort del'Eſpagnolet.

Le plafond de cette ſacriſtie eſt peint par Luc Jordans : il repréſente Judith qui porte l'effroi dans l'armée d'Holoferne en préſentant la tête de ce guerrier à ſes ſoldats : cet ouvrage a le mérite que l'on trouve aſſez rarement en Italie, c'eſt qu'en général les figures y plafonnent aſſez bien, quoiqu'il laiſſe encore quelque choſe à deſirer dans pluſieurs endroits,

Beau plafond.

tant pour la perspective, que pour les autres parties de l'art. Les Peintres Italiens se sont pour la plûpart si peu embarrassés de faire plafonner leurs figures, qu'un grand nombre de leurs plafonds ressemblent à des tableaux renversés, & faisant un effet faux, manquent dans une des parties de l'art la plus nécessaire, je veux dire la perspective. Les coupoles des dômes de leurs Eglises sont les seuls ouvrages où ils paroissent l'avoir moins négligée, mais plus on les examine avec soin, plus on s'apperçoit combien nos Peintres François l'emportent sur eux en ce point.

Dans la salle du chapitre un tableau de Lanfranc, représentant la Vierge & l'Enfant-Jesus qui donne un livre à St. Bruno : ce morceau est d'une grande beauté; l'Enfant-Jesus est cependant d'un ton un peu rouge.

On a réparti dans le même lieu dix tableaux dans des ceintres. Ils sont aussi du Lanfranc, & tous fort beaux.

Les Nôces de Cana occupent le fond du réfectoire : ce grand tableau est de Nicolas Malinconico, éleve de Paul Véronese, mais qui n'approchoit pas de son Maître.

CHAP. VII. *Description de Naples.* 161

Il y a dans la chambre du Prieur quelques tableaux de différens Maîtres, entre autres de l'Espagnolet & de Luc Jordans, qui passent pour être fort beaux. On y fait sur-tout remarquer un petit crucifix d'environ un pied de haut, peint par Michel-Ange, d'une expression si frappante, qu'une personne dans l'admiration disoit qu'il falloit que Michel-Ange eût crucifié réellement un homme pour lui servir de modele : cette maniere de louer le tableau a passé de bouche en bouche, & l'on en a fait une histoire positive qui est rapportée dans beaucoup de livres, & derniérement encore dans les Lettres de Madame du Boccage.

Le cloître des Chartreux est beau, vaste, orné de belles colonnes doriques en marbre, avec des bustes aussi en marbre de plusieurs saints Religieux, par le Cavalier Cosmo.

La bibliotheque, la *Foresteria* ou appartément à recevoir les étrangers, l'apothicairerie, les caves, méritent également d'être vues ; tout y est orné, riche & singulier.

Les jardins & sur-tout le belvédere qui est sur une petite terrasse à l'angle des jardins du côté du midi, font une chose unique dans l'Italie : Naples est la ville la mieux située de l'Europe, & ses jardins sont dans la plus belle situation qu'il y ait à Naples : on a sous les yeux tout à la fois les deux parties de cette ville immense, dont les plus beaux édifices sont disposés de maniere à ne rien perdre de leur aspect. Les plus grandes places de Naples se voient presque en entier de haut en bas, on y entend le bruit des rues ; on voit le port & le bassin en entier, le Vésuve, le Pausilipe ; la vue s'étend même dans la plaine de Campanie jusqu'au château de Caserte qui est à cinq lieues dans les terres.

Le voisinage du château S. Elme pourroit bien nuire quelque jour aux PP. Chartreux. En 1730, l'Empereur qui étoit Roi de Naples, paroissoit craindre une descente des Espagnols ; on avoit rassemblé 16 mille hommes dans le royaume, on travailloit aux fortifications de différentes places, & particuliérement à celles du château S. Elme : le Maréchal Caraffa, général des troupes du royaume, proposoit d'abattre en cas d'attaque une partie de la maison des Chartreux ; mais ces Peres proposerent d'enfermer le couvent dans les fortifications, & de

CHAP. VII. *Description de Naples.* 163

fournir dans l'occafion une recrue pour fa défenfe, cela parut fuffifant ; au refte ces bruits n'eurent pas de fuite pour lors, & quelques années après le royaume de Naples fut conquis fans que la capitale fût attaquée.

Au-deffus des Chartreux & du château S. Elme commence la montagne du Paufilipe, & l'on peut defcendre tout droit de-là jufqu'à la porte Médine.

En allant à cette montagne vers le midi, on voit l'Eglife de *S. Gennarello*, où l'on affure que fût faite pour la premiere fois la liquéfaction du fang de St. Janvier, qui fe fait maintenant plufieurs fois l'année ; l'on en célebre la fête le premier famedi du mois de Mai par une proceffion générale, où affifte l'Archevêque & tout le Clergé féculier & régulier, & où l'on porte les ftatues d'argent des Patrons de la ville. Ce quartier s'appelle *il Vomero*, parce que les terres y font plus labourables que dans les environs : plus bas eft la *Villa d'Antignano*, ainfi appellée à caufe du lac d'Agnano qui en eft proche.

Le belvédere du Prince Caraffa, qui eft du même côté, eft une des maifons les mieux placées & les plus agréables pour la vue, de même que les Camaldules qui font au-delà. Si l'on tourne vers le nord toujours dans la hauteur, on va vers le palais appellé *Capo di Monte*, du nom de la montagne où Don Carlos l'a fait bâtir : c'est l'extrémité la plus septentrionale de la ville, mais c'est une des plus intéressantes par la beauté de sa situation & de ses jardins, par les choses rares qu'il y a dans ce château, & par la singularité des Catacombes qui sont creusées dans cette partie de la montagne : c'est-là que bien des Auteurs placent l'ancienne ville de *Neapolis* ou celle de *Palæpolis*, & où l'on a trouvé en effet des tombeaux très-anciens, indépendans des Catacombes.

CHAPITRE VIII.

Château de Capo di Monte.

CAPO DI MONTE est un château royal qui fut bâti en 1738, non pas sur les desseins de Vanvitelli, comme on l'a imprimé, mais par deux personnes qui n'étoient point architectes ; l'un étoit un ingénieur nommé Metrani, l'autre étoit un homme singulier, qui de maréchal-ferrant étoit devenu un homme chargé d'affaires & de détails dans la Maison du Roi ; il se nommoit Angelo Caresale ; il ne savoit pas écrire, mais avec beaucoup d'intelligence & beaucoup d'argent il faisoit des choses très-singulieres. Cependant les chefs de cette entreprise n'étant point architectes, firent des fautes considérables à Capo di Monte ; la principale fut de bâtir sans s'en appercevoir sur un terrein creux, miné par des carrieres ; il fallut pour y remédier, faire des substructions si considérables qu'elles coûterent autant que le château ; on est étonné, quand on descend dans ces souterrains, de voir l'immensité des travaux

Capo di Monte.

qu'il a fallu pratiquer pour soutenir le fond.

Plusieurs autres inconvéniens, comme le défaut d'escalier convenable, le manque d'eau, la difficulté d'aborder, la situation du chemin qui sépare le château des jardins, ont fait abandonner l'ouvrage : le château ne sert point à l'habitation du Roi, il n'est pas même achevé, mais il est devenu l'endroit le plus remarquable de la ville par une riche collection de livres, de tableaux & d'histoire naturelle. Don Carlos les possédoit comme héritier de la Maison Farnese, en vertu du Traité de Vienne, qui lui donnoit tout le mobilier de cette riche succession : il les a fait transporter en passant du duché de Parme au royaume de Naples.

Le château de Capo di Monte a dix-sept croisées de face sur neuf de profil : il est décoré de pilastres toscans & doriques ; son architecture est lourde & d'un goût mesquin, mais d'une belle exécution. Un double escalier qui distribue dans ses dedans, est disposé d'une maniere ingénieuse, & de façon que deux personnes peuvent monter & descendre dans le même instant sans se rencontrer, comme dans ceux de saint Nicolas & de la nouvelle halle à Paris.

La bibliotheque est au rez-de-chaussée, sous la garde du R. P. de la Torre, dont nous aurons lieu de parler plus d'une fois : c'est une des quatre grandes bibliotheques de Naples (a). Au premier étage il y a 24 pieces de plein-pied remplies de tableaux, dont les plus beaux sont ceux qui composoient la galerie des Ducs de Parme. Les Princes de la Maison Farnese avoient été si riches & si curieux, comme on en peut juger par le palais Farnese & la Farnésine à Rome; le dernier Cardinal Farnese avoit sur-tout pour les arts tant d'inclination & de goût, qu'on ne peut rien trouver de plus beau que cette collection de tableaux. Voici la note de quelques-uns des plus remarquables.

Un tableau représentant Léon X entre deux Cardinaux : il est pareil à celui de Raphaël qui est au palais Pitti à Florence : on croit que c'est la copie si ressemblante à l'original, sur laquelle Jules

Copie parfaite.

(a) Les trois autres sont celles du *Seggio* ou de S. *Angelo à Nido*, des Hieronimites à S. Philippe de Neri, & du Prince de Tarsia.

Romain se trompa ; il la montroit à André del Sarto qui l'avoit faite, en l'assûrant qu'il reconnoissoit les touches originales de son Maître, & les draperies auxquelles il avoit lui-même travaillé : quelques curieux sont encore indécis auquel des deux donner la préférence : les têtes en sont belles, mais les bouches sont dessinées avec sécheresse, & la main du Pape qui est de raccourci, est d'une maniere un peu roide ; les draperies rouges y sont bien traitées : quoique cette couleur soit âcre par elle-même, elle est devenue harmonieuse & légere sous le pinceau du célebre artiste qui l'a employée : la table & le livre ne sont point en perspective, & les accessoires en sont négligés. Ce tableau est sur bois, mais il paroît que l'impression en étoit blanche, ce qui n'a pas peu contribué à en conserver les fraîcheurs.

Une sainte Famille, par Raphaël : les figures en sont bien grouppées. L'attitude de l'Enfant-Jesus qui donne la bénédiction à S. Jean, est élégante, mais sa tête pourroit avoir plus de noblesse : les caracteres de la Vierge & de S. Jean sont expressifs & de la plus grande beauté ; les draperies sont traitées d'une maniere méplatte;

CHAP. VIII. *Description de Naples.* 169
méplatte, & le deſſein en général eſt très-pur, quoiqu'un peu ſec, de ſorte qu'il ſemble qu'il y a quelque affectation dans la préciſion avec laquelle les contours ſont tracés : à l'égard de la couleur, elle eſt agréable ſans être d'une exacte vérité. Il y a encore deux autres Vierges de Raphaël dans les mêmes appartemens.

Huit tableaux d'Annibal Carrache, *Tableaux du Carrache.* de grandeurs différentes: un Chriſt mort appuyé ſur les genoux de la Vierge ; ce morceau eſt bien compoſé ; la tête de la Vierge eſt pleine de douceur, ſans rien perdre de ſa nobleſſe : cette figure, ainſi que celles des deux Anges, ne peuvent être mieux penſées ; les expreſſions en ſont pathétiques, le deſſein eſt en tout très-correct, la couleur délicate & d'un très-bon accord, mais un peu ſombre. Ce tableau eſt pareil à celui que l'on voit à Rome ſur l'autel de la chapelle du palais Pamphile dans le Cours. Ils ſont l'un & l'autre ſi beaux, qu'on ne ſait lequel des deux eſt l'original.

Une Bacchante vue par le dos, à qui un Satyre préſente une corbeille de fleurs: la couleur en eſt fraîche, les formes en ſont grandes, mais deſtituées de graces; une des mains eſt mauvaiſe : quoique ce

Tome VI. H

tableau paroisse à bien des caracteres être original, il paroît plus foible que celui de la tribune de Florence, dont il est la répétition.

Vénus du Carrache. Une grande Vénus, d'Annibal Carrache ; figure sans effet & d'une couleur fausse : elle est dessinée dans de grandes formes, mais roides, & a plutôt l'air d'être faite d'après le marbre que d'après nature. Il y a dans ce tableau quantité d'enfans d'une composition éparse. On le montre cependant à Naples comme un de ceux du Carrache dont on fait le plus de cas ; on l'estime seul plus de 50 mille écus.

Un Bacchus d'une maniere libre & vraie. Un Satyre où il y a des beautés.

Renaud & Armide : les caracteres en sont gracieux & expressifs ; le corps de Renaud est un peu rouge, & n'est pas si beau que celui d'Armide.

Hercule entre le vice & la vertu : les trois figures qui composent ce tableau sont trop isolées, & les deux femmes ont des caracteres d'hommes; la jambe d'Hercule qui devroit être en raccourci est trop longue : il y a néamoins dans le total une maniere grande de dessiner.

Un petit tableau représentant Ste

CHAP. VIII. *Description de Naples.* 171

Anne qui montre une couronne d'épines à la Vierge ; la couleur en est fraîche.

Une sainte Famille, d'Augustin Carrache. Les carnations de l'Enfant-Jesus sont tendres, & il est d'un ton lumineux, mais mou.

Cinq grands tableaux du Schidone, d'autant plus précieux que les ouvrages de ce Maître sont d'une très grande rareté. Il étoit natif de Modene & éleve d'Annibal Carrache, mais il cherchoit la maniere du Correge.

Tableaux rares de Schidone.

Le premier est une sainte Famille : on y voit S. Joseph assis au bout de son établi dans son attelier ; Ste. Elisabeth tient l'Enfant-Jesus debout sur l'établi, la Vierge est près de lui ; S. Jean est assis plus bas ; un Ange avertit S. Joseph de fuir en Egypte : le haut du tableau est occupé par une gloire de petits Anges. La seule chose qu'on pourroit reprocher au Peintre du côté de la composition, c'est d'avoir placé dans la Gloire deux têtes d'Anges de face, à côté l'une de l'autre, & d'en avoir fait culbuter un qui ne montre que les jambes, & dont le corps se perd dans les nues. Il semble que ce grouppe auroit pu être un peu mieux remué ; les nuées n'en sont pas as-

H ij

fez légeres : dans le bas du tableau le caractere de la Vierge n'est pas beau, & il tient de la nature d'un jeune homme, & la tête de S. Joseph a un air un peu bas. A cela près, on ne peut assez admirer l'ordonnance de ce tableau, dont le desseiu & la couleur semblent se disputer les suffrages ; cette derniere partie sur-tout est poussée à une très-grande perfection ; la lumiere en est bien entendue, & le Peintre après avoir tenu sur son troisieme plan des figures très-vigoureuses, telles que celles de son Ange, n'a pas craint de traiter le S. Jean qui est sur ce plan, d'un ton très-clair, ce qui lui a mieux réussi, & n'a fait que rendre plus piquant l'effet de son tableau : les expressions en sont aussi très-belles ; on est singuliérement frappé des têtes de l'Ange, de Ste. Elisabeth & de l'Enfant-Jesus, où l'on trouve toutes les graces du Correge.

Dans le second tableau l'on remarque un soldat parlant à une femme qui tient un enfant, & qui en a un autre à terre : près de cette femme est un autre soldat qui écoute, & plus haut une femme qui tient un enfant ; le caractere de cette derniere figure est des plus gracieux. Ce

CHAP. VIII. *Description de Naples.* 173

morceau tient encore beaucoup de la manière du Correge, mais il n'est pas aussi beau que le précédent.

Dans le troisieme tableau se trouvent réunis S. Jean, S. Etienne & S. François priant l'Enfant-Jesus, la Vierge & S. Joseph qui sont dans la Gloire : la figure de S. Etienne est belle & bien coloriée, le reste fourmille de défauts du côté du dessein, mais le défaut le plus dominant de tous, c'est que la lumiere y est mal entendue.

Les deux derniers tableaux du Schidone sont des animaux, que l'on prendroit volontiers pour être de Snyders, mais l'on assure qu'ils sont du Schidone. L'un représente un sanglier arrêté par des chiens, & l'autre un ours qui déchire un chien ; ils sont tous les deux d'une couleur vraie & vigoureuse.

Deux Concerts du Correge, & une sainte Famille, du même. Les têtes de la Vierge & de l'Enfant-Jesus sont belles & gracieuses, mais le contour des jambes de l'Enfant est roide, & les deux Anges qui sont sur le plan reculé, sont contre tout principe de perspective.

La belle Danaë du Titien, copiée *Danaë du* tant de fois : l'attitude en est belle ; elle *Titien.*

H iij

a un Amour debout à ses pieds, & sur la cuisse une draperie blanche, extrêmement légere & peinte d'une grande vérité ; le drap sur lequel elle est couchée, est rendu avec la même perfection ; elle est d'une si belle couleur que sans le secours d'aucune opposition, & prise de l'air de tout côté, elle fait cependant illusion. Les demi-teintes en sont fines ; les rondeurs, les mollesses & les souplesses des chairs y sont rendues avec toute la précision possible ; le caractere de tête en est expressif ; peut-être pourroit il y avoir un peu plus de graces.

Une Magdeleine, du même Peintre ; la tête en est belle, mais les bras en sont secs & plats. On voit encore de lui un beau portrait d'un Chevalier de Malte.

Une Allégorie, de Paul Véronese. La scéne se passe dans un coin du tableau, & laisse dans le surplus dominer une architecture nue, ce qui ne s'accorde pas avec les bonnes regles de la composition ; mais comme on n'en peut deviner le sujet, on ne sait si le Peintre n'a pas été forcé à prendre ce parti ; on y voit des caracteres de têtes très-gracieux.

On remarque aussi un tableau de Paul Véronese, dont la toile est faite de six morceaux, quoique dans la grandeur des toiles ordinaires, parce que ce grand Peintre peu intéressé & peu circonspect dans ses dépenses, fut souvent réduit à ne pouvoir ni payer ses dettes, ni acheter même ce qui lui étoit nécessaire pour ses ouvrages.

Deux tableaux du vieux Palme, dont l'un représente Moyse frappant le rocher, & l'autre les eaux changées en sang. Ces deux morceaux sont d'une belle couleur; les têtes en sont gracieuses, & les formes de dessein plus vraies que grandes.

Les quatre Saisons, bons tableaux de Jacques Bassan.

Plusieurs autres tableaux du même, où il y a des poissons, des viandes, des fruits, quelquefois des figures, mais dont on ne voit presque jamais les pieds à nud, suivant l'usage du Bassan, qui se défioit de son talent pour cette partie de la figure.

Un tableau du Ricci, de forme longue, & dont le sujet est une bataille donnée contre les Turcs auprès de Vienne; il y a beaucoup de feu & d'imagination dans sa composition, son défaut dominant est d'être crud de tons.

Deux tableaux du Ricci, dans l'un,

Alexandre Farnese est porté sous un dais; l'ordonnance en est belle, les figures y grouppent très-bien, la lumiere y est bien entendue, mais le dessein en est de petite maniere & la couleur grise. Dans l'autre on voit Alexandre Farnese à Cheval qui entre triomphant dans une ville.

Un quatrieme tableau, où le même Peintre a exprimé un sujet tiré de la vie d'Alexandre Farnese; il y a sur le devant un Soldat qui sonne de la trompette: cet ouvrage pris en général est bon, mais les figures du second & du troisieme plan sont trop petites.

Le combat des Amazones sur un pont, par le Brescian; la disposition en est bonne & la touche facile, mais le ton en est rouge. Une autre bataille du Brescian, qui est aussi bien composée.

Un repos en Egypte, du Parmesan; d'une couleur fine & d'un dessein pur & délicat : l'Amour dépouillé, l'Astronomie & la Géometrie, deux petits tableaux, du même.

Plusieurs Enfants, dont l'un veut réveiller l'Amour, par Mazzola frere du Parmesan : le petit enfant qui réveille l'Amour a un caractere fin & spirituel, mais l'amour est d'un ton violet ; ce tableau est d'ailleurs médiocre.

Une fuite en Egypte, de Carle Maratte, d'une couleur agréable & fraîche ; le caractere de la Vierge est beau.

Un Christ qui succombe sous le poid de sa croix, & un autre Christ au Calvaire, deux des meilleurs tableaux d'Albert Dure.

La Justice entre le Temps & l'Amour, par Luc Jordans : la couleur en est vigoureuse, les formes de dessein en sont grandes, & les caracteres de têtes pleins d'expression, mais les ombres sont trop noires.

Notre Seigneur allant au Calvaire, de Jacques Jordans. Le sujet en est bien composé ; ce Peintre l'a traité d'une maniere beaucoup plus noble qu'il n'a coutume de faire, ce qui est cause que bien des gens l'on attribué à Rubens. Ce n'est cependant point sa touche, & il s'en faut bien qu'on y trouve la correction de dessein qu'on admire dans ce grand Maître. Les petites figures se dégradent aussi trop par rapport au plan qu'elles occupent, & toutes celles qui sont sur le second plan sont trop rouges.

Un S. George de Rubens ; un *Ecce*

H v

Homo & un S. Jean du Guide ; Rachel, de l'Albane ; des têtes de l'Espagnolet.

Un petit tableau représentant le Jugement dernier, que l'on croit de Michel-Ange : il est correct, bien terminé, & dans la maniere de cet Artiste ; il fut peint avant celui de la Chapelle Sixtine.

Un beau dessein de ce tableau, par le même Maître. Plusieurs desseins de Raphaël. Des peintures antiques tirées du palais des Césars à Rome. Un carton célebre de Jules-Romain. Des Chasses de Pietro Tempesti, de belles vues de Vénise, &c. quelques-uns des tableaux de cette belle collection ont été copiés par M. Joly, Peintre & Architecte du théatre de S. Carlo.

L'Office de la Vierge & celui des Morts sur velin, orné de belles vignettes que Julius Clovius Macedo fit pour le Card. Alexandre Farnese en 1546, plusieurs feuillets contiennent des copies en miniature des tableaux des plus grands Maîtres : il y en a un si grand nombre, & elles sont faites avec tant de soin, qu'il ne seroit pas étonnant que l'Auteur eut passé la plus grande partie de sa vie à terminer cet ouvrage : c'est ce que l'on peut voir de mieux en ce genre;

Miniatures de Clovio.

le deſſein en eſt pur & la couleur gracieuſe : l'Artiſte n'a pas toujours pointillé, il a donné dans certains endroits des coups de pinceau comme s'il eut peint à la gouache, ce qui rend ſa touche plus ferme. Les ornemens répandus dans le cours de cet ouvrage ſont avec tout le goût imaginable : on ne ſe laſſe point de regarder en détail des figures en Cariatides, de très-petits bas-reliefs, des Camées parfaitement imités, des Oiſeaux & des Fleurs peints avec toute la légéreté poſſible : les Payſages ne ſont pas ce qu'il y a de mieux. A la fin du livre on lit cette inſcription : *Julius Clovius Macedo monumenta hæc Alexandro Farneſio Cardinali Domino ſuo faciebat MDXLVI.*

On conſerve dans les mêmes appartemens une ſtatue Egyptienne de Baſalte, avec des hiéroglyphes, beaucoup de vaſes Etruſques & autres raretés pareilles, mais on admire pardeſſus tout la *Tazza*, c'eſt-à-dire, une Coupe ronde d'une très-belle agate onix orientale, qui a 8 pouces de diametre, ſur un pouce neuf lignes de profondeur ; le dedans eſt un Camée célebre gravé en relief, & qui repréſente un ſujet allégorique qu'on

Vaſe d'agate.

croit être Ptolomée Aulete : au dehors il y a une tête de Méduse ; ce morceau a été décrit fort au long dans le second Tome des *Offervazioni Letterarie*, (in *Verona* 1738) ; il est unique, & surpasse les morceaux du même genre qui sont à Rome, à la sainte chapelle à Paris, & à Vienne : la forme en est d'une belle simplicité ; mais ce bijou est cependant plus précieux par la difficulté du travail que par la perfection de l'ouvrage.

Une collection de Camées & de pierres gravées en creux assez nombreuse, dans laquelle on fait grand cas d'une tête d'Auguste.

Une collection de Médailles très-considérable qui provient du cabinet Farnese, & dont la description est imprimée en deux volumes in-folio. Ces médailles sont sous verre, mais enchâssées dans des cercles à jour sur plusieurs regles tournantes, par le moyen desquelles on voit comme l'on veut les deux côtés de chaque rangée de médailles. Il n'y a pas de Médailler plus rare & plus célebre en Italie ; celui de Florence est le seul qu'on puisse mettre en parallele. (¹)

(a) Il faut voir à ce sujet ce que nous avons dit en parlant de celui de Turin T. I. p. 131 : ajoutons

CHAP. VIII. *Description de Naples.* 181

On voyoit autrefois à Naples un cabinet considérable de médailles dans la Maison Pichetti, mais il ne subsiste plus; il renfermoit beaucoup de médailles qui ont été employées dans l'ouvrage de Mayer (b). Actuellement je ne connois à Naples d'autre collection que celle de M. le Duc de Noia Caraffa.

Enfin les appartemens de *Capo di Monte* renferment plusieurs pièces d'Histoire Naturelle, des morceaux de cristal de roche d'une grosseur extraordinaire, où l'on voit encore les matieres étrangeres que le mouvement de la cristallisation semble avoir rejettées; un autel avec l'encensoir, le calice, l'ostensoir, &c. le tout en cristal de roche, donnés au Pape Farnese III par la Republique de Vénise; une multitude de

encore qu'il y a deux autres Cabinets de Médailles à Paris supérieurs à tout ce que l'on connoît ailleurs; ce sont ceux de M. Pellerin & de M. d'Enneri. On peut juger des richesses & de l'immensité du premier par le beau Recueil de Médailles en 8 vol. in-4°. imprimé chez *L. F. Delatour*, en 1762-1767. Cet ouvrage, un des plus importans en matiere numismatique, ne renferme que les Médailles uniques, rares, peu ou mal connues, qui se trouvent dans le cabinet de M. Pellerin.

(b) *Il regno di Napoli e di Calabria descritto con Medaglie, arrichito d'una descrittione compendiosa di quel famoso regno:* da Marco Mayer, in Roma 1723. in fol.

vases de serpentine ; de belles fleurs en bois, &c.

Des instrumens de Physique, entre autres une machine pneumatique faite à Turin, & des modeles en relief des differens châteaux du royaume de Naples.

Au-dessous du château que nous venons de décrire, on remarque le palais appellé Miradois (du mot Espagnol *Miratodos* qui voit tout) il appartient ou Prince de la Riccia : c'est véritablement une des belles situations des environs de Naples, où elles sont toutes charmantes.

CHAPITRE IX.

Quartier des Catacombes.

SAN SEVERO, est une Eglise de Cordeliers conventuels, située un peu au-dessous du château dont nous venons de parler. On voit dans l'Eglise, du côté de l'Evangile, une des entrées des fameuses Catacombes de Naples, connues sous le nom de *Cimeterio di S. Gennaro*, parce que S. Janvier y fut autrefois enseveli. Il y a trois autres entrées, qui sont celles de *Sa. Maria della Sanità*, de *l'Ospizio di S. Gennaro al Cimiterio*, & de *Sa. Maria della Vita*, Eglise des Carmelites. Pour bâtir la nouvelle Eglise de S. Severo, l'on s'est servi de la même montagne où étoit creusée l'ancienne Eglise; on y voit près du grand autel le tombeau où fut enseveli S. Sévere du temps de Constantin, avant d'être porté à S. Georges où il repose actuellement.

Entrée des Catacombes.

LA SANITA est un grand & magnifique couvent de Dominicains, ainsi appellé non par la salubrité de l'air qui est commune à tout ce quartier-là, mais à cause du grand nombre de guérisons miraculeuses attribuées à S. *Gaudioso*, qui avoit été enterré au même lieu. Il y avoit autrefois dans la grotte une écurie & une cave ; on y trouva en 1569 une image de la Vierge qui s'y conserve encore & qui devint célebre. Le Cardinal *Mario Carafa* donna l'endroit aux Dominicains pour s'y établir ; ils y trouverent beaucoup de tombeaux antiques & d'inscriptions grecques ; & ils y firent bâtir une Eglise de forme ronde avec une grande coupole. Elle est ornée de tableaux précieux, dont plusieurs sont de Jordans. Le tabernacle est de crystal de roche, orné de bronzes dorés, & il renferme un autre petit tabernacle en-dedans, porté par quatre Anges aussi de bronze doré, & douze chandeliers de crystal travaillés par le Frere Marino du même Ordre. Le trésor de la sacristie est extrêmement riche, on y voit un reliquaire, deux croix, des calices de crystal, un bel ostensoir, composé d'une figure de Noë en argent, qui soutient une arche d'or; une colombe qui en sort avec sa branche d'olivier, porte le cercle de diamans dans lequel on place la sainte hostie.

L'entrée des Catacombes est sous le

grand autel ; on l'a ornée de peintures & de stucs dorés, avec douze autels de marbre ; mais cette partie des Catacombes ne communique plus avec celle de S. Janvier dont nous allons parler.

L'Hospice de S. Janvier *extra mœnia*, ou de S. Janvier *al Cimiterio*, est bâti dans l'endroit où ce Saint fut enseveli, de même que S. Gaudioso & beaucoup d'autres, dont le Duc de Bénévent fit ensuite enlever les reliques : l'Eglise paroît très-ancienne ; elle fut bâtie par S. Sylvestre, Evêque de Naples. S. Athanase en 885 y joignit un monastere qui depuis a été réuni à l'Abbaye du Mont Cassin. De pieux Napolitains y firent construire ensuite plusieurs édifices pour servir de Lazaret dans la peste de 1656. Enfin dans les derniers temps D. Pierre d'Arragon, Viceroi de Naples, en augmenta les bâtimens, & il y fit faire aussi deux conservatoires pour les filles, & un hôpital pour renfermer les mendians qui troubloient le service divin dans les Eglises, & qui rendoient les rues impraticables, comme cela arrive encore actuellement.

Aux deux côtés de la porte de l'Eglise il y a des arbres qui se font remar-

<small>S. Janvier des Catacombes.</small>

quer des étrangers ; ce sont des orangers en pleine terre, d'une grosseur & d'une élévation surprenante. Cette Eglise est ancienne, mais elle a été décorée à la moderne, avec une porte de marbre antique & un autel aussi de marbre. Sur un des pilastres de l'Eglise il y a une inscription à l'honneur d'un Boucher, nommé *Marco di Lorenzo*, qui fit une fortune considérable, & qui laissa la plus grande partie de son bien à cet hôpital, il y a un siécle.

Catacombes de Naples.

LES CATACOMBES de S. Janvier, c'est-à-dire, celles dont l'entrée est dans cette Eglise, sont fameuses ; elles sont bien plus grandes & plus belles que celles de Rome, qui sont taillées dans un gravier ou sable tendre, & qui sont basses & étroites. Celles de Naples ont deux milles de longueur, allant depuis *S. Efrimo vecchio*, Eglise de Capucins, qui est du côté de *Capo di Chino*, sur le chemin de Capoue & de Rome, jusqu'à *la Salute* qui est du côté du midi, où elles ont servi de sépulture plusieurs fois pour les pestiférés. On a même cru, mais sans aucune vraisemblance, qu'elles alloient jusqu'à Pouzzol, pour servir de sépulture aux villes qui étoient sur la côte. Ces souterrains ne s'étendent pas sous la ville ainsi que ceux de Rome. Ils sont au contraire pratiqués hors de Naples au travers d'une montagne, & creusés les uns sur les autres ; ils ne sont pas, comme on l'a dit plusieurs fois, taillés dans le roc vif, ni même dans la pierre, mais dans une terre compacte, ou pour mieux dire, dans une espece de sable d'un jaune rousslâtre, ferme & même dur dans certains endroits, qui est de la véritable pouzzolane durcie, qu'on prendroit quelquefois pour du tuf.

Il y a trois ordres de galeries ou trois étages, l'un au-dessus de l'autre ; on en trouve le plan dans l'Ouvrage de Celano, mais les tremblemens de terre en ont fermé les issues ; on ne va même plus dans l'étage inférieur.

Depuis l'entrée des Catacombes on marche long-temps par une rue droite qui a dix-huit pieds de large, & dont la voûte, dans sa plus grande élévation, peut avoir à peu-près quatorze pieds de hauteur : cette rue devient ensuite terreuse, & semble avoir été percée au hasard dans la montagne, ainsi que diverses autres rues plus petites & plus ou moins élevées, dans lesquelles elle communique de tous côtés. Ces souterrains ressemblent assez pour la distribution aux fouilles de nos carrieres ; on y trouve des chambres, des culs-de-sacs & des carrefours, au milieu desquels on a laissé des piles ou des massifs, pour empêcher l'éboulement des terres.

Parmi ces différentes salles souterraines il s'en trouvent qui paroissent avoir été des chapelles ; selon toutes les apparences elles n'ont jamais été fermées, & attendu l'infection que ces souterrains devoient produire, elles n'ont pu servir probablement qu'à y réciter quelques prieres dans le temps qu'on enterroit les morts. Deux de ces chapelles qui sont les premiers objets qui se présentent quand on est entré dans les Catacombes, contiennent des autels de pierre brute, & quelques peintures à fresque très-mauvaises, d'un goût gothique, mais dont les couleurs sont encore assez vives ; elles représentent la Vierge & les Saints, & paroissent être du dixieme siécle.

Dans toute la largeur des murs on apperçoit des deux côtés une quantité prodigieuse de cavités percées horisontalement ; on en voit quelquefois cinq, six & même sept les unes au-dessus des autres. Ces cavités sont toutes assez grandes pour recevoir un corps humain, mais aucune n'est assez étendue pour avoir été la place d'un cercueil; il paroît qu'on ne les faisoit que sur la grandeur de ceux qu'on devoit y mettre, tant les mesures en sont variées; on en apperçoit pour tous les différens âges, & il s'en trouve de si petites qu'elles n'ont pu servir qu'à des enfans. Lorsque les corps y étoient déposés, on fermoit l'entrée de ces trous avec une longue pierre plate, ou avec plusieurs grandes tuiles rapprochées & scellées à chaux & à ciment. Dans bien des endroits on rencontre des chambres avec des niches où l'on dressoit les corps; ces niches étoient peut-être des sépultures particulieres de certaines familles; elles ont presque toutes au fond & par terre, un ou deux cercueils en forme d'auge. On y voit aussi des tombeaux, dont plusieurs sont revêtus de mosaïques du bas âge; il y en a même qui n'ont point été ouverts.

Tous les trous ou niches, dont je viens de parler, sont vuides, les cadavres en ayant été enlevés, & si l'on apperçoit encore des ossemens dans certains lieux, on assûre que ce sont les restes des corps qu'on y mit lors de la derniere contagion.

Les Catacombes ont été jusqu'à présent très mal examinées par les voyageurs : un lieu qui n'inspire que l'horreur & l'effroi, un labyrinthe souterrain dans lequel on craint de s'égarer, & où l'on ne peut rien découvrir qu'avec des flambeaux qui peuvent s'éteindre à chaque instant, le peu de confiance qu'on a dans les guides, les exemples que l'on raconte de plusieurs personnes qui n'en sont jamais revenues, sont des circonstances qui dégoûtent les voyageurs, en sorte qu'on ne les a encore vus que très superficiellement. Les terres qui se sont écroulées dans une rue d'en-bas, empêchent d'y pénétrer bien avant ; il n'en est pas de même dans la galerie qui est au-dessus de celle-ci, on peut s'y promener plus long-temps & y pénétrer fort avant; mais il est bon de se munir d'un briquet pour le cas où la lumiere des conducteurs viendroit à s'éteindre, de porter avec soi beaucoup plus de flambeaux qu'il n'en faut pour le temps que l'on veut y rester, de ne pas s'en tenir à ceux des guides du pays, qui ne sont que de

CHAP. IX. *Description de Naples.* 191
vieilles cordes ou des méches trempées dans de la réfine, dont ils prennent un ou deux paquets, & qu'ils allument alternativement lorfqu'une eft prête à s'éteindre.

L'opinion la plus générale fur les Catacombes, eft qu'elles ont été fouillées par les Chrétiens pour s'y retirer dans les temps des perfécutions, y célébrer les facrés myfteres en fecret, & en faire le lieu de leur fépulture. Mais eft-il poffible qu'on eut pu creufer de pareilles excavations fans être apperçu? Sous quelle protection les Chrétiens auroient-ils pu conduire ces travaux immenfes à leur perfection fans être troublés dans leurs entreprifes, eux qui étoient alors pauvres, méprifés, décriés & perfécutés. Peut-on imaginer que des milliers de perfonnes fe fuffent cachées fans que le Gouvernement parvint à le fçavoir, & qu'elles euffent cherché à fe mettre en fûreté dans un lieu dont l'entrée feule étant fermée, eût pu les faire périr tous enfemble: enfin les Chrétiens des premiers fiécles étant prefque tous des efclaves, des gens de la lie du peuple & en butte à la haine publique, comment auroit-il pu fe faire qu'on n'eut pas découvert le lieu où ils tenoient leurs assemblées ? ceux qui abandonnant le Christianisme retournoient à la religion payenne, n'auroient-ils pas donné connoissance du lieu de la retraite de ceux dont ils devenoient eux-mêmes les plus grands ennemis ? On dit aussi que les Chrétiens avoient creusé ces Catacombes pour y faire leur sépulture, afin que leurs corps ne fussent pas mêlés avec ceux des Payens : mais ont-ils pu être en assez grand nombre dans une ville telle que Naples ? Au reste M. Burnet dans son voyage d'Italie, & plusieurs autres Auteurs Protestans ont réfuté cette opinion avec solidité : ils ont prouvé ce me semble, que ces souterrains étoient, des Cimetieres publics, dans lesquels on enterroit indistinctement les morts, de quelque religion qu'ils eussent été, parce qu'en effet l'on y trouve des marques fréquentes du paganisme ; le fait est constant, quoique M. l'Abbé Richard l'ait encore nié dans son voyage d'Italie. Les sépultures étoient hors de la ville suivant la loi des douze tables ; on le voit par celles de Ste. Agnès & de S. Sébastien ; (*M. Terrasson, Hist. de la Jurisprudence Rom. Part. II. §. 12.* Ciceron

CHAP. IX. *Description de Naples.* 193
de Legibus, L. II.) Il est vrai que les Romains ont eu pendant quelques siecles l'usage de bruler les corps, mais dans les premiers siecles de Rome on les enterroit, & l'on revint sous les premiers Empereurs à cet ancien usage, dont peut-être on ne s'étoit jamais départi pour les gens du peuple; on en peut juger par deux passages de *Festus Pompeius*, où il parle de la sépulture des esclaves: *Puticulos antiquissimum genus sepulturæ appellatos, quod ibi in puteis sepelirentur homines, qualis fuerit locus quo nunc cadavera projici solent extra portam Esquilinam quæ, quod ibi putescerent, inde prius appellatos existimat puticulos Ælius Gallus, qui ait antiqui moris fuisse ut patresfamilias in locum publicum extra oppidum mancipia vilia projicerent, atque ita projecta quod ibi ea putescerent nomen esse factum puticuli.... vespæ & vespillones dicuntur qui funerandis corporibus officium gerunt, ... quia vespertino tempore eos efferunt qui funebri pompâ duci propter inopiam nequeunt.* Ainsi les Catacombes furent le lieu de la sépulture des Chretiens & des Martyrs, parce que c'étoit la sépulture de tous les gens du peuple.

Il y a tout lieu de penser que ces

Tome *VI.* I

vastes souterrains n'étoient autre chose dans l'origine que des excavations de sable, *Arenaria*, ou des espéces de carrieres. Plus on examine ceux de Naples, plus on s'apperçoit qu'ils ne peuvent avoir été creusés pour d'autres objets: tout l'indique, la nature du sable que l'on en tire qui est de la véritable *Pouzzolane*, les sinuosités des routes qui n'ont été occasionées que pour ne pas perdre les veines de ce sable si recherché, à cause de sa dureté; il est vrai que ces souterrains sont bien vastes, mais on n'en sera pas étonné si l'on a vu les carrieres de l'Observatoire à Paris, & si l'on considére la grande consommation que l'on devoit faire de *Pouzzolane* pour les édifices de la ville de Naples & de tous les lieux circonvoisins qui furent si fréquentés par les Romains, & couverts de tant de constructions prodigieuses. Enfin ces mines étant épuisées & ces souterrains devenant inutiles, pouvoit-on en faire un meilleur usage que d'y enterrer les morts, & de les faire ainsi contribuer à la salubrité de l'air de la ville en portant les sépulcres hors de son enceinte.

MATER DEI, Eglise où est le noviciat des Servites, & qui donne le nom

CHAP. IX. *Defcription de Naples.* 195
à ce fauxbourg, appellé *Borgo di Mater Dei*, contigu à celui des Vierges; cette Eglife eft belle & ornée.

Près de l'Eglife des Auguftins déchauffés on montre la maifon du celebre Docteur appellé *Mario Schipano* qui excelloit dans les langues, grand ami de *Pietro della Valle*, qui lui adreffoit les relations de fes voyages, & qui avoit une bibliotheque fameufe de livres Grecs & Arabes.

STUDII PUBLICI, bâtiment de l'Univerfité vis-à-vis la porte de Conftantinople & fur la place appellée *Largo delle Pigne*; il avoit été commencé par le Comte de Lemos fur les deffeins du Cavalier Fontana pour des exercices militaires, mais le manque d'eau fit qu'on ne l'acheva point & qu'on l'abandonna à l'ufage des études; le Viceroi Don Pierre de Caftro, fils & fucceffeur du Comte de Lemos, en fit l'ouverture avec pompe en 1616.

Univerfité.

Dans la fuite on ôta ce bâtiment à l'Univerfité pour y placer des troupes, & l'on tranfporta les études au couvent de S. Dominique; car en général les Vicerois Efpagnols ne firent pas grand cas des fciences, & elles languirent

I ij

beaucoup sous leur administration. Mais enfin il a été rendu à l'Université sous Don Carlos. La porte du milieu est ornée de grandes colonnes, avec les armes du Roi & une inscription en marbre du Pere *Orso*, Jésuite, qui a été critiquée par *Lasena*; la façade est aussi ornée de plusieurs statues antiques tirées de Pouzzol.

L'Université de Naples est la seule en Italie où l'on jouisse d'une véritable liberté, ce qui est un effet de la constitution du Gouvernement : on y peut avancer sans rien craindre toutes sortes d'opinions philosophiques, pourvu qu'elles ne choquent point ouvertement les Loix établies dans le Royaume : on y enseigne toutes les sciences, la Théologie, la Médecine, la Politique, le Droit-Civil, les Mathématiques, la Philosophie, l'Histoire, les Humanités & les Langues Orientales. (a) Les Professeurs sont obligés d'imprimer au bout de trois ou quatre ans au plus les Traités qu'ils ont enseignés, ce qui est très-bien imaginé pour engager les Professeurs à approfondir les choses qu'ils expliquent, & pour mettre à profit le temps des

(a) *Istoria dello Studio di Napoli. Paolino.* 1753. 2. vol. 4º

écoliers, qui par ce moyen n'étant point obligés d'en employer une partie à écrire, ainsi que cela se pratique à Paris & dans presque toutes les Universités de l'Europe, peuvent en passer davantage à écouter leur Maître, & à disputer l'un contre l'autre. Il arrive assez souvent que les nouveaux Professeurs n'attendent pas le délai de quatre ans qui leur est accordé pour faire imprimer leurs cayers, & souvent ils les apportent tout imprimés lorsqu'ils entrent en exercice. L'Imprimerie qui tient au bâtiment de l'Université, *Stamperia Simoniana*, est une espece de rendez-vous littéraire, où beaucoup de gens d'esprit vont causer sur le soir ; j'y ai vu M. Genovese & plusieurs autres gens de lettres dont je parlerai plus bas.

MADRE DI DIO est une Eglise de Carmes déchauffés, placée dans une belle rue derriere le bâtiment des Etudes. Cette Eglise est très-ornée, le grand autel est sur-tout remarquable par la beauté du travail & la richesse de la matiere ; le tabernacle est en forme de temple, avec des bas-reliefs en bronze doré & des pierres précieuses en quantité. La chapelle de Ste. Thérese a été décorée sur les desseins du Cavalier Cosmo, & les fresques sont de Massimo, la statue de la Sainte est d'argent. Dans la chapelle de S. Jean de la Croix il y a un tableau de Jacques del Po, qui représente la bataille de Prague gagnée avec l'intercession du P. Dominique de Jes Maria. La bibliotheque du couvent est considérable, & les bâtimens très-vastes.

LA VERITA, Ste. Marie de la Vérité, est une Eglise d'Augustins déchaussés, où il y a de bonnes peintures ; c'est dans la chapelle des *Schipani* où est enterré le savant Marius Schipani, dont nous avons indiqué la maison ci-dessus.

S. EFFREM, ou *Jefremo nuovo*, couvent de Capucins, où il y a une bibliotheque vaste, & des manuscrits rares qui leur ont été laissés par J. B. Centurione. Il y a près de ce couvent plusieurs palais considérables, dont nous ne parlerons point ici.

En allant du côté de *Sta. Maria della Salute*, on voit sur la hauteur la maison d'un Physicien célebre, J. Bapt. Porta, possédée aujourd'hui par la Famille des Constanzi qui lui a succédé ; ce fut un des plus célebres Napolitains. Son livre de la Magie naturelle est rempli de cho-

Porta Physicien célebre.

les très-singulieres pour son temps ; on y trouve l'idée de la chambre obscure & celle du télescope, de maniere que bien des Auteurs l'ont regardé comme ayant été le premier inventeur du télescope à réflection, dès l'an 1594, 15 ans avant qu'on eût fait des lunettes d'approche en Hollande & en Italie. La maison où il étoit né est auprès de la maison des *Pii Operarii*, vers la place de la Carita du côté de la rue de Tolede.

Il Sacramento, ou Ste. Magdeleine de Pazzi, couvent de Carmélites, dont l'église est riche, ornée de tableaux qui ont été laissés par Gaspard Roomer. Le tabernacle est de pierres précieuses assemblées par des bronzes dorés.

En revenant près de *Porta Alba* on trouve S. Dominique de Syrie, église très-ornée ; la coupole est du Cavalier Calabrese ; la chapelle du Rosaire est ornée de marbres, le tableau est de Jordans : l'Eglise est très-riche en argenterie ; elle est réservée pour les Peres de la province de Calabre.

Près de la porte Médine il y a un fort beau palais des Princes de Tarsia, où l'on voit une collection de tableaux précieux. La bibliotheque de ce palais est

Bibliotheque Tarsia.

aussi singuliere par la multitude de bons livres, que par la richesse & les ornemens des salles qui la contiennent. Tout y est sculpté, doré, ou couvert de portraits des hommes illustres. Elle renferme aussi des instrumens d'Astronomie; c'est le seul endroit de Naples où l'on trouve un quart-de-cercle de trois pieds de rayon, fait en Angleterre, & de la meilleure construction ; M. Sabatelli y a fait une très-bonne méridienne en 1749, aussi grande que celle du P. Carcani au College royal, & il y a fait aussi plusieurs observations astronomiques. On y trouve encore d'autres instrumens de Mathématiques, une machine pneumatique, un planetaire, des graphometres. Ce fut Ferdinand-Vincent Spinelli, Prince de Tarsia, mort en 1752, qui forma cette bibliotheque; en 1746 il la consacra à l'utilité publique; elle est ouverte trois jours de la semaine, matin & soir, mais le bibliothécaire y est quelquefois seul.

FOSSE DEL GRANO est un magasin de bleds, ou un grenier d'abondance, situé sous les murs de la ville, bâti du temps de Charles-Quint, sur les desseins de Jules-César Fontana ; on y rassemble le bled dont on fait le pain qui se vend dans les marchés, il en peut contenir 200 mille *tomoli*, ou 64 mille septiers; mais la plûpart des habitans de Naples achetent de la farine au marché, ou ailleurs, & font du pain chacun chez eux; & comme la population de Naples a beaucoup augmenté depuis deux siécles, il seroit fort utile d'augmenter encore ces greniers d'abondance, & de former une provision assez considérable pour ne plus éprouver comme en 1764 toutes les horreurs de la famine.

CHAPITRE X.

Partie orientale de Naples entre la rue de Tolede & le Port.

Apre's avoir ainsi parcouru toute la partie haute de Naples, nous revenons à la ville basse du côté de la mer, c'est la partie de Naples la plus commerçante, la plus peuplée.

En partant de la place appellée *Largo del Castello*, on trouve la rue des Catalans, *Rua Catalana*, qui conduit jusqu'au port, & l'Eglise appellée la *Pieta dé Torchini*, c'est-à-dire, l'hôpital des Enfans bleus ; il y a dans l'Eglise une coupole peinte par Jordans, où l'on admire sur-tout un Christ avec sa croix vu de bas en-haut, dont la perspective est très-savante. Il y a dans l'intérieur de la maison une Congrégation qui est ornée de tableaux par Jordans, Vaccaro & Matteis.

Une petite rue conduit au théatre S. Barthelemi que je n'ai pas vu, mais qu'on dit être un des plus beaux théatres de l'Italie ; il fut saccagé dans le temps des troubles de la populace, & brûlé en 1684 ; mais le Viceroi *Medina Celi* l'augmenta considérablement en faisant fermer une petite rue qui en restreignoit trop l'étendue. Philippe II, vers l'an 1580, accorda le quart du bénéfice de ce théatre à l'hôpital des Incurables, comme on le voit par une inscription en marbre, qui étoit sur l'ancienne porte. On ne se sert point de ce théatre depuis quelques années.

La Douanne construite sur l'ancien arsenal, est un bâtiment d'une bonne architecture ; il donne sur une place où il y a une fontaine de marbre.

Dans une petite rue voisine on trouve

l'Eglise de S. Jacques des Italiens, qui fut bâtie par un vœu des habitans de Pise après une victoire sur les Sarrasins, comme on le voit par une ancienne inscription ; c'étoit l'Eglise des Chevaliers de S. Jacques de l'Epée, avant qu'on eût bâti S. Jacques des Espagnols.

Dans une petite rue qui donne dans la rue du port, en montant vers l'endroit où étoit placé autrefois le *Seggio di Porta*, est l'hôpital de S. Onofrio, derriere lequel on voit des restes de l'ancienne lanterne du Môle qui défendoit le port de Naples.

Parrino observe que ce quartier du port, le plus ancien de la ville, est extrémement rempli d'églises & de petites chapelles, ce qu'on attribue à la jalousie des Napolitains, qui du temps des François ne vouloient pas laisser aller leurs femmes bien loin à la Messe, & communément les y accompagnoient eux-mêmes. Il me paroît tout aussi naturel de croire que c'est un effet de la grande dévotion qu'ont toujours eu les Italiens, & de leur extrême empressement à racheter leurs péchés par les établissemens & les offrandes : au reste la jalousie des Napolitains est fort diminuée actuellement, mais il en reste encore des vestiges dans l'usage où sont les femmes d'une certaine aisance, de ne sortir jamais seules.

Une belle rue appellée *Strada de' Lanzieri*, qui est du côté du port, rappelle l'usage où l'on étoit à Naples de faire des jeux de lance & des tournois ; cet exercice étoit familier à la Noblesse de Naples, toujours guerriere & toujours occupée à se défendre contre ses voisins.

Le couvent de S. Pierre martyr fut donné aux Dominicains par Charles d'Anjou ; il est riche & commode ; l'Eglise est ornée à la moderne, avec plusieurs chapelles en marbre ; dans le chœur on voit les tombeaux de Pierre d'Arragon, frere du Roi Alphonse I, qui fut tué d'un coup de canon, ceux de la Reine Isabelle de Clermont, femme du Roi Ferdinand, & de Béatrix sa fille.

Seggio di Porto est le lieu d'assemblée d'un des six corps de Noblesse; il étoit établi sous la maison des Gennari depuis le temps du Roi Charles Premier, & il y avoit long-temps qu'on souhaitoit de le transporter dans un endroit plus commode, en face du Château neuf ; le

Gouverneur de ce château en avoit empêché, mais le changement a été fait ensuite, & le *Seggio di Porto* est un des plus agréablement situés qu'il y ait à Naples, au fond d'une belle rue appellée l'*Incoronata*, qui va depuis la fontaine de Médine jusqu'à la porte du S. Esprit ; elle s'appelloit autrefois la rue *delle Correge*, parce que c'étoit-là qu'on faisoit les courses de chevaux & autres fêtes pareilles.

L'INCORONATA. Cette Eglise étoit autrefois un palais où l'on rendoit la justice ; mais la Reine Jeanne Premiere, qui habitoit près de-là, y ayant été couronnée le 23 Mai 1331, avec Louis de Tarente son second mari, convertit ce palais en une Eglise, à laquelle elle donna le nom de *Spina Corona*, qui depuis a été changé en celui d'*Incoronata*, qui lui est demeuré. Ce fut-là où Louis de Tarente institua l'Ordre du Nœud en 1352. Pétrarque nous apprend que le célebre Giotto avoit peint cette Eglise. Voici comme il s'exprime dans une de ses Lettres : *Si terram exeas* (¹), *Capellam Regis intrare non omiseris, in quâ conterraneus olim meus Giottus, Pictor nostri ævi Princeps, magna reliquit*

(¹) Cette Eglise étoit alors hors des murs.

manûs & ingenii monumenta. On voit encore dans la voûte quelques restes des fresques qu'il y fit. Ces morceaux sont précieux par leur ancienneté: ils n'ont pas, à la vérité, les principes de la composition & l'élégance du dessein, mais ils ont une certaine vérité tant dans la couleur locale, que dans les caracteres de têtes, qui n'est pas à mépriser.

Le portrait de la Reine Jeanne & son couronnement, par le même Giotto, se voient encore dans la chapelle du Crucifix.

Sᵃ. Maria la nuova, Eglise de Récolets qui fut bâtie en 1268, par Charles Premier : elle contient des tableaux & des statues que l'on cite à Naples, mais la chose qui mérite le plus d'être remarquée, est une Adoration des Mages, de Luc Jordans, peinte d'une maniere très-gracieuse.

On voit dans cette Eglise le tombeau de M. de Lautrec, mort en faisant le siége de Naples, & celui de Pierre Navarro, qui passe pour avoir inventé l'art des mines.

En allant de-là au couvent du Mont Olivet, on trouve une fontaine de marbre, qui est presque au bas des escaliers de l'Eglise, avec trois lions qui jettent l'eau dans un grand bassin, & au milieu la statue en bronze de Charles II, qui fit faire cette fontaine ; elle est de Dominique-Antoine Cafaro.

Le palais du Duc de Gravina Orsini est un des plus beaux qu'il y ait à Naples pour l'architecture, mais il n'a point été achevé.

On voit sur la même place la maison qu'habitoit le célebre Botaniste Ferrante Imperato, qui donna en 1599 une Histoire Naturelle fort estimée. Il avoit aussi formé un beau cabinet d'Histoire Naturelle à Naples, mais il n'en reste presque plus rien.

Près de-là étoit aussi la maison de Valletta, célebre Jurisconsulte, très-savant dans les langues, qui avoit une très-belle bibliotheque, & dont on faisoit grand cas parmi les Gens-de-lettres.

MONTE OLIVETO est un des plus fameux couvens de la ville de Naples; il fut fondé sous le regne de Ladiflas, vers l'an 1400, par Origlia, grand Protonotaire du Royaume, & enrichi par le Roi Alphonse II. L'Eglise est à la moderne, le tableau de la Purification qui est dans le chœur, est de Vasari, qui a peint aussi la sacristie. Dans la premiere chapelle à droite du côté de l'Evangile, est une Assomption, du Pinturichio, disciple du Perugin. C'est-là qu'on a transporté des figures en terre cuite qui accompagnoient un sépulcre ; elles sont remarquables par les personnes qu'on y a représentées ; Joseph d'Arimathie est le portrait de Sannazar, Nicodeme est celui de Pontanus, les deux autres représentent les Rois Alphonse & Ferdinand.

Le tableau de la chapelle du S. Sacrement est de *Santa Fede*. Dans la chapelle des Piccolomini est le tombeau de Marie d'Arragon, fille de Frédéric I. Dans la chapelle des Pezzo il y a une statue de la Vierge avec des bas-reliefs, de *Santa Croce*, que cet habile artiste fit par une espece de rivalité avec Jean de Nola qui travailla dans la chapelle des Ligori. Dans une autre chapelle on a mis le tombeau de *Marino Curiale*, jeune homme pour qui le Roi Alphonse I fit ces deux vers qu'on y a gravés :

> Qui fuit Alfonsi quondam pars maxima Regis
> Maximus hac modica nunc tumulatur humo.

Dans la chapelle du B. Jacques Tolomei le tableau d'autel est de Massimo. La chapelle du B. Bernard Tolomei,

Fondateur de l'Ordre des Olivétains, est peinte à fresque par Paul de Matteis, & il y a deux tableaux en huile qui représentent des actions de sa vie, par François *di Maria*. La chapelle de S. Christophe a un tableau du célebre François Solimene.

La bibliotheque du couvent est considérable, aussi bien que l'apothicairerie qui donne sur la belle rue de Tolede, & qui est renommée par les odeurs, les pommades & les savons parfumés qu'on y débite. Ce couvent est d'une étendue prodigieuse, il y a quatre grands cloîtres & une multitude d'appartemens ; j'y ai vu habiter M. le Nonce dans le temps qu'on travailloit aux réparations de son palais.

PALAZZO MATALONE, un des plus beaux qu'il y ait à Naples, par l'architecture, & par les ornemens, les statues, la galerie, &c. il donne d'un côté sur la grande & belle rue de Tolede.

Sᴬ. ANNA DE' LOMBARDI, petite Eglise fondée par la Nation de Lombardie, ornée de plusieurs tableaux de prix, qu'on dit être du Caravage, du Bassan, de Jordans & de Lanfranc ; il y a surtout à la croisée à gauche un fort beau tableau de Lanfranc, c'est l'Enfant-Jesus & la Vierge qui donnent le Rosaire à S. Dominique : on voit aussi dans ce même tableau S. Janvier qui baise la main de l'Enfant-Jesus : la composition & la couleur en sont bonnes ; la Vierge est de la plus grande beauté, l'Enfant-Jesus est dessiné avec toutes les graces de l'enfance : il est peint d'une couleur fine, transparente, lumineuse ; la tête de S. Janvier a un grand caractere de vérité, mais le bras de la figure n'indique pas assez le nud. Le S. Dominique n'est pas tout-à-fait de la même beauté ; le grand Ange qui soutient la draperie à gauche, a l'air d'un Terme, & il est d'une proportion trop grande pour la place qu'il occupe; le grouppe des petits Anges sur la droite est admirable.

Dans la chapelle du Cavalier Fontana on voit son portrait en marbre.

Rue de Tolede. STRADA TOLEDO, rue de Tolede, la plus belle & la plus grande rue de Naples, est aussi la plus belle de l'Italie, si l'on excepte le cours de Rome, qui cependant n'est point aussi large, aussi peuplé, aussi bien pavé, mais qui contient de plus beaux bâtimens, & qui a plus d'étendue. La rue de Tolede a 540 toi-

CHAP. X. *Description de Naples.* 211

ses dans un seul alignement, mais près de 800 toises, en y comprenant la place du château & la grande rue qui est au-delà de la porte du S. Esprit. On désireroit seulement que cette rue ne fût pas aussi embarrassée qu'elle l'est par les petites échopes, & par les Fruitieres qui en font comme une espece de marché.

La place qui est au nord de la rue de Tolede, s'appelle *Largo del Spirito Santo*; elle a été décorée en 1758 sur les desseins de Vanvitelli, d'un grand corps de bâtiment appellé *Teatro del Largo del Spirito Santo*; on y a placé le modele en plâtre d'une statue équestre de Don Carlos, ou Charles III, fait par Thomas Solari, Génois, & qu'on doit exécuter en bronze sur la même place.

SPIRITO SANTO, Eglise qui donne son nom à la porte & à la place dont nous avons parlé, & qui est une des plus riches de Naples: elle fut bâtie en 1563 par une compagnie de pieux Napolitains qui se disoient inspirés du Saint-Esprit: leur zele échauffé par les prédications du P. Ambroise Salvio Bagnuolo, Dominicain, les porta à y faire bâtir un conservatoire où l'on reçoit les filles des femmes débauchées, afin de les empêcher de suivre l'exemple de leurs meres, & où l'on place les filles qu'on retire des maisons des femmes publiques. On y tient une banque qui fut ouverte en 1594, & qui se glorifie de n'avoir jamais manqué. L'architecture est de *Giovanni Fiorentino*; la chaire & le grand autel sont en beaux marbres, le tableau de la Descente du S. Esprit qui est au-dessus de l'autel est de *Santa Fede :* on a peint tout au tour de l'Eglise les martyres des 12 Apôtres : mais ce qu'il y a de plus remarquable dans l'Eglise, c'est à la chapelle de la croisée à droite, un tableau de Luc Jordans, représentant Notre Dame du Rosaire ; la Vierge est placée sous un dais & S. Dominique reçoit le Rosaire de sa main : l'ordonnance de ce tableau s'écarte un peu des principes de la composition, mais d'un autre côté on ne sçauroit trop y admirer les graces du dessein & la beauté de la couleur.

Piazza della Carita est une place triangulaire qui donne dans la rue de Tolede, où il se tient un marché considérable de fleurs, de fruits & de légumes ; c'est là qu'on apporte en quantité & dans toutes les saisons, les productions des environs de Naples, les plus agréables & pour la vue & pour le goût.

La rue de Tolede est ornée d'une multitude de beaux hôtels, *Stigliano, Cavalcante, Madalone, Perelli, Giorgi*, c'est dans ce dernier que réside le Prince de *Campo Reale*.

Le palais de la Nonciature est aussi dans cette rue; c'est là que le Nonce de la Cour de Rome réside avec toute sa Cour; il y exerce la jurisdiction qui appartient au Pape; pour cela il y a ses Auditeurs, ou Juges ordinaires, avec Procureur-Fiscal ou Promoteur, Greffier, Notaire, Sécretaire, & même des prisons. Cette jurisdiction du Nonce est une suite de la suzeraineté du Pape sur le Royaume de Naples; mais il y a en Sicile une singularité d'une espece tout opposée, c'est le Tribunal de la Monarchie de Sicile, par lequel le Roi juge, excommunie les Ecclésiastiques, & exerce les droits même du Pape en qualité de Légat du saint Siege, titre qui fut accordé comme nous l'avons dit à un Roi de Sicile. Clément XI voulut abolir en 1713 ce Tribunal de la Monarchie; mais le Roi Victor Amédée lui résista

Nonce de Rome.

courageusement, & la Cour de Rome par un accord fait en 1720 laissa subsister les choses dans leur ancien état.

S. Thomas d'Aquin est un Collége célebre de Dominicains, où l'on enseigne la Philosophie & la Théologie.

S. Jean des Florentins, Eglise nationale, est remarquable par son architecture qui est d'un Florentin, disciple de Michel-Ange, & par de bonnes peintures. Les plus grandes Maisons de Florence ont des chapelles dans cette Eglise & le Consul de Florence en nomme le Curé, qui est ensuite examiné par l'Archevêque.

Cette Eglise donne le nom à un théatre qui en est proche, & qui a été refait dans un goût moderne, j'y ai vu jouer des comédies, mais j'en parlerai à l'article des spectacles.

Procession remarquable. MONTE CALVARIO, couvent de Cordeliers observantins; il y a dans l'intérieur une Congrégation de Gentilshommes sous le titre de la Conception, qui s'est distingué long-temps par une procession fameuse appellée procession des *Battaglini*, du nom d'un religieux qui en avoit été le premier Instituteur; elle se faisoit le Samedi-saint & la veille de la Pentecôte avec une pompe extraordinaire, les troupes; la nobleſſe, les muſiciens, le char de triomphe de la Vierge, d'autres grandes machines repréſentant le myſtere de la Nativité, & celui des Pélerins d'Emaüs, les Chevaliers de S. Jacques, d'Alcantara & de Calatrava en habits de cérémonie, un Clergé nombreux, une illumination extraordinaire, rendoient cette proceſſion une des plus ſuperbes qu'il y eût; on y dépenſoit une ſomme de plus de 2000 francs laiſſée par teſtament pour la proceſſion de la veille de la Pentecôte; mais il y a une quinzaine d'années que cette proceſſion n'a plus lieu, & que le revenu a été appliqué du conſentement du Roi à un nouveau conſervatoire d'orphelines.

Sᴬ. Mᴀʀɪᴀ ᴅ'Oɢɴɪ ʙᴇɴᴇ, Egliſe de Servites, bâtie dans un lieu élevé qu'on appelle *Belvedere;* elle eſt à l'entrée d'une rue qui a 2000 toiſes de long & qui va juſqu'à la *Porta Nolana,* on l'appelle quelquefois *Spaca-Napoli,* c'eſt-à-dire, qui diviſe Naples, mais les parties de cette rue portent différens noms. Le troiſieme Dimanche de Septembre on célebre dans cette Egliſe *d'Ogni bene,* la fête de Notre-Dame des ſept douleurs, & l'on fait une proceſsion à laquelle assiste le Corps de ville; en conséquence d'un vœu fait dans un tremblement de terre qui avoit produit des dommages considérables; on assure que depuis ce temps-là on n'a pas éprouvé à Naples de semblable disgrace.

Sainte Trinité. S^a. Trinita, couvent de religieuses Franciscaines, un des plus beaux & des plus riches qu'il y ait à Naples, fondé par Eufrosine de Silva; l'Eglise est en forme de croix grecque, de l'architecture du Cavalier Cosmo, & peinte par Berardino; l'autel est du plus beau marbre; il porte un tabernacle de pierres précieuses orné de statues d'argent, estimé plus de 250 mille livres. On conserve dans la sacristie des calices d'or & de cristal de roche ornés de diamans, de même que l'ostensoir. Parmi les peintures de l'Eglise on remarque un S. Jérôme de l'Espagnolet, une Vierge accompagnée de S. Joseph & de plusieurs autres Saints, par le même. Le tableau du Rosaire & les portes de l'orgue sont du vieux Palme. On assure que le cloître des Religieuses est le plus beau qu'il y ait en Italie, par sa grandeur, sa situation, ses eaux, ses jardins, ses peintures, & tout ce qu'on peut imaginer

de

CHAP. X. *Description de Naples.* 217
de plus voluptueux dans un Couvent.

Dans la rue appellée *Vicolo de' Greci* — Office des Grecs.
il y une Eglise paroissiale, fondée autrefois par un Paleologue en faveur des Grecs qui après l'invasion des Turcs se retirerent à Naples ; on y fait l'office suivant le rit des Grecs, on y voit plusieurs peintures à la grecque, & des fresques de Bélisaire Corenzio qui étoit de la même nation.

Cette longue rue dont nous avons parlé qui a 2000 toises de long, dans l'endroit où elle traverse la rue de Tolede près du palais de *Maddalone*, (autrefois *Monteleone*,) s'appelle *Strada della Quercia* à cause d'un ancien chêne des jardins de ce palais, qui faisoit saillie sur la rue. La place qui est devant les Jésuites est celle où l'on avoit placé la statue équestre en bronze du Duc d'Anjou Philippe V, faite par Laurent Vaccaro lorsque ce Prince fit son entrée solemnelle à Naples le 20 Mai 1702; mais elle fut brisée le 7 de Juillet 1707 par les Allemands, qui couroient dans la ville en criant vive Charles III ; c'étoit l'Archiduc Charles fils de l'Empereur Léopold, & qui fut élu ensuite Empereur en 1711.

Tome VI.   K

Aiguille singuliere.

On voit actuellement sur cette place une aiguille de marbre chargée de beaucoup d'ornemens, achevée en 1758 par les contributions volontaires qu'avoit recueillies un Pere Jésuite. Il jouissoit à Naples d'une si grande considération que le Roi même se seroit servi utilement de son crédit sur le peuple; le respect qu'on lui portoit le rendoit dépositaire d'une quantité prodigieuse d'offrandes & d'aumônes, & comme il avoit une très-grande dévotion à la Vierge, il lui éleva le monument dont il s'agit. On y a suivi le goût de l'obélisque de S. Janvier, dont nous parlerons plus bas, c'est-à-dire qu'on l'a chargé de formes bizarres, chantournées, tout-à-fait éloignées de la belle simplicité des obélisques de Rome; la multitude de figures, des bas-reliefs, de grosses moulures de marbre en ont augmenté la dépense sans augmenter l'agrément; quand on vient de Florence & de Rome, on trouve de semblables ouvrages aussi bizarres que les monumens des Goths, des Turcs & des Chinois.

Belle Eglise des Jésuites.

GESU NUOVO, maison-professe des Jésuites, qui étoit autrefois le palais des Princes de Salerne, acheté par les Jésuites en 1583 ; son architecture est de *Novello di S. Lucano* ; il est orné de bossages en pointes de diamants, comme beaucoup de palais à Florence ; l'Eglise fut fondée par Isabelle Feltria *della Rovere*, de la famille des Ducs d'Urbin, & Princesse de Bisignano, en 1584. C'est la plus belle Eglise de Naples du consentement de tout le monde ; elle est en forme de croix grecque avec une grande coupole, qui avoit été peinte de la main de Lanfranc : le tremblement de 1688 renversa la coupole, & elle fut refaite & peinte par Paul de Matteis, & il ne reste que les quatre Evangélistes des pendentifs, qui sont un des plus beaux ouvrages de Lanfranc, d'une grande maniere & d'une couleur très-vigoureuse. Sur la porte de la nef est une grande fresque de Solimene, qui représente Heliodore battu de verges, & chassé du temple par un Ange. Ce morceau a de l'effet, l'ordonnance en est belle, mais le dessein en est un peu lourd.

La grande chapelle est du Cavalier Massimo ; celle du S. François est de Bélisaire ; la chapelle de la Vierge qui est à main droite est de Solimene ; la chapelle de S. Ignace est ornée de six belles colonnes de marbre d'Afrique avec beaucoup de pierres fines ; elle est du Cavalier Cosmo aussi-bien que les statues de David & de Jérémie : il y a dans cette chapelle trois tableaux de l'Espagnolet, & dans celle de la sainte Trinité un tableau du Guerchin.

La sacristie renferme aussi des tableaux rares, deux de Raphaël, un d'Annibal Carrache, &c. à l'égard du thrésor on ne peut en voir à Naples un plus riche par la quantité d'argenterie qu'il renferme ; un devant-autel d'argent, de grandes statues d'argent, un grand ostensoir de pierres précieuses : à peine celui de la Cathédrale peut-il l'emporter sur celui-ci.

La maison est grande & commode; on y voit une des plus belles bibliotheques de Naples, une apothicairerie fameuse qui étoit dirigée en 1765 par un Jésuite François ; j'y vis avec plaisir la machine nouvelle qui sert à tirer les sels des plantes à la maniere de la Garaye, les meilleurs livres de Pharmacie & de Chymie, & les drogues les mieux choisies. Les jardins sont vastes, il y arrive d'excellentes eaux.

SANTA CHIARA, couvent de Ste. Claire, situé vis-à-vis la maison professe des Jésuites; c'est le couvent le plus célebre de Naples & l'azile de la meilleure noblesse; il fut fondé par Robert qui fut Roi de Naples en 1309 & par la Reine Sancia son épouse; on y a vu jusqu'à 400 Religieuses; le couvent est si vaste, les cloîtres, les jardins si considérables, qu'on le compare à une ville.

Sainte Claire.

L'Eglise est ancienne mais très-ornée, elle a 243 pieds de long & 97 de large; elle est si chargée de dorure & d'ornemens qu'elle perd à cette profusion. Elle étoit autrefois ornée des peintures du *Giotto* & du *Zingaro*, que le Roi Robert fit faire comme le raconte Raphaël Borghini dans son livre intitulé : *Il Riposo*, mais il n'en reste plus que de légers fragmens, car on les a recouverts de marbre, de stucs & de dorure. Les peintures actuelles de la voûte sont de Sébastien Conca, & elles sont très-estimées.

La chapelle de la Vierge appellée *delle Grazie* renferme une image miraculeuse que l'on dit être du *Giotto*, mais qui a été restaurée par un pinceau moderne: la chapelle a été ornée de marbre sur les desseins du Cavalier Cosmo; on y voit le tombeau de Raymond Cabano, qui de la plus basse servitude parvint au rang de grand Sénéchal du Royaume, & qui fut ensuite exécuté avec sa femme & ses fils, pour avoir trempé dans l'assassinat du Roi d'Hongrie, tué en 1345 par les ordres de la Reine Jeanne son épouse.

La chapelle des Resaliti nobles Florentins est toute en marbre blanc; le tableau qu'on y voit est un S. Thomas, de Marc de Sienne.

Il y a dans cette Eglise un plafond de quelque éleve de Solimene représentant une Religieuse, qui le saint Ciboire à la main, met une armée en déroute; c'est une grande machine quant à la composition, mais la couleur en est trop brillante sur-tout dans les ombres, & laisse par-tout quelque chose à désirer.

On y voit un mausolée gothique du Roi Robert Fondateur de l'Eglise de Ste. Claire, qui étant mort dans la trente quatrieme année de son regne y fut enterré le 16 Janvier 1343. Ce Roi fut surnommé le bon & le sage; il étoit fils de Charles II Roi de Naples auquel il succéda: la mémoire de ce Prince est chere aux Napolitains, car il aima la justice, il fit regner les Loix, & fit par conséquent le bonheur de ses sujets. Cette Eglise renferme encore les tombeaux de Jacques *del Balzo* qui eut le titre d'Empereur de Constantinople & de sa sœur Clémence; celui de Charles l'illustre Duc de Calabre & celui de Jeanne I, Impératrice de Constantinople. Dans la chapelle des *San Felici* on voit un Crucifix de Lanfranc & des tombeaux de plusieurs personnes de la Maison de *San Felici* : l'un de ces sarcophages est un ancien monument du Paganisme, le plus entier & le plus beau qu'il y ait à Naples : ce n'est pas le seul exemple qu'on voye en Italie de tombeaux Payens transportés dans nos Eglises, & j'en ai cité plusieurs exemples dans la description de Rome. La même chapelle renferme le portrait & le tombeau d'un Médecin célèbre qui a fait un très-bon Traité sur les bains d'Ischia.

Au-dessus de la sacristie il y a plusieurs images de Saints qui passent pour être des restes des peintures de *Giotto*, & près de-là une statue de la Reine Jeanne. La sacristie est extrêmement riche en argenterie & en meubles précieux, il y a entre autres un tabernacle d'argent.

Le monastere est composé de deux ou trois cents Religieuses, toutes nobles & même de très-bonne famille; lorsqu'elles reçoivent compagnie, soit d'hommes soit de femmes, c'est toujours dans des cloîtres sans grilles & où l'on est assis avec elles sans que rien les sépare : cet usage a lieu à Naples dans presque toutes les maisons religieuses : il y en a très-peu où l'on reçoive les visites dans des parloirs grillés.

Palais de la Rocca. PALAZZO DELLA ROCCA, Palais du Prince de la Rocca, situé près de Ste. Claire, renferme plusieurs tableaux de prix.

Les quatre Evangélistes en bustes par le Guide ; ils sont correctement dessinés, bien coloriés & d'une touche facile ; le caractere de tête de St. Jean est le moins beau de tous.

Latone par qui les paysans sont changés en grenouilles, par Annibal Carrache : ce morceau n'est pas assez fini, mais la couleur en est bonne, & il est dessiné d'une grande maniere, les deux Enfans sont seulement trop petits.

Une Judith par Massimo, tableau vigoureux de couleur, mais qui malheureusement a noirci.

Un tableau ovale de Pierre de Cortonne, repréſentant un ſonge de S. Joſeph. Les figures n'y ſont qu'à demi-corps & de grandeur naturelle : Cet ouvrage plaît autant par ſa belle diſpoſition que parce qu'il eſt peint d'une maniere large, agréable & vigoureuſe ; l'Ange eſt heureuſement compoſé ; on déſireroit que le deſſein fut plus correct, ſur-tout dans la figure de S. Joſeph. Ce tableau a pouſſé au noir comme le précédent.

Pluſieurs tableaux de M. Voüet, Peintre François ; ce ſont des Anges à demi-figure & de grandeur naturelle, ingénieuſement ajuſtés, peints facilement & traités d'un grand ſtyle ſans rondeur, mais avec un peu de ſécherefle. Une Nativité du même Peintre d'une couleur agréable.

GESU VECCHIO, Collége des Jéſuites, ſitué dans *Strada de' Librari* ; il fut fondé par *Roberta Caraffa*, comme on le voit par l'inſcription ; c'eſt un des plus beaux bâtimens de Naples, il a été fait ſur le palais des Ducs de *Madaloni*. La cour des claſſes eſt entourée de portiques à deux étages, qui ſont très bien ; l'Egliſe eſt ornée de marbres & de ſtatues de Pierre Ghetti ; le tableau du grand autel est de Marc de Sienne, celui de St. Ignace est de Solimene, le tableau de la Transfiguration & celui de S. Ignace, Evêque, sont aussi de Marc de Sienne.

L'escalier de la maison a toute la grandeur & la noblesse qu'il peut y avoir dans le plus bel édifice, il a été fait sur les desseins du Cavalier Cosmo, il conduit à une bibliotheque qui est le plus beau vaisseau de ce genre qu'il y ait à Naples ; elle est garnie d'une belle menuiserie en bois de noyer & d'olivier & de grand nombre de statues en bois, qui ornent beaucoup cette menuiserie.

Non-seulement la bibliotheque est très-nombreuse, mais on y voit de très-beaux instrumens d'Astronomie ; une machine Parallatique en cuivre avec un grand axe, faite à Londres, qui porte un secteur de 4 pieds, & qui peut porter une lunette de 8 à 10 pieds, pour suivre le mouvement des astres dans leur révolution diurne ; un Télescope garni d'un micrometre objectif pour mesurer les diametres apparens des planetes, exécuté à Londres, invention nouvelle que je ne m'attendois pas à trouver au fond de l'Italie; mais ces Peres qui ont toujours donné dans tous les genres de talens des hommes du premier ordre, suivent avec soin le progrès des Sciences, & le P. Général à qui j'en fis mon compliment, m'assura que son intention étoit d'envoyer de jeunes Peres du Collége de Naples se former à l'observatoire de Milan, & revenir ensuite établir à Naples un Observatoire encore plus complet.

L'Eglise de S. Pierre & de S. Paul qui étoit autrefois dans cet emplacement étoit fort ancienne, il y avoit une inscription à l'honneur de Ste. Helene mere de Constantin, on la conserve dans la cour des Jésuites; on dit que dans la même enceinte ou espece d'isle que forment les bâtimens du Collége se trouvoit une ancienne tour de briques servant de phare pour le port de Naples, différente peut-être de celle qui se voit derriere *S. Onofrio*: on va voir dans la maison des caves d'une étendue singuliere, il y tiendroit, dit-on, 30 mille tonneaux de vin. Ce Collége a une fondation de plus de 80 mille livres de rente destinées à des aumônes, faite par le Prince *Filamarino della Rocca*.

MONTE DELLA PIETA, établissement sage qui fut fait comme nous l'avons dit ailleurs pour empêcher l'usure des Juifs auxquels de pauvres gens étoient souvent obligés d'avoir recours. Ce fut en 1539 qu'on institua à Naples une compagnie pour secourir les pauvres prisonniers, en leur prêtant de l'argent, & l'on attribue à Naples le peu de banqueroutes qui se font dans le commerce au secours que cet établissement procure à des négocians, dans leurs revers. On y prête sur toute sorte de gages ou habillemens de soye, de laine & de lin, & sans interêts pendant deux ans, si la somme empruntée n'excéde pas la valeur de dix ducats, ce qui revient à 43 livres de notre monnoie. Pour de plus grandes sommes ou pour un temps plus considérable on exige un interêt qui est réglé sur l'état actuel du commerce, c'est-à-dire, suivant le taux permis par le Prince, qui n'est point fixé précisément à quatre pour cent comme en France, mais qui varie selon que l'argent est plus ou moins abondant dans le Royaume. On est si convaincu à Naples de l'utilité & de la sainteté de cet établissement qu'on l'appelle *Sacro Monte*, & que l'on est persuadé que les gages qui y sont de-

CHAP. X. *Description de Naples.* 229
posés y sont garantis miraculeusement de toute sorte d'insecte. Le peuple respecte tellement la banque du Mont de Piété, que dans les séditions les plus violentes, & dans le temps où l'on pilloit impunément par toute la ville, on n'a jamais fait la moindre entreprise contre cette maison ; les séditieux eux-mêmes y mettoient des sauves-gardes, & les ministres du Mont de Piété y remplissoient leurs fonctions avec autant de tranquillité que si l'on eut été en pleine paix. Les magazins de cette maison sont prodigieux, ils renferment une immensité de choses, en fait de meubles, bijoux & habits de toute espece ; on y voit la richesse & la pauvreté de Naples tout à la fois. Le bâtiment actuel fut fait en 1598, sur les desseins du Cavalier Fontana : il y a quelques peintures dans l'Eglise.

On compte encore à Naples cinq autres Monts de Piété, dans lesquels on prête jusqu'à dix ducats ou 43 livres sans intérêt ; mais au delà de cette somme il leur est permis quelquefois de prendre sept pour cent d'intérêt.

Il y a une autre espece de banque à Naples qu'on appelle aussi *Monte*, ou dépôt, dans lequel on place des sommes à intérêt, mais dont on ne reçoit rien pendant un grand nombre d'années; chaque anné l'intérêt se joint au principal, & porte intérêt à son tour. On dit que dans la maison Caraccioli on fait des dotes de cent mille écus avec un fort petit capital oublié pendant un certain nombre d'années ; l'effet de ces intérêts accumulés devient prodigieux ; on sait par exemple que 100 liv. mises sur la tête d'un enfant de trois ans, sans rien recevoir jusqu'à l'âge de 80 ans, lui produiroient 8250 livres par année, & à l'âge de 94 ans plus de six millions de rente le reste de sa vie. (M. Deparcieux, *Addition à l'essai sur les probabilités de la durée de la vie humaine*, 1760. page 12.)

Près d'un escalier qui conduit à S. Jean le majeur, il y a une fontaine où est la statue de Ferdinand I; les maisons des environs sont très-abondantes en eaux, quelques-unes ont des réservoirs très-grands ; c'est ce qui a donné lieu à Celano de croire que c'étoit là que passoit anciennement le Sebeto ; mais cela n'est point probable ; ces eaux viennées de différentes conduites, elles sont très-basses, d'ailleurs la rue appellée *del Mezzo cannone* étoit celle qui conduisoit au port très-anciennement, on ne voit pas qu'il ait pu y avoir là une riviere.

S. GIOVANNI MAGGIORE, S. Jean le majeur est la plus étendue des 30 paroisses de Naples; c'étoit autrefois un temple que l'Empereur Adrien avoit fait élever à son cher Antinoüs; Constantin & Helene le consacrerent à S. Jean-Baptiste; le bâtiment a été refait plusieurs fois, & il n'en reste que quelques colonnes cannelées antiques fort dégradées.

Il y a vers le grand autel une épitaphe de Janus Anisius, grand Littérateur, & un fragment d'une grande colonne qui paroît venir de l'ancien temple. Le tableau est de Leonard de Pistoia. La chapelle *Ravaschiera* est ornée en marbres de la façon de Jean de Nola; on y voit une ancienne inscription du temps de la République de Naples qui commence ainsi: *Verotio A. F. Pal. Severino.*

La grande antiquité de cette Eglise fait qu'on a donné à un vieux tombeau le nom de tombeau de Parthenope, tout ainsi qu'on fait voir à Padoue celui d'Antenor ; cela fert feulement à rappeller au voyageur que Naples s'appelloit auſſi Parthenope, ſoit du nom général de παρθένος, *virgo*, ſoit d'une fille du Roi de Theſſalie, ou comme on l'a écrit d'une des Syrenes d'Homere.

Palais du Prince de la Torre.

PALAZZO FILAMARINO, qui eſt près de S. Jean, fut conſtruit aux frais du Cardinal *Filamarino*, Archevêque de Naples, dont nous avons eu occaſion de rappeller le crédit & le mérite, en parlant de la révolte de *Mazaniello* ; il eſt occupé par le Prince de la Torre qui eſt de la même Maiſon. C'eſt un des plus beaux Palais de Naples, quoique la décoration ait cependant quelque choſe de maigre ; il renferme pluſieurs tableaux de prix.

Les faintes Femmes au tombeau, par le Dominiquin : le Chriſt eſt deſſiné finement & les contours en font coulans, il eſt repréſenté mort entre les bras de la Vierge ; tous les grouppes ſont bien penſés, l'effet de la lumiere eſt grand, les têtes de femmes ſont gracieuſes, elles ont beaucoup de fraîcheur, & ſont pleines d'expreſſion ; cependant les deux Anges qui ſont derriere la Vierge ont des têtes trop ſymmétriques, & l'Enfant qui

CHAP. X. *Description de Naples.* 233
est aux pieds du Christ pouvoit être mieux dessiné.

Une sainte Famille du Dominiquin ; on y voit les Anges apportant des fruits à l'Enfant Jesus qui joue avec des pommes, & S. Joseph avec ses lunettes qui le regarde : ce tableau est bien composé, rempli de naïvetés, & d'ailleurs dessiné très-savamment, c'est dommage que les lumieres en soient trop égales & que le ton de couleur soit un peu aride.

Une fuite en Egypte, de Pierre de Cortonne ; le caractere de la Vierge est admirable, mais la lumiere de ce tableau n'est pas grouppée, & il est foible de dessein.

Une Annonciation & une Adoration des Mages, du Poussin ; ces deux morceaux sont bien dessinés & bien drapés, mais médiocrement composés, & d'une couleur qui n'est pas séduisante.

Les trois Maries au tombeau, par Annibal Carrache : on y voit un Ange qui leur montre que la pierre est levée, en leur disant: *Jesus de Nazareth que vous cherchez est ressuscité, il n'est point ici :* cet Ange est très-lumineux, l'ordonnance du tout ensemble est sage, le dessein correct, les caracteres de têtes expressifs; les draperies bien jettées & traitées d'une maniere large, la touche nette, la couleur est même assez vigoureuse, le ton en est seulement un peu rouge; ce tableau a été gravé par Louis Roullet & assez bien.

CHAPITRE XI.

Suite de la partie orientale de Naples.
Quartier S. Dominique.

SAN DOMENICO GRANDE, ou *San Domenico maggiore*; c'est la principale maison des Dominicains, qui en ont quatorze autres dans la ville de Naples. Ce couvent étoit autrefois un hôpital appellé S. Michel de *Marfisa*, avec une Eglise de Bénédictins, qui fut cédée aux Dominicains, & consacrée par le Pape Alexandre IV, lorsqu'il eut été fait Pape à Naples en 1254. Charles Prince de Salerne, fils de Charles I de la Maison d'Anjou, étant prisonnier en Sicile fit vœu de bâtir une Eglise à l'honneur de Ste. Madeleine; étant ensuite devenu Roi en 1285, il en changea le nom, par dévotion pour l'ordre de S. Dominique à qui il laissa son cœur ; on le conserve encore embaumé dans une boëte d'ivoire.

Il y a une chapelle du Christ faite à l'honneur du Crucifix, que l'on a dit avoir confirmé la doctrine de S. Thomas en lui disant : *bene scripsisti de me Thoma* ; on ne le voit qu'avec une permission expresse du Prieur, & 4 Novices y assistent ayant chacun un cierge à la main. Dans la même chapelle une descente de Croix du Zingaro. Dans la chapelle des Brancacci un tableau au naturel de S. Dominique. Dans celle des Pinelli une Annonciation du Titien : au-dessus de cette chapelle sont les tombeaux des fils de Charles de Duras Roi de Naples. Sur l'autel qui est en face de la chapelle de Stigliano il y a une statue de la Vierge de Jean de Nola. La chapelle des Franchi est peinte à fresque par Bélisaire, & près de là est un S. Joseph de Jordans.

Dans une chapelle en entrant dans la nef, une Flagellation par Michel-Ange de Caravage ; ce tableau est si noir, qu'on a beaucoup de peine à en découvrir les beautés. La sacristie est magnifique, elle est peinte, pavée en marbre, ornée de dorures, & de la plus belle menuiserie; on y remarque une Gloire de Solimene. Ce Peintre a tiré du côté de la composition tout le parti qu'il pouvoit de la forme ingrate du plafond, mais l'effet n'en est pas heureux, on y voit les tombeaux des Rois Alphonse I & d'Isabelle d'Arragon sa fille, de Ferdinand II & de la Reine son épouse; ces tombeaux ont été restaurés par le Viceroi Comte de Miranda. Le tombeau d'Antoine Petruccio, Sécretaire du Roi Ferdinand I, qui fut étranglé pour la Conjuration des Barons; celui du Marquis de Pescara avec une belle épithaphe composée par l'Arioste, & une représentation de la Mort avec ces mots: *Sceptra ligonibus æquat*. On conserve dans cette sacristie une Madone du Rosaire en argent, un buste de Pie V, & beaucoup d'autres meubles précieux.

On montre dans l'ancien dortoir du couvent la cellule de S. Thomas d'Aquin, actuellement convertie en une chapelle. C'est aussi dans l'intérieur de ce couvent qu'étoit autrefois l'Université fondée par l'Empereur Frederic II,

& où S. Thomas d'Aquin enseigna, y étant attaché par des appointements du Roi Charles I d'Anjou ; on a mis une inscription à l'endroit où étoit sa chaire de Professeur. L'Université y avoit été transferée de nouveau lorsque les Vice-rois Espagnols prirent le bâtiment des études pour faire un corps de Casernes. Près de la porte de l'Eglise on a placé une inscription bisarre en 8 vers latins, qu'on a eu souvent la complaisance de vouloir expliquer avec beaucoup de peine, mais qui probablement ne signifient pas grande chose.

La procession du Rosaire est une des grandes & belles cérémonies de Naples, elle se fait avec la plus grande pompe ; les troupes, la musique, l'artillerie, les Magistrats ; le Viceroi même quand il y en avoit un à Naples avoit coutume d'y assister.

Sur la place appellée *Largo di S. Domenico* on voit un obélisque, ou comme on dit à Naples une *Aguglia*, où il y a des bas-reliefs en médaillons qui représentent plusieurs Saints de l'ordre de S. Dominique. Nous avons dit à l'occasion de celui des Jésuites ce qu'on devoit penser de ces monumens ; celui-ci n'est pas tout-à-fait d'une composition si ridicule que celui de S. Janvier, mais cela n'empeche pas qu'il ne soit très-mauvais.

Seggio di Nido, presque vis-à-vis de S. Dominique; c'est un des cinq endroits où la Noblesse s'assemble: ce siége a pour armoiries un cheval noir sans frein; il a le privilége de n'admettre personne dans son corps, à moins que le consentement ne soit unanime, un seul opposant suffit pour donner l'exclusion, comme le *Veto* de la Diete de Pologne; il a aussi le privilége d'élire cinq députés pour l'administration de la ville, tandis que les autres n'en élisent qu'un. Son nom est venu par corruption de celui de *Nilo*, à cause d'une statue du Nil qu'on y trouva; d'autres disent du mot *nido* qui signifioit le refuge & la demeure des étudians. Le vestibule qui donne sur la rue est ouvert de maniere que la Noblesse y est assemblée à la vue de tout le monde; il est orné de peintures du Bélisaire, qui y a représenté l'entrée de Charles-Quint; les ornemens sont de Louis le Sicilien; ils furent plus estimés que l'ouvrage de Bélisaire, & c'est ce qui ruina les affaires de ce Peintre, d'ailleurs plus célèbre que Louis le Sicilien,

Il y a dans ce siége une bibliotheque publique, qui a été fondée par un Cardinal *Brancaccio*, ou de Brancas, car la Maison de Brancas passe pour être une branche de la Maison *Brancaccio* de Naples. Les deux Cardinaux, François & Etienne de Brancas, après l'avoir enrichi d'une grande quantité de livres, ont laissé un fond de 600 ducats par an (ce qui revient à environ 2571 livres de notre monnoie) pour les employer en livres : elle a été augmentée ensuite par un savant nommé Greco, qui a laissé à sa mort sa bibliotheque composée d'un nombre considérable de volumes pour y être incorporée; c'est une des 4 bibliotheques publiques de Naples.

PALAZZO SAN SEVERO, situé sur la place S. Dominique; c'est celui de l'illustre Maison des Sangro, & il est un des plus ornés de la ville; c'est là qu'habita la Reine de Pologne Marie Casimire, Douairiere, en 1701, & le Comte de Martinitz, Général des Allemands, avant que d'être maître des châteaux de Naples.

Palais San Severo.

La chapelle nommée *S. Maria della Pietatella*, est la chapelle sépulcrale des Princes de la famille de *Sangro*; elle est attenante à son palais, mais ouverte au public, &

l'on y fait journellement le Service Divin. Elle fut fondée il y a 150 ans par Alexandre Sangro, Patriarche d'Alexandrie, & c'est une des chapelles les plus curieuses qu'il y ait à Naples ; elle est revêtue des plus beaux marbres, avec une profusion & une dépense extrêmes ; il seroit à souhaiter que le Prince eut été mieux servi pour le goût & la perfection des Artistes. Dans chaque cintre il y a un mausolée avec la statue d'après nature de quelques-uns des Ancêtres du Prince ; celle de Paul de Sangro, Prince de S. Severe est une des meilleures, elle est rendue avec vérité, le costume d'ailleurs y est bien observé. Sur chaque pilastre contigu est le mausolée de la Princesse épouse de celui qui est dans le cintre : les mausolées des Princesses sont ornés chacun d'une statue plus grande que nature qui exprime quelque vertu remarquable dans la personne. La plus singuliere de ces statues est celle d'Antoine Corradini, qui représente la Pudeur; comme attribut placé sur le mausolée de la mere du Prince ; elle est représentée envelopée dans un voile depuis la tête jusqu'aux pieds, & quoique le voile soit du même bloc de marbre, on croit voir

la

CHAP. XI. *Description de Naples.* 241

la figure comme au travers du voile, qui est assez fin pour en exprimer tout le nud : les graces de la phisionomie & le moelleux des traits y paroissent encore comme si on les voyoit à découvert ; cet ouvrage est d'autant plus singulier que jamais les Grecs ni les Romains n'ont entrepris de voiler en entier le visage de leurs statues, & que l'habileté du Sculpteur en a rendu les effets avec une vérité qu'on aura peine à supposer sans l'avoir vue. Le Vice détrompé, *il Disinganno*, est aussi une statue singuliere du Queirolo ; c'est un homme engagé dans un grand filet, & qui travaille à en sortir, avec le secours de son esprit, exprimé par un génie qui lui aide ; le filet est travaillé dans la même piéce de marbre, cependant il touche à peine la statue, & le travail de celle-ci est fait au travers des mailles du filet, qui ne lui est adhérent que dans très-peu de parties : c'est en fait de sculpture un tour de force qui est sans exemple ; mais la grande hardiesse du travail fait tout le mérite de la piéce ; ce grouppe singulier fait partie du mausolée du pere de M. le Prince de San Severo.

D'un autre côté on voit un Christ

dans le tombeau couvert d'un voile; ouvrage aussi extraordinaire que les précédents; ce fut Joseph *Sammartino*, Napolitain, qui après la mort de Corradini qui mourut en 1752, dans le palais même du Prince, voulut exercer aussi son talent dans un genre singulier, & y parvint avec l'applaudissement de tout le monde; au reste la premiere idée de cet ouvrage étoit de Corradini.

La corniche toute entiere de la chapelle & les chapiteaux de pilastres sont faits avec une belle composition, imaginée par le Prince, qui ressemble à de la nacre de perle, sur-tout quand il y a une grande lumiere; elle s'accorde très-bien avec la couleur des marbres jaunes dont les pilastres & la frise sont revêtus.

Sur le plafond qui est au dedans du cintre du grand autel on a peint une coupole avec sa lanterne (*cupolino*) qui semble recevoir la lumiere d'en haut & la transmettre dans la coupole; l'illusion de la perspective y est entiere, l'on ne peut rien imaginer sur un plan qui représente mieux le concave d'une coupole.

Deux des piéces de l'appartement du Prince de San Severo sont pavées d'un mastic particulier qu'il a imaginé: on

CHAP. XI. *Description de Naples.* 243

l'employe clair comme de la bouillie, mais en peu de jours il devient dur comme le marbre; cette composition est distribuée en compartimens de différentes couleurs qui imitent différentes sortes de marbres soit par leur couleur soit par leur éclat. Ce Prince croit que les anciens composoient ainsi le granite des obélisques ; il ne peut pas s'imaginer qu'il fût naturellement dans les carrieres en aussi grandes masses que ces obélisques & ces colonnes qu'on voit encore à Rome & que les anciens Romains avoient tirés de l'Egypte : pour moi j'ai comparé le granite de l'obélisque du champ de Mars avec celui qu'on trouve en France dans nos montagnes, je les ai trouvés d'une si parfaite ressemblance, que je ne puis imaginer qu'il y ait aucune composition aussi conforme à la nature.

Dans un appartement qui est au rez-de-chaussée & que le Prince habitoit pendant qu'on travailloit aux réparations du bel étage, on voit plusieurs choses curieuses qui sont le fruit des travaux & du génie inventif du Prince. Il me fit l'honneur de me montrer par exemple des expériences curieuses sur les nœuds d'une barre de fer.

Un tableau de la Vierge avec l'En-

Experiences curieuses.

L ij

fant Jefus dans fes bras, d'après Raphaël, fait avec des laines de différentes couleurs, & qui vû de côté lorfqu'il eft bien éclairé paroît une efpece de velours de laine; un autre qui eft fait avec de la cire colorée & privée de fon huile, qui m'a paru au-deffus des encauftiques qu'on a faits à Paris d'après M. le Comte de Caylus, (voyez les Mémoires de l'Académie des Infcriptions).

Il y a plufieurs autres effais de cette forte de peinture dans le Palais du Prince; il m'a fait voir auffi la cire compofée avec laquelle il mêle les couleurs deftinées à ces tableaux; cette compofition eft diffoluble dans l'eau, de maniere que l'on peut peindre par fon moyen des figures auffi petites que dans la miniature ordinaire. Il a même compofé une cire végétale en faifant bouillir des fleurs & des herbes communes & en ramaffant la matiere qui furnage: cette matiere recuite plufieurs fois prend la confiftance d'une cire-vierge que l'on peut blanchir & travailler comme la cire ordinaire.

Le Prince de San Severo a auffi perfectionné la miniature comme je l'ai vu fur un petit tableau en cuivre, auquel il a donné la beauté & la vivacité de couleur qui eſt propre à la miniature avec la ſolidité d'une peinture à l'huile. Il appelle cette nouvelle eſpece de peinture du nom compoſé *Eloidrica*; c'eſt ainſi que M. de Monpetit Peintre de Bourg en Breſſe a appellé Eludorique la nouvelle eſpece de peinture, par laquelle il s'eſt diſtingué depuis quelques années à Paris, & dans laquelle il emploie de l'huile, vue au travers de l'eau. Celle du Prince ſe peut mettre ſur toutes ſortes de métaux ou d'autres matieres, au lieu que la miniature ne peut guere s'appliquer que ſur l'ivoire, le parchemin & le papier, matieres qui ſont ſujettes à jaunir & à être percées des vers.

L'art d'imprimer des planches en pluſieurs couleurs eſt encore un de ceux que ce Prince a perfectionnés; il m'a fait voir des eſtampes ſur du papier & ſur du ſatin blanc où il y avoit des fleurs de différentes couleurs, imprimées avec un ſeul cuivre & d'un ſeul tour de preſſe; de même que des livres en caracteres de différentes couleurs imprimés tout à la fois avec une ſeule forme & d'un ſeul coup de barreau; il paroît que les planches en couleur que M. Gauthier fait à

Paris n'ont pas le même avantage. Ce Prince a fait aussi des Pékins jaunes & bleus à fleurs blanches qui ont cela de singulier que les fleurs se voyent de droit & à l'envers, nettes & transparentes, de la même maniere que si le fond étoit blanc.

L'art de colorer le verre passoit pour un secret presque perdu; le Prince de San Severo s'y est exercé avec succès, il a des morceaux de verre blanc où l'on voit différentes couleurs qui pénétrent dans le verre & qui sont claires & transparentes comme si le verre eut sorti du fourneau avec ces mêmes couleurs, & il m'a paru que sa méthode devoit être aussi parfaite que celle dont on s'est servi pour ces anciens vitraux que nous admirons dans les Eglises du quinzieme siecle. Il colore également les marbres, & j'ai vu chez lui jusqu'à 96 échantillons de marbre blanc de Carrare qui sont tous colorés de différentes manieres: on a profité de ce secret pour donner à des bas-reliefs la couleur naturelle des objets qu'ils représentent, ce qui fait un effet très-singulier. Il est aussi parvenu à contrefaire le *Lapis Lazuli*, de maniere, qu'après l'avoir coupé par petites tranches, il paroît impossible de le distinguer du véritable Lapis, il a la même dureté, le même poids & les veines dorées du Lapis. Le Prince m'a dit que la Margrave de Bareith à qui il en avoit donné une lame, l'avoit fait éprouver par des Chymistes à son retour en Allemagne, & qu'elle avoit reconnu que l'esprit de nitre lui ôtoit le lustre comme au véritable Lapis, & qu'il se calcinoit au lieu de se fondre à la lampe de l'émailleur, ce qui prouve que ce n'est point du verre coloré. Il est parvenu aussi à faire un mastic ou stuc beaucoup plus dur que le *Lastrica*, dont les appartemens & les terrasses de Naples sont pavées, & qui n'est pas sujet aux lézardes & aux crevasses.

Il s'est encore exercé sur les pierres précieuses, tantôt en leur otant la couleur sans leur ôter la dureté ni la figure, tantôt en donnant une couleur très-vive à celles qui étoient pâles & d'une teinte trop foible, ce qui réussit surtout dans les amétistes.

Ce Prince compose aussi une espece de porcelaine blanche à laquelle il donne le lustre & le poli, non point avec une couverte émaillée comme on le fait ailleurs, mais sur une roue comme on le fait aux pierres dures; cela n'empêche pas qu'elle n'ait une espece de transparence à la maniere des porcelaines.

On avoit essaié en France de filer & de faire servir dans nos étoffes le duvet que fournit l'apocin, mais ces filaments trop courts & trop lisses n'ont jamais pû s'unir assez parfaitement; le Prince a trouvé le moyen par des macérations de les unir & d'en faire des étoffes; j'en parlerai dans le Chapitre 22. Il me fit même remarquer que cette plante suffit pour habiller une personne en entier, car on la feutre aisément pour en former des chapeaux: il en a même fait du papier qui ressemble à celui de la Chine.

De semblables préparations lui ont servi à rafiner des étoupes & des chanvres grossiers, courts, & dont on n'auroit pu faire que peu d'usage; il les fait devenir fins, blancs & lustrés comme de la soie; & il croit que sur le bord d'une riviere on pourroit gagner cinquante pour cent par de semblables procédés.

Le Roi d'Espagne, lorsqu'il étoit à Naples & qu'il alloit chasser pendant l'hiver, portoit une redingotte fine &

légere que la pluie, dit-on, ne pénétroit point, & qui étoit de l'invention du Prince San Severo. Il a fait faire aussi des étoffes qui étoient d'un côté drap de laine & de l'autre velours de soie.

En tournant ses vues du côté de l'économie il a trouvé le moyen d'étamer de nouveau la batterie de cuisine sans grater l'étain qui y étoit resté attaché, & par conséquent sans user les pieces, mais de façon qu'on puisse en étamer plusieurs pieces en un jour. Je ne dirai qu'un mot de quelques découvertes plus extraordinaires dont le Prince m'a parlé, mais sur lesquelles je n'ai pu avoir des éclaircissements satisfaisants pendant le peu de conversations que j'ai eu avec lui. 1°. Une palingenezie naturelle & réelle de végétaux & d'animaux, spécialement avec des cendres de fenouil qui reproduisent la plante. 2°. Du bois & du charbon qui étant allumés ne donnent point de cendres, & se consument si lentement, qu'après avoir été exposés pendant plusieurs heures à la violence du feu ils ne font que se fendre & se casser. 3°. Une espece de papier pour les cartouches d'artillerie qui ne s'allume point, & ne laisse point d'étincelles, mais qui se ré-

L v

duit immédiatement en charbon. 4°. Une lampe qu'il assure être inextinguible & perpétuelle ; & au sujet de laquelle on peut lire ses lettres à M. l'Abbé Nollet, imprimées à Naples en 1753, aussi-bien que sa dissertation sur une lampe antique trouvée à Munich en 1753. Ce Prince a fait encore imprimer quelques autres ouvrages que je passe sous silence pour abréger.

PALAZZO CARAFFA, qui est dans la rue appellée *Strada di Nido*, appartenoit autrefois à la Maison des Comtes de *Madaloni* ; il est remarquable par beaucoup de monumens d'antiquité ; entre autres la tête d'un grand cheval de bronze, c'étoit autrefois l'enseigne ou le symbole de la Ville & de la République de Naples ; il étoit placé devant la Cathédrale, & le peuple croyoit que les chevaux qu'on y conduisoit pour les promener autour de lui étoient guéris. Cette superstition détermina la Ville à fondre le cheval en 1322 pour en faire une cloche : la tête seule avec une partie de l'encolure se voit dans le Palais Caraffa & fait encore un très-beau reste d'antiquité : Vasari ne croit pas cependant que ce soit un ouvrage des Grecs.

Il y a aussi dans ce palais plusieurs bas-reliefs & bustes antiques des Empereurs, un Ciceron, un Mutius Scævola, & une statue du Roi Ferdinand II, par le Donatello placée sur une colonne.

Près de là est un autre palais des *Madaloni* qui a passé ensuite au Marquis d'*Alfedena Gattola* : c'est là que naquit Pierre Caraffa qui fut ensuite le Pape Paul IV, élu en 1555 ; son Pontificat fut troublé par beaucoup de querelles avec le Roi d'Espagne & les Princes d'Italie, & par l'hérésie de Calvin qui faisoit alors les plus grands progrès ; il fut recommandable par son zéle, sa charité & la régularité de sa vie ; mais il révolta les Romains par l'établissement de l'Inquisition : dès qu'il fut mort le peuple fit sortir les prisonniers, abattit la prison, brisa la statue du Pape, jetta sa tête dans le Tibre, & peu s'en fallut qu'on ne brûla le couvent des Dominicains où résidoit l'Inquisiteur.

En revenant un peu vers le nord, on entre dans *Strada della Vicaria*, qui est une grande rue qui descend de la rue de Constantinople & va de la place du St. Esprit jusqu'à la place du palais de la Vicairerie ; cette rue est fort ancienne,

& s'appelloit autrefois la rue du soleil; on y voit encore les plus beaux restes d'antiquité qu'il y ait à Naples.

S. MARIA MAGGIORE, ancien temple de Diane qui fut consacré à la Vierge en 525; suivant la tradition ce fut à l'occasion d'un diable qu'on y avoit vu sous la forme d'un porc, & qui avoit effrayé toute la ville; du moins on a consacré le fait par une figure de porc en bronze, placée sur une petite coupole de l'Eglise. C'est une des quatre principales paroisses de la ville, & on ne l'a accordée aux Religieux, qu'à condition d'y maintenir la paroisse. L'Eglise a été faite sur les desseins de Cosmo; la coupole a été refaite depuis le dernier tremblement de terre, elle est belle & bien éclairée.

Le petit emplacement qui est devant l'Eglise, avec une pierre & une petite niche en forme d'oratoire, est connu sous le nom de *Pietra santa*, & le peuple va baiser cette pierre avec grande dévotion pour gagner des indulgences.

S. GIOVANNI *Evangelista del Pontano*, Eglise que fit bâtir en 1462 Jean Pontanus ou Jovianus, Secrétaire & Conseiller d'Etat du Roi Ferdinand I.

CHAP. XI. *Description de Naples.* 253
grand Historien, Orateur & Poëte Italien & Latin; il y est enterré avec sa femme, ses trois enfans & un ami, pour lesquels il fit des épitaphes, aussi-bien que pour lui-même; elles y sont gravées sur le marbre, & on les lit avec plaisir comme les autres poésies latines de cet auteur qui sont encore très-estimées. Pontanus étoit né à Cerretto dans l'Ombrie, mais après avoir perdu son pere dans une sédition populaire, il se retira à Naples où il devint Précepteur d'Alphonse II, & ensuite son Sécretaire intime; il écrivit l'histoire des guerres de Ferdinand I & Jean d'Anjou; & lorsque Charles VIII eut été à Naples, Pontanus fit son panégyrique d'une maniere extrêmement flateuse. Il mourut à Naples en 1509 agé de 78 ans. Près de cette Eglise on montre la maison où habitoit Pontanus; on y voit sa figure & plusieurs autres statues.

S. Angelo a Segno, Eglise paroissiale fondée dès l'an 554 à l'honneur de S. Michel Archange, comme ayant secouru les Napolitains lorsqu'ils chasserent de leur ville les Sarrasins qui s'étoient avancés jusqu'à cet endroit, où étoit la porte appellée *Donn' Orsa*. Ils y placerent un clou de bronze dans du marbre à la manière des Romains, & l'on y voit actuellement une inscription à ce sujet.

SEDILE DI MONTAGNA, l'un des cinq corps de Noblesse, s'assemble près de là; on y a réuni huit autres siéges anciens, & il a droit d'élire deux députés, mais qui n'ont entre eux deux qu'une seule voix. Le lieu de l'assemblée a été peint par Nicolas Rossi, qui a représenté différentes vertus & les armes des principales familles de cette Compagnie. C'est là qu'étoit l'ancien théatre appellé *Teatro di Montagna*.

S. Paul.   S. PAOLO, Église de Théatins, le seul reste un peu considérable d'antiquité romaine, est situé sur une petite place de la rue de la Vicairerie, appellée *Mercato vecchio*, qui ne pouvoit guère servir de marché que dans le temps où Naples étoit une fort petite ville, à moins qu'on ne dise que cette place a été diminuée dans sa longueur. C'est sur la même place qu'est la salle d'assemblée des Officiers municipaux, comme elle y étoit dès les premiers temps de la république de Naples qui s'y rassembloit dans une basilique appellée *Basilica Au-*

gusta. Cette Eglise contient les restes d'un temple antique : on a dit que ce temple avoit été consacré à Apollon ; d'autres ont cru que c'étoit à Auguste ; le sentiment le plus accrédité est que c'étoit un temple de Castor & Pollux, élevé par Julius Tarsus, affranchi de Tibere. Il en restoit encore dans le dernier siécle huit colonnes cannelées, avec un entablement sur lequel il y avoit un fronton chargé de figures ; la plûpart ne sont plus reconnoissables. Suivant Parrino, il y avoit un Apollon appuyé sur un trépied, avec une figure représentant la Terre, & un Fleuve qui passoit pour être le *Sebeto*, appuyé sur une urne qui versoit de l'eau, tenant une corne d'abondance dans l'autre main ; une figure de Mercure dont on voyoit le caducée à ses pieds ; & une autre qu'on ne pouvoit distinguer ; celles de Castor & Pollux avoient été peintes sur un enduit de stuc à la place de la sculpture ancienne. Il y avoit une inscription grecque qui est rapportée différemment par les Auteurs, qui ne s'accordent pas même sur l'explication ; mais les principaux restes de cet édifice furent renversés dans le tremblement de 1688, qui ne laissa que quatre colonnes sur pied; on a relevé les débris des autres, & l'on a rassemblé le tout, tant bien que mal, en reconstruisant l'Église avec les mêmes matériaux. Il ne subsiste plus actuellement que deux colonnes cannelées de marbre; ces deux colonnes & quelques bases qui n'ont point été totalement détruites, font juger qu'on avoit choisi l'ordre corinthien pour décorer ce temple. Il fut sanctifié pour la premiere fois après la victoire remportée sur les Sarrasins l'an 574, & consacré dès-lors à S. Pierre & à S. Paul; le bâtiment actuel est fort orné; on y voit beaucoup de peintures de Massimo, de Bellisario, de Solimene; le tabernacle du grand autel est de bronze doré, orné de colonnes de jaspe, de beaucoup de pierres précieuses & de statues.

La chapelle de S. Gaëtan est toute revêtue de petites tables d'argent, en figures de vœux rendus au tombeau de ce Saint, que l'on sait avoir été enterré au même lieu en 1547. Il avoit fondé l'an 1524 l'Ordre des Clercs réguliers qui

Théatins. furent appellés ensuite *Théatins*, parce que le Pape qui fut leur premier Supérieur triennal, avoit été évêque de Théate.

La sacristie renferme plusieurs tableaux

de bons Maîtres, & sur-tout deux grands tableaux de Solimene, le Ravissement de S. Paul, & la Chûte de Simon le Magicien, qui à Naples passe pour le meilleur tableau de Solimene ; il est un peu dans la maniere de Pierre de Cortonne.

Le couvent des Théatins est un des plus beaux qu'ils aient en Italie, & un des plus distingués par la quantité de Prélats qui en sont sortis ; cet Ordre est regardé, sur-tout à Naples, comme un séminaire d'Evêques & un asyle pour la plus haute Noblesse.

Le cloître est orné de plusieurs colonnes de l'ancien édifice, il est bâti dans l'endroit même où étoit l'ancien théatre des Romains, & l'on en remarque encore des vestiges en quelques endroits. Ce théatre fut celui où l'Empereur Néron se montra pour la premiere fois en public pour y chanter les vers de sa composition, ainsi que nous l'apprennent Séneque & Tacite, (*Annal. Liv. XV. c. 33.*) C'est aussi par ce théatre que passoit tous les jours Séneque pour aller entendre les leçons du Philosophe Métronacte, lorsqu'il se plaignoit de voir tant de monde au spectacle & si peu dans la maison du Philosophe. Séneque étoit

Ancien Théatre.

alors avancé en âge, & cependant il ne se faisoit aucune difficulté d'aller dans une école publique; *In theatrum senex ibo.....ad Philosophum ire erubescam? Tamdiu discendum est, quamdiu nescias, & si proverbio credimus, quamdiu vivas, nec ulli hoc rei magis convenit quàm huic: tamdiu discendum est quemadmodum vivas, quamdiu vivis.* Lettre 76. Il se flattoit en même temps alors d'enseigner lui-même quelque chose aux autres, mais quoi ? c'étoit la belle maxime qu'*un vieillard même doit chercher à s'instruire.*

Au devant de l'Eglise on voit une statue de S. Gaëtan, que la ville de Naples lui a fait élever en conséquence d'un vœu public en temps de peste.

La petite chapelle de S. Pierre aux liens qui est bâtie devant l'Eglise de St. Paul, est dans l'endroit où l'on dit que s'arrêta S. Pierre, & d'où il fit tomber les statues de Castor & de Pollux, qui étoient dans le temple, & dont on a conservé les bustes, que d'autres disent être des figures d'Empereurs; on y a mis ces vers:

Audit vel surdus Pollux cum Castore Petrum
Nec mora præcipiti marmore uterque ruit.

Et dans un autre endroit:

Tyndaridas vox missa ferit, palma integra Petri est
Dividit at tecum Paule trophæa libens.

S. LORENZO, Eglise que le Roi Charles d'Anjou fit bâtir en 1266, sur les ruines du palais où la Noblesse & le Peuple de Naples s'assembloient, après avoir défendu les assemblées & démoli le bâtiment. Cette Eglise est occupée par des Cordeliers conventuels; elle est gothique, mais décorée à la moderne; elle est remarquable encore par ses statues, ses colonnes, ses peintures & ses tombeaux. Le grand autel est orné de trois statues de marbre, de Jean de Nola; un grand nombre de belles colonnes que l'on voit deux à deux, soit vers les chapelles, soit derriere le chœur, viennent de l'ancien palais de la République. La chapelle de la Reine, ou de S. Antoine, appartenoit à la Reine Marguerite, femme de Charles III. Elle a été ornée de marbres à la moderne, sur les desseins de Cosmo, & l'on y a placé une image très-célebre de S. Antoine, qui fut faite par Simon de Crémone, Peintre dont Pétrarque a beaucoup parlé dans ses écrits.

Dans la chapelle qui est près de la grande porte, est le tombeau de J. B. Porta, célebre Physicien, dont nous

S. Laurent

avons déja parlé. Près de la sacristie est celui de Catherine d'Autriche, fille du Roi Albert, ceux de Louis son fils, de la fille aînée de Charles III, & plusieurs autres.

Dans le cloître du couvent il y a un chapitre où se rassemblent les députés de la ville. Le parlement général de la ville & du royaume, quand il se tenoit, se rassembloit aussi dans ce couvent.

Hôtel de ville. En sortant du cloître on entre dans la maison de ville qui joint la tour ou le clocher de la ville; il y a quelques tribunaux subalternes & quelques bureaux dans ce bâtiment, qui est destiné à l'administration municipale.

En remontant pour aller à la vieille rue de *Summa piazza*, on trouve deux pans de murs en briques, très-anciens, que les uns ont dit être des restes de l'enceinte de Naples, d'autres de celles de Palepolis, mais l'opinion la plus commune est que ces murs étoient de l'amphithéatre; on les appelle *Anticaglie*, c'est-à-dire, masures.

GLI INCURABILI, hôpital très-considérable qui contient plus de 600 personnes, où l'on reçoit tous les malades de maladies chroniques, longues & dif-

CHAP. XI. *Description de Naples.* 261

ficiles, hommes & femmes; les filles qui veulent se retirer du monde; les enfans malades de la teigne; on y traite même les maladies vénériennes: cet établissement commença par une femme pieuse qui revenoit de Lorette; il a été augmenté par plusieurs successions, & surtout celle de Gaspard Roomer, riche négociant de Flandres. Les enfans de cet hôpital vont dans la ville habillés de blanc, récitant des prieres, & rappellant à un chacun le souvenir de la mort; objet saint & salutaire même aux yeux de la philosophie humaine.

Le jour des Morts les Capucins & les Pénitens vont en procession porter en cérémonie aux Incurables une grande biére vuide, pour conserver la mémoire de l'ancienne institution qui étoit d'y porter à pareil jour les corps des suppliciés qui se trouvoient au pont de la Magdeleine; mais actuellement on les enterre à Pietra-santa aussi tôt après l'exécution.

S. FILIPPO NERI est une des plus belles Eglises de Naples, & même des plus remarquables que j'aie vu en Italie; elle est sur une petite place dans *Strada della Vicaria*, & occupée par les Peres de l'Oratoire de S. Philippe de Néri, ap-

S. Philippe de Neri.

pellés aussi *Hiéronimites*, parce qu'ils suivent la Régle de S. Jérôme. Cette Eglise fut commencée en 1586. Denis de Bartholomée en a été l'architecte, ainsi que de la maison habitée par ces Peres. La façade est toute en beaux marbres, & faite sur les desseins de Denis Lazari. Le plan de cette Eglise est beau ; elle est d'une jolie proportion & richement décorée. Elle est divisée en trois nefs ; celle du milieu est portée de chaque côté par six colonnes corinthiennes de granite, dont le fût est d'une seule piéce, & dont les bases & les chapiteaux sont de marbre de Carrare. Cette Eglise est chargée de dorures d'une maniere éclatante ; les ornemens y sont prodigués, singuliérement dans la frise de son entablement.

La plûpart des chapelles sont ornées de marbres, avec des coupoles dorées ; il y a ausi grand nombre de tableaux estimés, mais plusieurs sont trop foibles, & donnent lieu de douter qu'ils soient originaux. On remarque principalement une très-grande fresque de Luc Jordans qui s'étend au-dessus de la grande porte, & l'embrasse même des deux côtés : cette fresque représente J. C. chassant les vendeurs du Temple ; c'est une belle machine, bien imaginée, & dans laquelle le Peintre a pris de grands partis, tant pour l'ordonnance que pour la distribution des masses de lumieres & d'ombres : enfin sa couleur est assez d'accord, mais sans être d'une grande vérité : le Christ n'a point de noblesse, & plusieurs des figures sont un peu courtes.

Au cinquieme autel à droite, un tableau de Luc Jordans, représentant Ste. Thérese avec ses Carmélites au pied d'un grand Crucifix ; ce tableau est plein de têtes gracieuses, mais la figure du Christ est trop maniérée.

De l'autre côté de la nef dans une chapelle à gauche, un S. François, du Guide, beau, quoiqu'un peu gris.

Du même côté on remarque la chapelle de la Nativité de Notre-Seigneur, revêtue de marbre, & dont l'architecture est estimée.

Entre cette chapelle & le maître-autel on voit la chapelle de S. Philippe de Neri, qui est comme une petite église, toute incrustée de marbre ; sa coupole est de Solimene, elle représente S. Philippe de Néri dans la gloire.

De l'autre côté du maître-autel, c'est-à-dire, du côté de l'Epître, Solimene a encore peint dans la coupole d'une chapelle, Judith qui répand l'effroi dans l'armée d'Holopherne, en montrant aux soldats la tête de ce Général : on apperçoit dans le haut le Pere Eternel environné d'Anges.

Le grand autel est tout de pierres précieuses, aussi bien que la niche ornée de colonnes du plus beau marbre ; les statues qui sont au-dedans de la coupole, sont de Nicolas & Laurent Vaccari ; on conserve aussi dans la sacristie des tableaux qui passent pour être du Guide, du Dominiquin, du Palma ; le thrésor de la sacristie est très-riche, il renferme des statues d'argent, un tabernacle d'argent, des calices d'or, un ostensoir d'or enrichi de pierreries, une croix & des reliquaires de crystal de roche ; plusieurs ornemens superbes, & de toute espece ; un, par exemple, qui ne sert que le Vendredi-Saint. Enfin on regarde l'église de S. Philippe de Neri, & tout ce qui en dépend, comme une des choses les plus curieuses de Naples. Ces Peres se distinguent dans le Carnaval par une décoration immense, & par les grandes machines qui servent à l'exposition du S. Sacrement dans leur Eglise : Naples est la ville d'Italie où l'on

CHAP. XI. *Description de Naples.* 265

étale le plus de pompe dans les fêtes des confrairies & des couvens.

La maison des Peres de l'Oratoire est grande & belle ; le premier cloître est soutenu par des colones ioniques en marbre blanc, le second renferme un grand jardin : la bibliotheque de cette maison est une des quatre bibliotheques publiques de Naples, elle est considérable tant par la quantité que par la qualité des livres, sur-tout depuis qu'on y a joint la belle bibliotheque de Joseph Valetta, Avocat Napolitain, qui contenoit environ 15000 volumes choisis des meilleurs Auteurs Grecs, Latins, Italiens, François & Anglois, outre un grand nombre de manuscrits, & singuliérement ceux de Joseph Scaliger, de Heinsius & Scioppius ; elle est trop connue pour qu'il soit nécessaire d'entrer dans un plus long détail à ce sujet.

CHAPITRE XII.

De la Cathédrale & de ses environs.

En continuant le même chemin après avoir passé l'Eglise de S. Etienne, on arrive à la place qui est devant la petite porte de l'Archevêché ; c'est-là qu'est l'hôpital des Incurables, appellé *Monte della Misericordia* ; cet hôpital est très-riche, il a même une maison dans l'isle d'Ischia pour faire prendre les bains à ses malades. L'Eglise est belle, le tableau qui représente les sept œuvres de miséricorde, est de Michel-Ange de Carravage.

On voit encore sur la même place une aiguille dans le goût de celles dont nous avons déja parlé ; les Napolitains trouvent que le Cavalier Cosmo Fanzago s'est surpassé lui-même dans cet ouvrage, mais c'est tout au plus par la bizarrerie de sa composition : cet Obélisque ressemble à nos anciens pieds de chandeliers d'Eglise, il est d'une forme tourmentée, & du plus mauvais goût ; il n'y a que le chapiteau qui soit d'une archi-

CHAP. XII. *Description de Naples*. 267

tecture ordinaire ; les moulures, les feſtons, les guirlandes, les petites figures & les ornemens de toute eſpece n'y ſont point épargnés, mais ſont également mauvais, quoi qu'en diſent certains voyageurs. Au ſommet de cette aiguille eſt une ſtatue de bronze de S. Janvier, qui eſt du Finelli ; quatre enfans en marbre portent ſes attributs. Une Syrene qui eſt à la baſe porte la tablette où eſt cette inſcription :

D. Januario Patriæ Regnique præſtantiſſimo Tutelari grata Neap. Civ. optimè merito.

Il paroît que c'eſt autant comme Citoyen que comme Saint, qu'on lui a élevé ce monument. D'ailleurs les Napolitains le regardent comme leur plus puiſſant protecteur, & ils lui attribuent ſurtout le bonheur d'avoir été préſervés des ravages du Véſuve.

Le 18 Septembre, veille de S. Janvier, & les deux jours ſuivans, on dreſſe un théatre, un amphithéatre & des échafauts tout autour de cette place ; elle eſt tapiſſée & illuminée le ſoir, auſſi bien que l'aiguille de S. Janvier du haut en bas, & l'on y exécute une très-belle Muſique, où il y a un concours de monde prodi-

M ij

gieux ; la place & les rues voisines sont si petites, que l'embarras y est extrême dans ces jours-là ; mais la fête est très-digne de la curiosité d'un étranger.

<small>Cathédrale de S. Janvier.</small> S. GENNARO, S. Janvier, est l'Eglise Cathédrale de Naples ; nous en aurions parlé plutôt, si nous n'eussions mieux aimé suivre l'ordre naturel des quartiers de Naples, en commençant par les plus intéressans & les plus beaux. Cette Cathédrale est une vieille Eglise gothique, bâtie sur les ruines d'un temple d'Apollon, dont on a trouvé beaucoup de débris en creusant les fondemens du thrésor, & en particulier une colonne que les Théatins de S. Paul ont placée près de la petite porte de leur Eglise. Le bâtiment actuel fut fait sous les premiers Rois de la Maison d'Anjou, Charles I. & Charles II. vers l'an 1280, sur les desseins de Nicolas de Pise, que nous avons cité plusieurs fois en parlant de Florence, & la dévotion que le peuple portoit à S. Janvier, en fit les fonds. Le tremblement de terre de 1485 ayant beaucoup ébranlé & dégradé le bâtiment, il fut restauré sous Alphonse I. par la piété de différentes familles nobles, Balzo, Ursina, Caracciolo, Pignatelli, Zur-

CHAP. XII. *Description de Naples.* 269

la & Dura, dont on voit les armes sur les pilastres. La grande porte fut faite aux dépens du Cardinal Henri Minutolo, Archevêque de Naples, comme on le voit par une inscription en lettres lombardes, qui est au-dessus. Elle est ornée de deux colonnes de porphyre qui portent sur deux lions de l'ancien temple. On a placé sous la porte trois tombeaux, qui étoient autrefois dans la tribune du grand autel, avant qu'on l'eût refait à neuf : ce sont ceux de Charles I. Roi de Naples, de Charles Martel, Roi de Hongrie, & de la Reine Clémence d'Autriche son épouse, fille de l'Empereur Rodolphe I. On y lit cette épitaphe :

Carolo I. Andegavensi templi hujus extructori, Carolo Martello, Hungariæ Regi, & Clementiæ ejus uxori, Rudolphi I. Cæsaris F. ne Regis Neapolitani, ejusque nepotis, & Austriaci sanguinis Reginæ debito sine honore jacerent ossa, Henricus Gusmanus, Olivarensium Comes, Philippi III. Austriaci regias in hoc regno vices gerens, pietatis ergo posuit. Anno Domini 1599.

On compte dans cette Eglise jusqu'à 110 colonnes de granite, ou de marbre

M iij

d'Afrique, trois à chaque pilastre, les stucs dorés n'y sont point épargnés.

Les peintures du plafond de la nef sont de Santa Fede; on y trouve une idée de couleur, mais les figures n'y plafonnent pas.

Il y a dans des ronds au pourtour de la même nef, des tableaux quarrés, où sont peints les Apôtres; ils sont de Luc Jordans: la composition en est bonne, & le pinceau en est moelleux, mais la couleur en général est d'un ton tirant sur le gris; les couleurs en sont aussi trop égales.

On voit dans la nef à gauche un vase antique de pierre de touche, ou de basalte (a), que le Cardinal Delcio Caraffa fit poser en 1621. Il paroît être du temps de Constantin; il est sur un pied de porphyre, & sert de Fonts baptismaux. La sculpture qui l'environne représente les attributs de Bacchus. Ce vase eut été mieux dans un cabinet, ou une salle à manger; il n'est pas d'une mauvaise forme; mais la sculpture est au-dessous du médiocre, ainsi que le couvercle qu'on y a ajouté, & qui est fait avec de petits compartimens de marbre.

(a) Je ne l'ai pas éprouvé au burin pour pouvoir dire s'il est de Basalte.

A la croisée à gauche, deux tableaux de Luc Jordans, d'une composition peu ingénieuse, & d'un effet qui n'est pas piquant. Ils sont cependant supérieurs à ceux que le même artiste a faits dans la nef.

Au-dessus de ces tableaux il y en a deux autres assez beaux, représentant deux Evêques ; ils sont de Solimene.

A une chapelle de la croisée du même côté, une Magdeleine au pied de la Croix, & d'autres figures, par Luc Jordans. Les têtes des femmes sont belles, mais cet ouvrage est foible d'ailleurs.

Dans le chœur, un tableau du Chevalier Conca, dont le sujet est une procession où l'on porte des reliques : l'ordonnance en est belle, & le pinceau gracieux, mais le tout ensemble est de petite maniere.

On remarque aussi deux grands buffets d'orgues, dont l'un a été peint par Vasari, & l'autre par Jordans, & le tableau du grand autel, qui est une Assomption, de Pietro Perugino. Au-dessous de l'autel reposent les SS. Agripinus, Eutichès & Acutius, compagnons de S. Janvier, qui ont été transférés de Pouzzol à Naples.

La Confession, qu'on appelle à Naples *Soccorpo*, est une petite chapelle souterraine de marbre blanc, soutenue par des colonnes ioniques de marbre qui passent pour être des restes de l'ancien temple d'Apollon; le dessein de cette Eglise est sage & ingénieux; la voûte est ornée de bas-reliefs en forme d'arabesques, bien entendus, & dans le goût de l'antique. C'est-là que repose le corps de S. Janvier, qui étoit autrefois dans une Eglise hors de la ville: le Duc de Bénévent *Sicone* l'ayant enlevé, il fut ensuite donné au célebre couvent de Monte Vergine, qui est à quelques lieues de Naples, d'où le Cardinal Olivier le fit transporter dans la ville, en faisant faire la Confession, ou chapelle souterraine dont nous parlons. La statue de ce Cardinal qui est derriere l'autel, passe pour être de Michel-Ange; elle est assez belle, mais sans finesse de travail.

Dans la chapelle des Caraccioli on trouve le tombeau de Bernardino Caracciolo, Docteur en Droit & en Médecine, puis Archevêque de Naples; c'est un ouvrage de Pierre Ghetti; on y voit le portrait du Cardinal en marbre, avec un squélete couvert d'un suaire, mon-

CHAP. XII. Description de Naples. 273
trant un sablier ; c'est peut-être la premiere source de la belle composition que nous avons fait observer à Rome dans le tombeau du Pape Chigi.

La chapelle Minutolo est celle dont parle Boccace dans le conte d'Andriuccio, où l'on donnoit le bonnet de Docteur ; cérémonie qui se fait actuellement dans le palais du Prince d'Avellino. On y remarque plusieurs figures de Chevaliers, ayant des cornes sur le cimier de leurs casques ; c'étoit autrefois un symbole de force ; l'ancien proverbe dit : *Fort comme un taureau.*

Il y a aussi une chapelle qui appartient aux *Gallucci*, d'où la Maison de l'Hôpital est descendue ; du moins on le lit ainsi sur le tombeau de Madame de l'Hôpital qui y fut enterrée en 1742.

Le monument du Pape Innocent XII, Pignatelli, n'est qu'un cénotaphe ou sépulchre vuide ; c'est un hommage rendu, même de son vivant, à un Pape qui étoit Napolitain, & qui avoit été Archevêque de Naples. L'on y voit son buste en bronze doré, avec des statues & des ornemens de marbre, travaillés à Rome, & une grande inscription où l'on parle de ce que ce Pontife a fait de plus re-

M v

marquable; l'extinction du Népotisme; l'érection du Conservatoire de S. Jean de Latran, les subsides donnés dans la guerre contre les Turcs; il mourut en 1700.

Le Pape Innocent IV est enterré dans la chapelle du séminaire, ou chapelle de S. Laurent: il mourut à Naples en 1254. Ce fut lui qui détermina S. Louis à passer en Palestine, qui déposa l'Empereur Frédéric II, & fit prêcher la Croisade contre lui. Ce fut lui encore qui donna le chapeau rouge aux Cardinaux dans le premier Concile de Lyon en 1245.

Une vieille régle de fer enchassée dans un des piliers de la nef, à gauche derriere le chœur, est le *Passetto*, mesure ancienne & originale de la ville de Naples, dont nous parlerons ci-après; mais cette régle est tordue, mal terminée, & ne fait qu'un modele bien grossier & bien imparfait.

Le benitier qui est de l'autre côté de l'Eglise, passe aussi pour être un monument très-ancien de la mesure des liquides.

André de Hongrie.

Près de la porte de la sacristie est enterré André de Hongrie, mari de la Reine Jeanne I, qui fut étranglé à Aversa, les uns disent par le consentement de sa femme, les autres par les intrigues de Charles de Duras, qui peut-être vouloit dès-lors avoir une raison de faire mourir cette malheureuse Reine, comme il le fit en 1382. Berardino Rota a fait pour ce tombeau l'épitaphe suivante :

Andreæ, Caroli Uberti, Pannoniæ Regis F. Neapolitanorum Regi, Joannæ uxoris dolo, & laqueo necato, Ursi Minutuli pietate hîc recondito : ne Regis corpus insepultum, sepultumve facinus posteris remaneret, Franciscus Berardi F. Capycinæ sepulcrum, titulum nomenque P. Mortuo, anno 1345. 14. kal. Octob.

Les Chanoines de la Cathédrale jouissent depuis long-temps de diverses prérogatives, comme d'être qualifiés Cardinaux, de porter le rochet, la mitre, la crosse & la chape épiscopale.

S^{te}. RESTITUTA, Eglise qui tient à celle de S. Janvier, & qui étoit autrefois la Cathédrale. Elle fut bâtie du temps de Constantin, & dédiée à cette Sainte, lorsqu'on eut transporté ses reliques de l'isle d'Ischia, sous l'autel de cette Eglise où l'on croit qu'il repose. On abattit la croisée pour construire la nouvelle Cathédrale ; il n'en reste que

Sainte Restitute.

la nef. Elle est soutenue par plusieurs colonnes, que l'on prétend avoir été tirées du temple de Neptune. François Moro, éleve de Solimene, y a peint les douze Apôtres : on y voit aussi un plafond de Luc Jordans, assez foible, & où la lumiere papillotte beaucoup.

On ne manque pas de montrer aux étrangers une très-ancienne Madone, faite en mosaïque sur le mur, qu'on assûre être la premiere image miraculeuse de la Vierge qui ait été révérée en Italie.

A droite du grand autel est l'oratoire de S. Aspremo ; Ste. Hélene, mere de Constantin, qui le fit faire, y plaça l'image de Ste. Restitute, & celle de S. Janvier qui ayant été faite de son vivant, passoit pour être très-naturelle. Ce fut d'après cette image que Charles II fit faire la tête d'argent de S. Janvier, dans laquelle est renfermé le crâne du Saint, que l'on expose sur l'autel pour la liquéfaction du sang.

Entre cette Eglise & l'Archevêché il y a une chapelle appellée *S. Giovanni in Fonte*, qui fut consacrée par Constantin à S. Jean l'Evangéliste, & dans laquelle étoit le grand vase de basalte qui sert actuellement pour les Fonts baptismaux dans la Cathédrale : elle est peinte en mosaïque ; on y voit la Croix que Constantin avoit prise pour son emblême après sa conversion.

Le Thresor, ou plutôt la chapelle de S. Janvier est la plus belle partie de la Cathédrale ; elle fut élevée en conséquence du vœu fait pendant la peste de 1526, mais la premiere pierre ne fut mise qu'en 1608 ; l'architecture est du P. Grimaldi, Théatin.

{Chapelle de S. Janvier.}

Cette chapelle est de forme ronde, d'une belle proportion & bien décorée ; elle est portée par 42 colonnes de brocatelle, & environnée de niches, dans lesquelles sont les statues en bronze de 19 Saints, par Jules Finelli, mais ces statues sont très-médiocres. Au bas des niches on conserve les reliques des mêmes Saints dans des bustes ou petites statues d'argent : c'est sans doute la raison pour laquelle on a donné le nom de *Thrésor* à cette chapelle, qui d'ailleurs est de la plus grande magnificence : le pavé est de marbre, l'entablement de stuc, orné de dorures ; les ornemens y sont accumulés de maniere à ne pas laisser à l'œil le moindre repos.

La coupole est de la main du Lanfranc; elle avoit été peinte à fresque vers 1635 par le Dominiquin, lorsque ce grand Peintre éprouvant des injustices à Rome, se détermina à aller s'établir à Naples. La crainte du poison avoit déja contraint le Guide, le Josepin & le Gessi à abandonner cet ouvrage; la jalousie des Peintres Napolitains, & sur-tout de l'Espagnolet, ne pouvoit supporter que des étrangers eussent la gloire d'une pareille entreprise : à l'arrivée du Dominiquin l'on défit l'ouvrage commencé par Bélisaire & par d'autres Peintres ; cela ne fit qu'augmenter l'envie des Napolitains ; le Dominiquin éprouva mille disgraces ; il s'enfuit à Rome, il revint à Naples, on corrompit ses domestiques, on engagea le maçon qui préparoit la chaux, à y mêler de la cendre pour faire tomber l'enduit sur lequel il peignoit : la crainte du poison l'affectoit au point qu'il ne se fioit plus à personne, pas même à sa femme; il préparoit lui-même ses alimens, & en changeoit tous les jours ; le chagrin émoussa toute la force de son imagination, & la coupole n'étoit pas encore terminée, quoiqu'il y travaillât depuis trois ans, lorsqu'il mourut en 1641, non sans quelque soupçon de poison. Ses ennemis firent aussi-tôt abattre tout son ouvrage qui fut refait par le Lanfranc; il ne resta du Dominiquin que les angles de la coupole, & des tableaux d'autels, qui ne sont pas de ses plus beaux ouvrages: les figures en sont sagement composées, & correctement dessinées, mais d'une couleur & d'une touche très-foible. Dans la coupole du Lanfranc, l'enchaînement des grouppes, ou pour mieux dire, toute l'ordonnance est bien entendue, le caractere de dessein en est admirable, il y faudroit seulement plus d'harmonie dans la couleur, & plus d'effet dans le total de la machine.

Le grand tableau de S. Janvier sortant de la fournaise, est de l'Espagnolet; celui du miracle de l'énergumene est du Cavalier Massimo.

Les richesses que l'on conserve dans cette chapelle & dans la sacristie voisine, sont immenses; c'est-là que j'ai vu les présens magnifiques du Roi d'Espagne & de la Reine, faits à leur premiere visite, en particulier un calice d'or enrichi de diamans, estimé cent mille francs; il y a des chandeliers d'argent qui ont 10 à 12 pieds de hauteur, 41 statues de bronze, 36 bustes d'argent qu'on y expose dans les grandes fêtes, dont plusieurs sont ornés de diamans, & sur-tout celui de S. Janvier.

Dans une niche à porte d'argent qui est derriere l'autel, on conserve précieusement un ostensoir ou reliquaire, dans lequel sont deux ampoules, ou fioles de verre, qui contiennent du sang de S. Janvier, qui fut, dit-on, ramassé par une Dame Napolitaine pendant son martyre. C'est avec ce sang que l'on fait plusieurs fois l'année ce qu'on appelle à Naples le Miracle de S. Janvier ; il faut alors que le Député de la ville apporte les clefs de ce tabernacle ; le *Maestro di Casa* de l'Archevêque est chargé de l'autre clef, & l'on ne peut ouvrir le tabernacle sans la concurrence de tous les deux.

Sang de S. Janvier.

J'ai vu cette cérémonie le 19 Septembre 1765, & j'étois à côté même du Prêtre qui tenoit le reliquaire ; il l'appliquoit sur sa poitrine en récitant le *Credo* ; il le retourna un grand nombre de fois, & dans l'espace de huit minutes je vis en effet la matiere devenir fluide sans changer de couleur ; les femmes, dont la chapelle étoit remplie, invoquoient le Saint à grands cris, en se frappant la poitrine & s'arrachant les cheveux, pour en

CHAP. XII. *Description de Naples.* 281

obtenir promptement le miracle. Quand il se passe un peu trop de temps, on est fort porté à l'imputer à la présence de quelque hérétique. Ainsi le 24 Nov. 1730, le miracle ayant un peu tardé, on pensa que le Consul d'Angleterre, qui étoit présent, en étoit cause, on lui proposa honnêtement d'aller voir les beautés qui sont dans le reste de la Cathédrale, & il n'eut pas été sûr pour lui de vouloir s'en défendre; on a prétendu que le miracle se fit aussi-tôt qu'il fut éloigné.

Le 6 de Mai, l'une des fêtes de S. Janvier, le miracle se fait aussi avec beaucoup de pompe, devant le *Seggio*; on forme dans la rue une espece d'Eglise que la procession peut traverser : les décorations & les ornemens de l'architecture sont en bois, disposés avec beaucoup de richesse ; on apporte sur le midi la tête de S. Janvier, & sur le soir le reliquaire, où est le sang, arrive aussi en procession. Tous les couvens de la ville y sont, chacun avec la croix, ornée d'une espece de banniere ; ensuite viennent les Curés & presque tout leur clergé, les statues des différens Patrons de la ville au nombre de 32, toutes d'argent, ornées superbement : le miracle se fait ensuite, & se continue pendant l'octave tous les jours à la premiere Messe.

Ce miracle est un objet perpétuel de dévotion & d'étonnement pour tous les Napolitains : voici de quelle maniere s'exprime François de Pietri, Jurisconsulte & Poëte Napolitain, au sujet de ce miracle périodique.

Nondum credis Arabs, Scythicis quin Barbarus oris
 Confugis ad veræ Religionis iter ?
Aspice, palpa hæc : stat longum post Martiris ævum;
 Incorruptus adhuc, & sine tabe cruor.
Imo hilaris gliscit, consurgit, dissilit, ardet.
 Ocyor, extremæ est impatiensque tubæ.
Perfidus an cernis capiti ut cruor obvius, ante
 Frigidus, & durus ferveat & liqueat ?
Capte vel asperior vel sit adamantinus Afer
 Sanguine quin duro sponte liquente, liques ?

Il y a pourtant même à Naples quelques incrédules, & quelques personnes qui croient qu'on fait une préparation dans la machine ; ils disent qu'on a vu un temps où elle étoit dérangée, & où le miracle ne se faisoit point ; que dans d'autres occasions il se faisoit sans que la tête fût approchée du sang. M. l'Abbé de Vougny fut témoin en 1730. que le sang sortit tout liquide de l'armoire, où il est gardé, & que le lendemain matin il n'avoit point repris sa consistance. Quelquefois il ne faut pas deux minutes, & quelquefois il faut plus d'un jour pour la liquéfaction. Addison dit que « les » Napolitains semblent avoir copié cette » prétendue merveille d'une que l'on » montroit dans une ville du royaume » de Naples, au temps d'Horace : »

. . . . Dehinc Gnatia lymphis
Iratis extructa dedit risusque, jocosque,
Dum flammâ sine, thura liquescere limine sacro
Persuadere cupit. Credat Judæus Apella,
Non ego ; L. 1. Sat. 5. v. 97.

Jean Hubner, dans sa Géographie Universelle, (T. II. p. 495.) assûre qu'un Sçavant d'Allemagne a montré à Berlin, par le moyen de la Chimie, le secret de composer une liqueur, dont l'effet étoit semblable à celui du sang de S. Janvier ; que toute l'opération consistoit à laisser entrer un peu d'air dans le vase où la liqueur coagulée est renfermée, & qu'aussi-tôt cela produisoit la liquéfaction.

Un Sçavant, aussi illustre par sa naissance que par ses lumieres, a fait faire un ostensoir, ou reliquaire, semblable à celui de S. Janvier, avec des fioles ou ampoules de même forme, remplies d'un amalgame d'or & de mercure avec du cinabre, qui imite par sa couleur le sang coagulé : pour rendre cet amalgame fluide, il y a dans le creux de la bordure, ou de l'entourage du reliquaire, un réservoir de mercure coulant, avec une soupape qui, en retournant le reliquaire, s'ouvre pour laisser entrer du mercure dans la fiole. L'amalgame devient alors coulant, & imite la liquéfaction : mais cela s'appelle seulement une hypothese de Physique, propre à expliquer un effet ; il est naturel à un grand Physicien de vouloir tout expliquer & tout imiter : au reste Simon le Magicien imitoit bien les miracles de S. Pierre, & Pharaon ceux de Moyse ; l'imitation doit être bien plus excusable dans un Physicien.

Le sang de S. Janvier qui est dans la Cathédrale, n'est pas le seul qui se liquéfie à des temps marqués. On montre encore de ce sang à S. Jean de Carbonara : on en raconte autant de celui de S. Etienne, de S. Pantaléon, de Ste. Patrice, de S. Vite, & de plusieurs autres ; il faut voir le Peré Pietra Santa, Jésuite, qui a fait à ce sujet un ouvrage en trois volumes qui a pour titre *Taum-*

mafia, ou des miracles perpétuels de notre sainte foi. Voyez aussi M. Groslée p. 104.

SANTI APOSTOLI, grande & belle Eglise bâtie à l'endroit où étoit autrefois un temple de Mercure; elle fut consacrée aux saints Apôtres par l'Empereur Constantin; c'étoit une Eglise paroissiale dès l'an 489 & même une Cathédrale suivant quelques Auteurs. Elle fut donnée en 1570 aux Théatins qui ont été toujours à Naples dans la plus grande considération, & qui l'ont fait rebâtir en 1626, aidés des libéralités d'Elizabeth Duchesse de Guercia, & sur les desseins du P. François Grimaldi Théatin. Elle est une des plus belles & des plus ornées qu'il y ait en Italie & même à Naples; la coupole est bien prise & bien éclairée; la voûte de l'Eglise & celles des grandes chapelles sont peintes de la main du Lanfranc, de même que les tableaux du chœur: on admire dans cette voûte le feu de la composition, un grand caractere de dessein & nombre de beautés de détail; il est fâcheux que ce morceau soit âcre de tons & que les figures n'y plafonnent pas.

On remarque aussi quatre tableaux de

_{Saints Apôtres.}

Luc Jordans ; le premier dans la croisée à droite représente la Naissance de la Vierge, le second à l'opposite la Présentation de la Vierge au temple ; ils sont l'un & l'autre d'une couleur charmante, & d'un dessein dont le style retrace parfaitement les graces de Pierre de Cortonne ; on y trouve seulement quelques figures trop courtes : le troisieme & le quatrieme tableau sont dans la croisée à gauche ; ils ne sont pas de la même force que les deux premiers.

La coupole est de Binaschi ; les lunettes de plusieurs chapelles sont de Solimene ; il y a au-dessus de la grande porte une piscine probatique, beau tableau de Viviani.

Le grand autel est en marbre, orné de bronzes dorés, avec un tabernacle dont les colonnes sont de jaspe, & qui est garni d'autres pierres précieuses, avec des statues ; le tout est de la composition du P. Anselme Cangiano, Théatin ; les deux grands chandeliers de bronze sont formés par les attributs des quatre Evangélistes, l'aigle de S. Jean, le lion de S. Marc, le taureau de S. Luc, l'Ange de S. Mathieu, qui sont grouppés avec art ; l'idée est de *Giuliano Finelli* ; ils ont été fondus par *Berſolino* de Florence.

La chapelle Filomarino qui eſt à gauche dans la croiſée a été faite ſur les deſſeins du célébre Borromini; elle eſt toute en marbre avec des Vertus en moſaïque, executées par Calandra de Verceil, d'après les originaux du Guide que le Cardinal Barberini donna au Roi d'Eſpagne. Au-deſſus de l'autel eſt un bas-relief très-eſtimé qui repréſente un concert d'enfans, par François Flamand; il eſt très-précieux par le caractere de vérité & les graces naïves avec leſquelles ces enfans ſont rendus, de même que par un beau fini. Il y en a d'autres encore qui rendent cette chapelle de la plus grande beauté; ils ont été faits à Rome par les plus habiles Artiſtes, du temps du Cardinal Aſcanio Filomarino qui vivoit en 1650.

La chapelle de la Conception qui eſt à droite eſt auſſi décorée en marbres avec goût & avec nobleſſe. La ſacriſtie eſt fort belle & poſſéde un tréſor fort conſidérable d'argenterie.

Dans les charniers, eſpece de grand cimetiere, on trouve une chapelle & un grand nombre de peintures qui repréſentent différentes hiſtoires de l'ancien

Testament relatives à la mort. C'est là qu'est enterré le célèbre Poëte *Marino*, son portrait est peint sur le mur; on lui a fait deux épitaphes, dont l'une est sur un marbre & l'autre sur un mur; voici une des deux épitaphes (a).

D. O. M. Joannes Baptista Marinus Neapolitanus, inclytus Musarum Genius, elegantiarum Parens H. S. E. natura factus ad lyram, hausto e Permessi unda volucri quodam igne Poëseos grandiore ingenii vena efferbuit. In una Italica dialecto Græcam, latiam, ad miraculum usque miscuit Musam : eggregias priscorum Poëtarum animas expressit omnes ; cecinit æquâ laude sacra profana : diviso in bicipiti Parnasse ingenio, utroque eo vertice sublimior. Extorris diu patria, rediit Parthenope syren peregrina, ut propior esset Maroni Marinus. Nunc laureato cineri marmor hoc plaudit, ut accinit ad æternam Cytharam famæ consensus.

L'autre épitaphe plus courte & plus simple lui fut faite par l'Académie des Humoristes dont il avoit été le chef. Le Duc de Savoye Charles Emanuel avoit

---

(a) Il y a un autre monument élevé à l'honneur de Marino dans la paroisse de S. Anello, qui est près de la Cathédrale.

fait Marino Chevalier des Ordres de S. Lazare & de S. Maurice; c'est pour cela qu'il est toujours appellé le Cavalier Marino, ou Marini, car les Italiens varient eux-mêmes dans leurs terminaisons. On voit par une lettre que le Cardinal Bentivoglio lui écrivoit à Paris en 1620 avec quel empressement on désiroit de voir paroître ses poésies, & quel cas on en faisoit: *oh che vena! oh che purita! oh che pellegrini concetti.* Mais il lui recommandoit sur-tout d'ôter les choses trop galantes de son Poëme de la mort d'Adonis; il l'invitoit aussi à ne faire aucun cas des traits de la malignité & de l'envie qu'il avoit essuyés plusieurs fois, & auxquels il étoit trop sensible. Ce grand Poëte mourut en 1625, à l'âge de 29 ans. Les Théatins conservent quelques-uns de ses manuscrits; ils faisoient partie d'une collection où il y en avoit beaucoup d'autres en différentes langues, que l'Empereur demanda pour son cabinet de Vienne en Autriche, dans dans le temps qu'il avoit le Royaume de Naples: la même chose est arrivée à plusieurs maisons religieuses de la ville.

S. Giovanni a Carbonara, Eglise d'Augustins, située sur une grande & large rue qui est à la partie septentrionale de Naples le long des anciens murs; cette rue est appellée *Strada di Carbonara*, peut-être parce qu'on y vendoit anciennement des charbons. Pétrarque nous apprend que les jeunes gens s'y exerçoient à des jeux ou combats de Gladiateurs en présence même du Roi. L'Eglise de S. Jean fut fondée en 1343 par Gautier Galeota Gentilhomme Napolitain, homme riche, qui suivant la maniere de penser de son siécle s'imagina pouvoir expier ses péchés en donnant sa maison & son bien aux PP. Augustins, qui y bâtirent une Eglise à l'honneur de S. Jean-Baptiste. Cette Eglise renferme un vaste mausolée gothique élevé à Ladislas Roi de Naples, qui vers l'an 1400 fut un des bienfaiteurs de cette Eglise; il est composé de plusieurs niches remplies de grand nombre de figures. Ce Héros y est représenté à cheval & l'épée à la main, dans la partie la plus elevée; un peu plus bas on le voit encore, mais assis à côté de la Reine Jeanne sa sœur qui lui éleva ce monument, & on y lit ces deux épitaphes où l'on a tâché d'exprimer & l'étendue de ses projets & la rapidité de ses conquêtes; la première, placée dans le lieu le plus haut, est conçue en ces termes:

Improba mors, hominum heu semper obvia rebus,
Dum Rex magnanimus totum spe concipit orbem,
En moritur, saxo tegitur Rex inclytus isto;
Libera sydereum mens ipsa petivit Olympum.

La seconde épitaphe qui est sous la corniche d'en bas, est de Sannazar.

Qui Populos belli tumidos qui clade Tyrannos
Perculit intrepidos, Victor terraque marique,
Lux Italum, Regni splendor clarissimus hic est
Rex Ladislaus, decus altum, & gloria Regum,
Cui tanto, heu lacrymæ ! soror illustrissima fratri
Defuncto pulchrum dedit hoc Regina Joanna :
Utraque sculpta sedens Majestas ultima Regum
Francorum soboles, Caroli sub origine primi.

Près du grand autel on a élevé un monument à Jean Caracciolo, qui étant grand Sénéchal de Naples, favori de la Reine Jeanne II, & pour ainsi dire maître du Royaume, fut assassiné par la Duchesse de Sessa, d'autres disent par Ruffo ou par les ordres même de la Reine, en 1432; les Reines qui ont osé manquer aux bienséances de leur sexe, en ont ordinairement perdu la douceur & ont été aussi cruelles que debauchées. Ce fut dans le palais de la Vicairerie, à l'en-

N ij

droit où est à présent le tribunal de la Zecca que cet assassinat fut commis ; on peut voir dans *Costanzo* avec quelle pompe il fut enterré. La Reine lui fit élever un tombeau, & l'on y mit en 1433 cette épitaphe qui est de Laurent Valla.

Nil mihi, ni titulus, summo de culmine deerat
(Reginâ morbis invalidâ & senio)
Fecunda Populos proceresque in pace tuebar,
Pro Dominæ imperio nullius arma timens.
Sed me idem livor qui te fortissime Cesar
Sopitum extinxit, nocte juvante dolos.
Non me sed totum lacerat manus impia regnum,
Parthenopeque suum perdidit alma decus.

La chapelle des Marquis de Vico est ornée de marbres & de sculptures très-estimées : les quatre statues des niches furent faites à l'envi par Santa Croce, Jean de Nola, Cacaviello, & Pierre della Piata, les plus habiles Sculpteurs de leur temps. C'est une des plus belles chapelles de Naples.

La sacristie est ornée de peintures de Vasari ; on y conserve une petite chapelle d'albâtre que le Roi Ladislas portoit même à la guerre. On y montre la liquéfaction du sang de S. Jean-Baptiste, comme celle du sang de S. Janvier à la Cathédrale;

mais le fang de S. Jean, qui à S. Grégoire ne fe liquéfie que le jour de fa fête, fe liquéfie ici dès les premieres Vêpres & jufqu'à la fin de l'octave. Les Auguftins poffédent une belle bibliotheque donnée par le Cardinal Seripand, dans laquelle il y a des manufcrits rares, qui avoient été raffemblés par Antoine Seripand fon frere; celui-ci eft enterré dans une chapelle qui eft au-deffous de la bibliotheque avec une épitaphe où l'on voit qu'il mourut en 1538.

Dans la même rue de Carbonara eft le palais du Prince de *Santo Buono Caracciolo*, où le Duc de Guife habita en 1647, dans le temps qu'il étoit à Naples avec l'intention de fe mettre à la tête du peuple. Il y a beaucoup d'autres palais confidérables dans cette rue.

Sᵗ. CATARINA A FORMELLO, Eglife des Dominicains de la Congrégation de Lombardie, ainfi appellée à caufe des conduites ou aquéducs de la ville qu'on appelle *Formali*, qui font à Naples comme une ville fouterraine; il y a même dans les environs une efpece d'abreuvoir pour les chevaux qu'on appelle *Formello*, derriere la Vicairerie, c'eft-à-dire près de Ste. Catherine. Cette Eglife fut rebâtie en 1499, aussi-bien que le couvent, sur les desseins d'Antoine de Florence qui y fit une coupole, la premiere qu'on ait vue à Naples : car c'est à Florence où ce genre, noble mais difficile, de construction, avoit pris naissance, comme nous l'avons dit en parlant de celle que Brunneleschi avoit fait à la Cathédrale de Florence. L'intérieur de l'Eglise est orné de dorures & de peintures de Rossi. Il y a dans le couvent une Apothicairerie riche & fameuse où l'on voit une collection d'Histoire naturelle & d'antiquités, qui a été formée il y a déja long-temps par P. Maurizio di Gregorio.

Vicaria. LA VICARIA est le palais de Justice où s'assemblent les tribunaux ordinaires; c'est un grand bâtiment isolé dont les murs sont très-élevés & très-forts, qu'on appelloit autrefois *Castello Capuano* à cause du voisinage de la porte de Capoue, & *Normannia*, à cause de Guillaume le Normand qui l'avoit fait bâtir; il fut ensuite augmenté par l'Empereur Frederic sur les desseins de Jean de Pise, vers l'an 1200 ; ce fut la résidence des Rois de Naples jusqu'à Ferdinand I. Le Viceroi Pierre de Tolede en 1540 y plaça les tribunaux de Justice & les prisons.

On y monte par trois escaliers; la grande salle où l'on entre d'abord est garnie de bancs pour les écrivains, elle est le rendez-vous des plaideurs & des gens d'affaires; ils s'y rassemblent tous les matins en si grand nombre qu'on a peine à traverser, quoique la grande salle soit de grandeur à contenir plus de deux milles personnes. Je n'ai pu m'empêcher de plaindre une ville où le nombre des plaideurs m'a paru si fort au-dessus de celui de Paris, quoique la population ne soit pas la moitié de celle de notre capitale; il faut que l'esprit de subtilité, de chicane, d'obstination, qu'on a reproché aux Espagnols, se soit bien établi parmi les Napolitains.

Il y a ensuite six salles où se tiennent les chambres de Justice, *Ruote grandi*, composées chacune d'un Président, *Capo di Rota*, & de quatre Conseillers; le premier Président, *Presidente*, siége dans celle qu'il juge à propos de choisir.

La Camera della Sommaria, ou la chambre des Comptes, a aussi deux tribunaux, *Rota grande*, *Rota mezzana*, où siégent le Lieutenant & les Présidens qui jugent des affaires de finance. La Vicairerie civile où se jugent les affaires en première instance, a deux Rotes; la Vicairerie criminelle en a une: nous parlerons dans le Chapitre XIV de la maniere dont on y traite les affaires. Ce bâtiment contient encore plusieurs chapelles & grand nombre d'autres salles pour les Greffiers, les Archivistes, & le Tribunal des Monnoies & des Mesures, ou de la *Zecca*. Dans la cour, au-dessous du lion, sont enterrés les originaux des Mesures de Naples, afin qu'on ne puisse ni les altérer ni les enlever; les copies grossieres qu'on en a faites sont entre les mains du *Campione* & servent à l'usage journalier de la ville; mais cette précaution singuliere est cause qu'il n'y a rien d'aussi grossier & d'aussi incertain que les mesures du blé & du vin que l'on emploie journellement à Naples: je rendrai compte dans le Chapitre XVIII des soins que j'ai pris pour avoir quelques notions précises à ce sujet.

Hôpital général.
L'ANNUNZIATA, grand & bel hôpital, le plus riche du Royaume de Naples, fut fondé en 1304 par Nicolas & Jacques Scondito, & la Reine Jeanne II l'augmenta en 1343. On y reçoit tous les blessés, & les malades de maladies aiguës, sans distinction ni recommanda-

tion, les foux, les enfans trouvés qu'on porte dans le tour, les enfans orphelins, les filles repenties, les femmes qui ne peuvent vivre avec leurs maris, *malmaritate*; enfin l'opulence de cette maison s'étend à tous les genres de bonnes œuvres; elle entretient des maisons de campagne où l'on envoye les convalescens, soit pour le bon air, soit pour leur faire prendre les eaux.

Il y a même un revenu consacré à acquiter tous les ans des dotes plus ou moins considérables, que cette maison est obligée de payer pour l'établissement d'un certain nombre de filles, en conséquence des dispositions testamentaires de différens bienfaiteurs; enfin elle entretient deux chœurs de musique, cent Prêtres, trente Clercs de chapelle, & paye tous les maîtres convenables pour l'instruction de ces derniers. On lit sur la principale porte de cet hôpital cette inscription :

Lac pueris, dotem innuptis velumque pudicis
Datque medelam ægris hæc opulenta Domus.
Hinc merito sacra est illi, quæ nupta, pudica,
Et lactans, Orbis vera Medela fuit.

L'Eglise étoit fort ornée, mais quoiqu'elle ne fut que de l'an 1540, on s'est cru obligé de l'abattre, & l'on en bâtit une nouvelle sur les desseins de Vanvitelli, qui sera un chef-d'œuvre d'architecture moderne; il n'arrive que trop souvent dans les hôpitaux riches qu'on donne dans ce luxe de bâtimens qui épuise une maison, & éloigne le véritable emploi & la juste destination de ses revenus.

Parmi les tableaux dont l'ancienne Eglise étoit décorée & qui seront placés aussi dans la nouvelle Eglise, on remarquoit les Noces de Cana, grand tableau de Massino: la composition en pourroit être mieux entendue; il est d'ailleurs bien dessiné, & les têtes en sont belles.

Six tableaux de Luc Jordans où les graces du pinceau brillent de toutes parts, sans effacer pourtant les défauts attachés à sa maniere & dont un œil délicat ne s'apperçoit que trop promptement; les sujets de ces tableaux sont, la Reine de Saba, la Lutte de Jacob, l'Ange & Tobie, Jacob qui léve la pierre du puits, le Cantique de Marie sœur de Moïse, David qui joue de la harpe.

SAN PIETRO AD ARA, Eglise des Chanoines de Latran, bâtie dans l'endroit où l'on croit que logea S. Pierre l'an 44 de J. C. lorsqu'il passa par Naples pour aller à Rome ; il y convertit S. *Aspremo* & S*a*. *Candida*, & y jetta les premieres semences de la Religion Chrétienne.

CHAPITRE XIII.

Quartier des Carmes & du Marché.

IL MERCATO, grande place des Carmes ; c'est la plus ancienne de Naples & la plus fréquentée par la populace ; elle a 110 toises de long sur 80 de largeur ; dans le milieu est une fontaine du Cavalier Cosmo. C'est là que se tient le grand marché du peuple le lundi & le vendredi ; on y fait les exécutions, & la potence y est toujours plantée : c'est une chose qui n'est pas indifférente dans une ville où il y a tant de gens oisifs & pauvres, & sur une place où les séditions ont ordinairement pris naissance.

De toutes les exécutions qu'on y a faites, la plus célebre, mais la plus révoltante qu'on puisse lire, est celle du jeune Conradin qui devoit être Roi de Naples

Place du Marché.

comme légitime héritier de son pere Conrad : ce jeune Prince excommunié par le Pape à cause des démêlés de son pere avec le Saint Siége, étoit venu à Naples accompagné de Frédéric Duc d'Autriche ; mais Charles d'Anjou, frere de S. Louis, les défit ; ils furent trahis dans leur fuite, livrés entre ses mains, & on leur coupa la tête sur la place du marché en 1268. On a bâti une petite chapelle & placé une croix dans l'endroit même de cette indigne exécution ; on en voit la peinture dans l'intérieur de la chapelle. Il y a sur l'autel une grosse colonne de porphyre à l'extrémité de laquelle on lit ces deux vers écrits en vieux caracteres, tout au tour du fût de la colonne.

Asturis ungue leo pullum rapiens aquilinum,
Hic deplumavit, acephalumque dedit.

Cela fait allusion à l'aigle Impérial & au nom d'un Seigneur d'Astura qui livra Conradin au Roi de Naples. L'endroit où se fit l'exécution est marqué par une plaque de marbre ; comme ce lieu est bas, il est humide par lui-même & paroît presque toujours mouillé : les Napolitains qui cherchent du merveilleux jusque dans des plus petites choses, disent que c'est un miracle perpétuel qui prouve l'innocence du jeune Prince, & le crime de son meurtrier.

Dans une des rues qui aboutissent au marché, & vis-à-vis sainte Marie *dell' Avvocata*, est un endroit appellé *Capo di Napoli* à cause d'une tête de femme qu'on dit représenter Parthenope; elle est élevée sur un piedestal, ses cheveux sont tressés à la grecque, mais ayant été peinte & restaurée, il est difficile d'y reconnoître le bel antique.

IL CARMINE, Eglise des Carmes, avec un couvent, célebre dans l'histoire de Naples. L'Eglise est la plus fréquentée de la ville à cause de la place qui est toujours pleine de monde, & de l'ancienne dévotion de tout le peuple de Naples. Le Roi même y va tous les samedis, suivant un ancien usage que les Vicerois ont toujours observé. Ce fut la premiere Eglise qu'eurent les Carmes lorsqu'ils vinrent s'établir à Naples; elle étoit alors très-petite, mais elle fut considérablement augmentée par l'Impératrice Marguerite, mere de Conradin; elle venoit à Naples pour retirer son fils des mains de Charles I, mais l'infortuné Conradin ayant été décapité quelques

[marginalia: Les Carmes*]*

jours auparavant, elle n'eut plus d'autre consolation que celle de pourvoir à sa sépulture, & d'appliquer à ce couvent les sommes qu'elle avoit préparées pour la rançon de son fils. Elle fit transférer son corps de la chapelle de la Croix à l'église des Carmes, où il fut enterré près du maître-autel.

Il n'y a dans l'Eglise des Carmes qu'un tableau qui soit fort digne d'attention : c'est une Assomption de Solimene, placée dans une chapelle de la croisée à droite. Quoique ce morceau ne soit pas exempt des défauts familiers à ce Peintre, l'on trouve peu d'ouvrages de lui aussi bien coloriés, & où il y ait plus d'accord ; la gloire des petits anges est très-aërienne.

Dans la chapelle qui est à gauche il y a un tableau de Matteis ; la chapelle du Crucifix est peinte par Solimene : les peintures des Arcs, où l'on a représenté la Vie de J. C. sont de Louis le Sicilien.

On porte une grande vénération à une image de la Vierge connue sous le nom de *Santa Maria la Bruna* (Ste. Marie la Brune) que l'on prétend avoir été peinte par S. Luc ; elle est placée sur le maître autel.

On ne manque pas aussi de faire remarquer le Crucifix miraculeux placé au milieu de cette Eglise : selon la tradition du pays, il baissa la tête pour éluder un boulet de canon qui n'enleva que sa couronne d'épines : il n'est pas permis à Naples de douter de cette histoire : on montre même le boulet suspendu près de-là. C'étoit dans le temps que Naples étoit assiégée par les troupes d'Alfonse I, commandées par Don Pietro son frere, qui paya ce miracle de sa tête, ayant été tué ensuite d'un coup de canon dans l'Eglise même de Notre-Dame des Graces qui n'en est pas éloignée. Le thrésor de la sacristie est très-riche, on y conserve un calice & une couronne d'or, entourés de diamans, une belle lampe donnée par le Cardinal Filomarino, & beaucoup d'argenterie.

Le couvent des Carmes est très-vaste, il a servi plus d'une fois pour les assemblées & les consultations des Magistrats & des Députés du Peuple, dans les cas extraordinaires de mécontentement; car les assemblées ordinaires se tiennent dans le cloître de l'Eglise de S. Laurent, ainsi que nous l'avons déja remarqué.

Le principal dortoir est très-beau, &

donne sur la mer; on y montre, comme le dit l'Auteur des Délices de l'Italie, l'endroit où le fameux Masaniello fut assassiné, dix-huit jours après l'établissement de sa république en 1647. Il y a cependant des Historiens qui disent que l'on n'a jamais su au juste quel avoit été le genre de sa mort, mais qu'on avoit soupçonné seulement le Duc d'Arcos, Vice-roi de Naples, de l'avoir fait empoisonner. Quoi qu'il en soit, la mémoire de ce célèbre révolté est encore tellement en honneur parmi le peuple, que quand les Commis veulent faire quelques vexations, il ne manque guères de leur crier, *Masanielli non sono morti*.

Dans un des cloîtres du couvent, Balducci a peint la vie de S. Elie, & de plusieurs Saints de l'Ordre des Carmes.

La tour appellée *Torrione del Carmine*, faisoit partie du couvent, mais en 1647 les rebelles s'en étant servi pour battre les vaisseaux du Roi qui étoient vers le môle, & le Duc de Guise s'y étant ensuite retranché, comme nous l'avons dit, on en a fait une espece de forteresse, on y a construit un bastion, & l'on a laissé subsister le couvent presque dans le milieu des fortifications.

PORTA REAL DELLA MARINA, porte de ville qui donne sur le rivage de la mer, à côté du Torrion, dans le chemin de Portici ; cette plage s'appelle *Marina di Loreto*, à cause d'une Eglise de Notre-Dame de Lorette qui est près de-là, & qui a donné le nom à tout le fauxbourg appellé *Borgo di Loreto*.

LA CAVALLERIZZA, bâtiment où sont les écuries du Roi, & un grand manége dans lequel on dresse les chevaux, il est près du pont de la Magdeleine : les chevaux Napolitains étant d'une très-belle race, les étrangers ne manquent pas d'aller voir ceux du Roi, qui sont bien choisis & bien entretenus ; les bâtimens sont vastes. Les académies de manege de Naples & de Turin sont celles de toute l'Italie, où l'on enseigne le mieux à monter à cheval.

Le pont de la Magdeleine est un grand & beau pont, de pierres de taille, sous lequel passe le reste du *Sebeto* pour se jetter dans la mer.

Il bel Sebeto accolte in piccol fluvio.

Sannazar.

LE CONSERVATOIRE de Ste. Marie de Lorette qui est près de-là, est un hôpital pour les orphelins, qui sont éle-

Conservatoires.

vés par les Peres Somasques, & dans lequel on leur apprend sur-tout la Musique; c'est un des endroits les plus célebres de Naples, par le nombre des Musiciens & des Chanteurs excellens qui en sont sortis : mais il y en a encore plusieurs autres, tels que celui de la Pieta, celui de S. Onofrio, &c. où l'on trouve jusqu'à 100, ou 150 enfans dans chacun, & qui sont célebres aussi pour la Musique ; nous en parlerons dans le Chapitre XVI.

Les autres Conservatoires qui sont au nombre de 37 à Naples, sont des especes d'hôpitaux, où l'on retire des enfans, & souvent des personnes âgées, presque toujours des femmes ; on les entretient, & elles travaillent pour la maison ; on compte jusqu'à 1000 personnes dans celui de S. Janvier, 400 dans celui de S. Philippe & S. Jacques, 200 dans celui de S. *Nicola a nido*, & autant dans celui de la Visite des Pauvres ; il y en a un qui avoit été spécialement institué pour l'art de la laine, *Conservatorio dell' arte della Lana*, un pour les filles des Notaires, un pour les Orfévres. Les Italiens ont toujours poussé à l'extrême les établissemens de piété, mais ils sont encore plus communs à Naples que dans le reste de l'Italie.

La Ménagerie du Roi est aussi au bout du fauxbourg de Lorette, & elle mérite d'être vûe à cause du nombre d'animaux étrangers qu'on a coutume d'y élever.

Borgo S. Antonio, ou *Borgo-del fuoco*, fauxbourg S. Antoine, situé un peu plus au nord que celui de Lorette, du côté de la montagne; c'est l'un des plus grands qu'il y ait à Naples, & c'est celui par lequel on arrive quand on vient de Rome.

L'Eglise de S. Antoine Abbé, qui donne le nom à ce fauxbourg, est ancienne; c'étoit un hôpital fondé par la Reine Jeanne, aujourd'hui c'est une Abbaye commendataire; on y conserve un tableau en huile, qu'on assure avoir été peint par *Antonio di Fiore*, vers l'an 1362, ce qui a fait dire que la peinture en huile étoit plus ancienne que ne le dit Vasari, qui en attribue l'invention à Jean de Bruges.

Les Religieux de l'Abbaye de S. Antoine sont en possession de bénir les chevaux & sur-tout les cochons de la campagne, & de les marquer avec un fer chaud ; le cochon béni en se mêlant dans les troupeaux y attire la bénédiction du Ciel , & il rend ces animaux respectables à certains égards ; aussi trouve-t-on dans les maisons de paysans les cochons autour du feu, pêle-mêle avec les enfans & les chiens. Quand le cochon béni est bien gras , on le porte aux Religieux qui en marquent un autre. On conduit aussi des chevaux autour de cette Eglise le jour de S. Antoine , pour les faire bénir.

L'Eglise des Capucins appellée *S. Effrem vecchio* , est placée à l'endroit par où l'on entroit dans les Catacombes , comme nous l'avons dit en parlant de l'entrée qui est à l'hôpital S. Janvier.

Du côté appellé l'*Arenaccia* , en allant à Ste. Marie del Pianto , il y a une colline appellée *Lottrecco*, depuis que le Maréchal de Lautrec, (Odet de Foix) y campa, & y mourut en assiégeant la ville de Naples en 1528. Il désiroit beaucoup de conserver les édifices de la ville & d'épargner le canon, en conséquence il essaya de forcer les assiégés à se rendre, en détournant les eaux qui alloient à Naples ; mais cela ne servit de rien , parce qu'il y a beaucoup de puits & de sources dans la ville ; les eaux qu'il avoit arrêtées s'accumulerent, formerent un marécage qui mit la contagion dans son camp, une partie de son armée y périt, il mourut lui-même, & fut ensuite enterré à Ste. Marie la Neuve du côté du Mont Olivet. Le peuple de Naples a été long-temps persuadé que les François y avoient enterré de l'artillerie & des thrésors, & l'on y a fouillé inutilement plus d'une fois.

IL SERRAGLIO, grand hôpital que l'on bâtit pour y servir d'asyle aux pauvres, suivant l'inscription qui est sur la porte, *Regium totius regni pauperum Hospitium*. Charles III qui l'a fait commencer en 1752, se proposoit d'y établir des métiers, où l'on occuperoit une partie de ces vagabonds qui sont en plus grand nombre à Naples que dans aucune ville d'Europe; le bâtiment est de M. Fuga, habile architecte; il paroît d'une étendue à contenir trois à quatre mille personnes, comme nos hôpitaux de la Salpétriere & de Bicêtre.

Une autre grande rue du même fauxbourg conduit à *Poggio Reale* ; c'est un château, ou maison de plaisance, bâti par Ferdinand I, vers l'an 1490, avec des jardins considérables qui servoient à

Poggio Reale.

la promenade des Rois de Naples, & ensuite à celle du public: la Reine Jeanne s'y plaisoit spécialement; mais depuis long-temps cette promenade est abandonnée, & les jardins incultes; les eaux qui servoient à son embellissement, ne forment plus que des marais qui en ont rendu l'air mal sain, ou des ruisseaux qui font aller des moulins; les conduites de plomb ont été enlevées, les statues transportées ailleurs, les peintures sont presque effacées; on n'y trouve plus que l'agrément d'un terrein plat & bien cultivé, & d'une solitude bien placée. Ce n'est plus la promenade à la mode, on va maintenant à Chiaia, sur le Môle, & sur le nouveau quai qui conduit au pont de la Magdeleine.

Autrefois depuis ces jardins jusqu'à la mer il y avoit un parc où le Roi Alfonse prenoit souvent le plaisir de la chasse; ce sont actuellement des potagers, c'est-à-dire, des marais pour l'usage de la ville.

Le grand chemin qui passe à Poggio Reale conduit dans l'Apouille, & dans les provinces de *Lecce* & de *Bari*, & surtout au fameux couvent de *Monte Vergine*, auquel le peuple de Naples a une si grande dévotion. On y conserve une

<small>Monte Vergine.</small>

CHAP. XIII. *Description de Naples.* 311

très ancienne image de la Vierge qui étoit autrefois dans le palais des Empereurs de Constantinople, elle est d'une taille colossale, & on la dit de S. Luc. On est persuadé qu'on ne peut porter de la viande, ni aucun aliment gras dans cette Eglise sans que le tonnerre y gronde. M. de Vougny dit dans un Voyage d'Italie manuscrit, que le 29 Oct. 1730 le Viceroi y étant, il vint à tonner, un homme de sa suite se trouva porter dans sa poche quelque chose de gras, & il courut grand risque de la vie. Les reliques de cette Eglise sont d'un genre également singulier ; ce sont, par exemple, les trois Enfans de la fournaise.

LA GROTTA *degli Sportiglioni*, la grotte des lézards, qui est sous la montagne de Lautrec, près du chemin de Poggio Reale, est une ancienne grotte creusée sous le roc, sans que l'on sache dans quel temps & à quelle occasion : on assure qu'elle a une demi-lieue de longueur, & sans doute qu'elle a la même origine que les Catacombes dont nous avons parlé. Une des branches de cette route souterraine qui a 20 pieds de large, a été murée depuis la contagion de 1656 ; on y enterra pour lors plus de

50 mille cadavres. Au-deſſus de cette colline on a bâti une Egliſe appellée *Santa Maria del Pianto*, où l'on prie ſpécialement pour les morts, auſſi le tableau du grand autel repréſente une Vierge qui prie pour les ames, il eſt d'André Vaccaro; on y voit deux autres tableaux de Jordans, qui ſont beaux, quoiqu'ils paſſent pour avoir été faits en deux jours. Quand on eſt devant cette Egliſe, le coup-d'œil eſt admirable, l'on voit une grande partie de Naples, & des campagnes charmantes qu'arroſe le Sebeto.

Aquéducs. La ville de Naples, ainſi que la plûpart des villes d'Italie, eſt très-bien fournie d'aquéducs & de fontaines; il y a deux grandes ſources qui ſe diſtribuent dans toute la ville; l'une s'appelle *Acqua de' Carmignani*, l'autre *Acqua vecchia*; la premiere a ſa ſource vers Sta. Agata, 26 milles au nord-eſt de Naples, elle paſſe à Poggio Reale, & fournit aux fontaines du palais & de Chiaia. La ſeconde qui eſt appellée auſſi *Acqua della volla*, a deux ſources éloignées qui viennent ſe réunir à la Volla à deux lieues de Naples, & vont delà au fauxbourg St. Antoine, au marché, au port, au château,

teau, & à l'arsenal. Les aquéducs qui regnent sous le pavé des rues de Naples, sont très-larges & très-beaux; ils ont servi deux fois à la prise de cette ville, d'abord par Bélisaire, ensuite par Alfonse I.

CHAPITRE XIV.

Du Gouvernement de Naples.

LE gouvernement de Naples est depuis long-temps monarchique, & pour ainsi dire, absolu, mais la mauvaise administration des Souverains éloignés & des Vicerois mal choisis, a souvent porté le Peuple & la Noblesse à faire des especes de retour vers leur ancienne liberté: nous en avons raconté quelques traits au commencement de ce volume; mais depuis un siécle la souveraineté des Rois de Naples n'a reçu aucune atteinte : les Parlemens de la nation ne s'assemblent plus, les Vicerois ont cessé peu-à-peu de les convoquer, parce que leur autorité en étoit diminuée, & depuis 1642 il n'y en a point eû.

Pendant que Naples étoit sous une domination étrangere, on regardoit ce royaume comme pauvre & foible ; mais le peu de reſſources qu'on en tiroit, venoit du peu de ſoin, ou du peu de talent des Miniſtres. Les Vicerois étoient hors d'état de faire le bien, ils avoient une exiſtance trop courte ; leur miniſtere ſe réduiſoit à faire paſſer l'argent de la nation en pays étranger ; ils n'étoient point en état de contribuer au ſoulagement de l'Etat, non plus que le Lieutenant de la Chambre, qui prépoſé à l'exaction & au recouvrement des ſommes demandées par l'Empereur, étoit en horreur à la Nobleſſe de Naples. Les fonctions du Viceroi duroient trois ans, quelquefois davantage, quand la faveur, ou la politique s'en mêloit ; l'appareil dont il étoit environné, reſſembloit à celui d'un Roi ; on lui élevoit un thrône dans les cérémonies ; ſon palais étoit gardé par des troupes, le cortege toujours formé d'une ſuite de pluſieurs carroſſes ; un des premiers Maréchaux de l'Empire alloit prendre l'ordre tous les jours, les Dames même lui baiſoient la main ; quand la partie de la Vicereine étoit finie, toutes les autres ceſſoient ; enfin il jouiſſoit pour

CHAP. XIV. Gouvernement de Naples. 315
un temps de toute l'autorité & de toute la pompe du Souverain.

Tous ces respects que l'on rend volontiers à un Roi, que sa naissance & ses bienfaits rendent cher à la nation, devoient être insupportables à l'égard du Viceroi ; & je ne suis pas étonné de voir combien les peuples de ces royaumes aiment le jeune Roi qu'ils ont vu naître parmi eux, & qu'ils savent être destiné à ne plus les abandonner.

D'un autre côté le caractere de ce Prince annonce les plus heureuses dispositions ; il s'applique volontiers ; il est docile, plein de bonté, il aime à s'instruire, il n'est ni fier, ni indifférent, il parle peu, mais ses démonstrations sont honnêtes. Il a pour le peuple des sentimens de tendresse, qui se sont manifestés dans l'âge où l'on est le moins sensible. Dans le temps de la disette de 1764 il apprit que plusieurs personnes de la Cour avoient une grande partie liée pour souper à Paulilipe, & que l'on s'en faisoit une fête d'avance. Il savoit qu'alors le peuple manquant de pain gémissoit dans l'attente des secours qu'on espéroit de tous côtés, il ne put s'empêcher de dire à ceux qui étoient près de lui, que c'é-

O ij

toit mal prendre son temps pour des parties de plaisir, & qu'il vaudroit mieux prendre part à la misere publique. Les Ministres apprirent avec joie une réflexion aussi pleine d'humanité, & ils firent rompre le projet.

J'ai oui raconter un autre trait qui décele le bon cœur de ce Prince dans les jeux même de son enfance. Il avoit été sollicité par un de ses gens d'obtenir du Conseil de Régence la liberté d'un forçat; le Prince de S. Nicandre sachant de quelle conséquence il seroit d'enfreindre l'ordre de la justice pour satisfaire un mouvement de compassion, dit au Roi qu'il en feroit la proposition, mais il lui rapporta bientôt une réponse négative: le Roi fut touché de ce refus; mais il s'en vengea d'une maniere qui faisoit honneur à un enfant: il avoit une grande voliere de serins dont il s'amusoit volontiers, il en ouvrit les portes, & fit partir tous les serins en disant: Je n'en puis pas délivrer d'autres.

Don Carlos étant résolu de partir pour l'Espagne, de laisser à un de ses fils le royaume de Naples, & d'emmener l'autre en Espagne, parut quelque temps indécis sur le choix : avant qu'il eût décidé lequel resteroit à Naples, les deux Princes avoient tous les deux une extrême curiosité de savoir l'événement de cette décision, & ils s'adressoient avec impatience à ceux qu'ils pensoient en devoir être instruits : lorsque la chose eut été réglée, chacun regardoit son partage comme le plus agréable. Je suis destiné, disoit le Prince des Asturies, à gouverner les plus vastes Etats qu'il y ait dans les deux mondes. Oui, disoit le Roi de Naples, tu seras Roi peut-être un jour, mais je le suis dès à-présent. En effet il aura bien de quoi se consoler lorsqu'il régnera par lui-même, c'est-à-dire, lorsqu'il aura atteint l'âge de 16 ans ; mais quant à présent la contrainte sévere de son éducation lui laisse jouir bien peu des avantages du thrône ; loin d'enchaîner la liberté des autres, il est fort éloigné d'avoir la sienne (a). Le Roi assiste depuis le mois de Juillet au Conseil de la Régence, & il y dit son avis, mais on a soin de l'inspirer d'avance, pour que cet avis soit toujours de nature à devoir être suivi.

Le Conseil d'Etat & de Régence est composé de neuf personnes ; le Prince de *S. Nicandro*, Gouverneur du Roi ;

(a) Ceci a été écrit en 1765.

Don *Michèle Reggio*, Général des galeres ; le Marquis *Fogliani d'Arragona*, qui eſt Viceroi de Sicile, & par conséquent abſent ; le Marquis de S. Georges, que nous avons vu à Paris ſous le nom de Prince d'Ardore ; le Prince de *Centola* ; le Prince de *Camporeale* ; D. Dominique *di Sangro*, Généraliſſime des armées ; le Prince de *Campofiorito* ; & le Marquis *Tanucci*.

Il y a quatre Sécretaires d'Etat : le Marquis Tanucci a les affaires générales & les affaires étrangeres ; D. Antonio *del Rio* a la Guerre & la Marine ; D. Carlo *de Marco* a les affaires de Juſtice & les affaires d'Egliſe ; D. Gio. Aſſenzio *de Goyzueta* a les affaires de Finance & de Commerce.

M. le Marquis Tanucci eſt le ſeul des quatre qui ſoit du Conſeil de Régence, il eſt de plus Surintendant des poſtes ; la confiance qu'a toujours eue pour lui le Roi d'Eſpagne, avec qui il a une correſpondance habituelle, lui a donné dans les affaires la principale influence. Son mérite l'a élevé ſeul à ce dégré de faveur. Le Roi qui eut occaſion à Piſe de le connoître & de l'eſtimer, voulut ſe l'attacher ; ſa confiance n'a fait qu'aug-

CHAP. XIV. Gouvernement de Naples. 319

menter par les services de ce Ministre;
il l'a créé Marquis & même Chevalier
du grand Ordre de S. Janvier. Le Marquis Tanucci est extrémement laborieux,
desintéressé, modeste & retiré; il n'a
qu'une fille, & ne s'occupe point du soin
de lui laisser une grande fortune : il est
ennemi des prétentions de la Cour de
Rome, & comme il est sincere, il ne
s'en cache point; sa sincérité aussi bien
que sa modestie est une des choses que
j'ai le plus admirées dans la conversation
de ce Ministre. Il s'applique de tout son
pouvoir à réparer par une sage économie les grandes dépenses qu'on a faites,
& l'épuisement des finances du royaume,
& il répond avec zele à toute la confiance du Roi : si la Noblesse se plaint de
lui, c'est par un mouvement naturel à l'égard d'un étranger.

Nous avons parlé des forces maritimes du Roi de Naples à l'occasion du
port; il nous reste à parler des troupes
de terre. Les forces militaires du Roi
de Naples se réduisent à 22 mille hommes effectifs, qui en sont 32 lorsqu'ils
sont complets. Il y a entre autres quatre
régimens Vallons, dont les Officiers sont
la plûpart François, ou du moins Fla-

Etat Militaire.

O iv

mands ; les Capitaines font chargés des recrues comme l'étoient les nôtres ci-devant. Ils ont 111 liv. par mois, & des gratifications qui vont encore à 26 liv. par mois ; les Lieutenans ont 77 liv. les Enseignes 60 ; les soldats ont 4 f. 3 d. par jour avec une livre & demie de pain.

Quoique le gouvernement de Naples soit tout-à-fait monarchique, on a laissé à la Noblesse une espece d'administration, & elle a des assemblées appellées *Siéges* ou *Seggi*. On donne aussi le nom de *Seggi* à ces portiques dont nous avons déja parlé dans la description de la ville : ils sont au nombre de six ; *Seggio di Capuano, Seggio di Nido, Seggio di Montagna, Seggio di Porto, Seggio di Porta nova, Seggio del Popolo*. Chacun des six a un Syndic ou Député, qu'on appelle *Eletto*, Elû ; c'est aux Syndics à convoquer les assemblées, & à y proposer les ordres du Roi : les Syndics ont aussi le gouvernement économique de la ville de Naples, ils sont chargés de veiller à son approvisionnement ; ils ont les ponts & chaussées, donnent les alignemens des rues, préviennent les incendies, &c. Ils sont, quant à cette partie, de véritables Echevins, dont le Syndic du peuple est le Maire. Ils s'assemblent dans une salle qui est au-dessous du clocher de l'Eglise des Cordeliers de S. Laurent, qui leur tient lieu d'hôtel-de-ville, & ils y forment comme un corps municipal, ou un tribunal qui décide toutes les causes concernant l'économie de la ville, avec l'avis des Docteurs en Droit, qui sont attachés pour cet effet au tribunal.

Le Roi, ou plutôt son Ministre, envoie à cette assemblée le résultat des délibérations qu'on a prises dans le Conseil d'Etat : il est conçu quelquefois en forme de Lettres-Patentes, & quelquefois en forme d'Edit ou d'Ordonnance : les Syndics en les recevant baisent les lettres, & promettent de convoquer les assemblées de chaque siége pour un certain jour. Les Nobles étant réunis dans leur siége, & les Députés du peuple dans le leur, les Syndics exposent la volonté du Roi, on va aux opinions, & si le plus grand nombre est pour l'affirmative dans un *Seggio*, les membres de ce siége sont censés adhérer à la volonté du Roi. Il en est de même des autres siéges ; chacun d'eux communique le résultat des délibérations à son Syndic : les six Syndics s'assemblent ensuite dans la salle du couvent de S. Laurent, pour comparer & confronter leurs délibérations respectives, & s'il y en a quatre qui soient pour l'affirmative, la volonté du Roi est enregistrée, & elle est revêtue pour lors de l'autorité législative ; s'il y a trois siéges pour l'affirmative & trois pour la négative, on compte alors les voix comme si les six n'en faisoient qu'un, & l'on s'en tient à la pluralité des voix. Dans ce dernier cas si la pluralité des voix est pour la négative, ou bien s'il y a quatre siéges pour la négative & deux pour l'affirmative, les Seigneurs & le Peuple ne sont point censés adhérer à la volonté du Roi, & l'on arrête des remontrances.

L'Elû du peuple, *Eletto del Popolo*, est spécialement chargé de l'approvisionnement de la ville ; c'est pour l'ordinaire un riche marchand qui par ses correspondances est en état d'y pourvoir ; & s'il n'est pas délicat il peut gagner beaucoup dans cette place.

La Noblesse est tranquille & soumise, on en jugera par un fait arrivé tout nouvellement. On avoit annoncé en 1766, pour l'ouverture du théatre de S. Charles l'Opéra de Lucius Verus, avec illumi-

CHAP. XIV. *Gouvernement de Naples.* 323
nation ; on prit ce jour-là cinq carlins au parterre au lieu de trois ; cependant l'Entrepreneur qui avoit envie d'épargner ses flambeaux, ne faisoit point allumer ; le public étoit impatient, la Duchesse de Potenza prit une bougie d'un des lustres de sa loge, & alluma le flambeau qui étoit le plus à sa portée ; chacun suivit son exemple, & toute la salle alloit être illuminée, lorsque le Marquis Pirelli, Auditeur de l'armée, qui a la police des spectacles, fit éteindre les lampions qui étoient au devant du théatre, & défendit de jouer ; on ne rendit ni billet ni argent ; cependant chacun se retira, & quoique l'on fût outré, la Noblesse se conduisit avec toute la prudence & le respect qu'on pouvoit exiger dans le théatre du Roi.

Le gouvernement ecclésiastique a quelques singularités à Naples, comme la jurisdiction du Nonce dans les matieres temporelles, & celle du Roi en matiere spirituelle dans la Sicile ; nous en avons déja fait l'observation dans le Chap. X. (Voyez M. *Grosley*, T. III. p. 53. & la *Défense de la Monarchie de Sicile*, imprimée en 1716.)

On compte 147 Evêchés ou Arche-

O vj

vêchés dans le royaume de Naples; & plusieurs sont d'un revenu très-considérable; celui de Montréal en Sicile vaut, dit-on, cent mille écus; celui d'Aversa est aussi un des plus forts, quoique la ville soit petite & voisine de Naples; on en trouve le catalogue dans le *Calendario della Corte* qui s'imprime tous les ans.

Quant à leur nomination elle est partagée entre le Pape & le Roi; les uns sont *Vescovi Regii*, ou Evêques de nomination royale, les autres sont *Vescovi Papalini*, ou Evêques de nomination papale; pour les premiers qui sont au nombre de 25, le *Capellano majore*, ou grand Aumônier du Roi présente ordinairement trois sujets, & le Roi en choisit un; pour les autres, c'est le Pape seul, mais il faut le consentement du Roi, ou un *Exequatur* qui s'expédie aussi dans les bureaux du grand Aumônier, mais c'est ordinairement une affaire de pure formalité.

J'ai lû dans le voyage manuscrit d'une personne très-instruite, fait en 1730, que tous les Ordres Religieux ont à Naples le privilège d'acquérir toutes les maisons voisines de la leur à droite & à gauche jusqu'aux extrémités de la rue, pour éten-

CHAP. XIV. *Gouvernement de Naples.* 325

dre leurs bâtimens, & les ifoler entiérement de tous côtés, qu'ils ne font pas même obligés de payer ces maifons fuivant leur valeur actuelle, mais fuivant le prix de la derniere vente, quand elle auroit été faite plus de cent ans auparavant. On m'a affuré à Naples que ce privilege n'exifte point, & que les Maifons Religieufes n'ont pas même le droit qu'ont les autres citoyens de fe faire donner la préférence pour la maifon qui touche la leur, lorfqu'elle eft en vente : cet ufage a lieu pour les biens de campagne ; il eft la fource de beaucoup de procès, mais il donne le moyen d'arrondir les héritages d'une maniere fort commode, fans payer la convenance.

LA VICARIA, ou le palais de Juftice, dont nous avons déja parlé, renferme tous les tribunaux où fe traitent les affaires contentieufes. Le premier dégré de jurifdiction eft celui de la *Vicaria civile*, qui répond à notre Châtelet ; cette Cour de Juftice eft compofée de deux chambres, *due Rote*, les appellations de fes jugemens fe portent au Confeil, compofé de cinq chambres. Le troifieme dégré eft la Chambre royale, *Camera reale*, qui juge en dernier reffort ; quelquefois

De la Juftice.

au lieu de plaider à la Chambre, on demande au Roi des commissaires de son Conseil, *Aggiunti di votanti*, pour la révision du procès qui a été jugé dans le Conseil ordinaire. Depuis l'année 1750 environ, l'on a ôté aux Juges le produit des épices, *Jus sententiæ*, il appartient au Roi qui donne des gages aux Magistrats; le Président de la Vicairie a 17000 liv. par an, & les Conseillers 7700 liv.

Les affaires criminelles sont jugées en premiere instance à la Vicairie criminelle par le Magistrat appellé *Regente della Vicaria*, c'est à présent M. le Duc de Cirizano; il nomme un Commissaire pour faire le rapport du procès à la Rote, composée de deux Conseillers appellés *Capi di Rota*, & de six Juges; les appellations de ses jugemens se portent ordinairement au Conseil, *Sagro Consiglio*; c'est à la *Camera reale di Santa Chiara*, dans les matieres où le Roi a délégué la Vicairie, & seulement lorsqu'il s'agit de la peine de mort, ou de la question.

La question ordinaire consiste à avoir la corde, comme dans toutes les villes d'Italie; la question extraordinaire, *Tortura acre*, consiste à rester suspendu une heure par des ficelles qui prennent les bras du patient. Tout vol, fuivant les loix, eſt puni de mort, même le vol ſimple au-delà de ſix ducats (25 l. 14 f.); les armes, tels que piſtolets, couteaux, ſtilets, font défendues à peine de 15 ans de galeres, & cela n'eſt que trop néceſſaire dans un pays où il y a tant de fainéans. On donne la corde avec une grande facilité, pour des délits très-légers, & fouvent d'une maniere un peu arbitraire; d'un autre côté la peine de mort s'inflige rarement, ſoit que les crimes foient rares, ſoit qu'on échappe à la peine trop aiſément, comme le diſent bien des perſonnes; il eſt ſûr que l'on voit fort rarement à Naples des exécutions à mort.

Dans les matieres criminelles non-ſeulement on prend les concluſions du miniſtere public, c'eſt-à-dire, de l'*Avocato fiſcale*, mais on écoute encore l'Avocat des pauvres, qui eſt obligé de défendre le criminel, & qui prend le procès en communication. (Voy. *Iſtituzione criminali*, 5 vol. in-4°.).

Dans les provinces du royaume le Préſident & les Auditeurs de Rote jugent en premiere & en ſeconde inſtance; l'appel de leurs jugemens en matiere civile ſe porte au Conſeil, & en matiere criminelle à la *Camera reale*, comme dans les affaires jugées par la Vicairie de Naples.

Les Avocats de Naples cultivent beaucoup l'éloquence, & plaident avec chaleur, mais ils donnent un peu dans le phébus; les plus célebres actuellement sont, *Carlo de Franco, Giuseppe Mazzacara, Nicolao Vespoli, Orazio Guidotti, Marcello Celentano, Ippolito Porcinaro, Giuseppe Cresconio, Cirillo*, &c. Il y en a qui se font cinquante mille liv. de rente de leur cabinet: on peut juger par-là que les Napolitains sont processifs; aussi les Gens de Justice, *Paglietti*, y sont multipliés à l'infini, & de plus les formalités y sont longues & multipliées; aussi les procès y sont-ils très-longs, & souvent ils ne finissent que par l'impossibilité de les poursuivre.

Les Avocats y plaident en public, comme chez nous, mais ils ont à côté d'eux les Procureurs de leurs parties, qui lisent les piéces, (ainsi que cela se pratiquoit autrefois en France) quand le cas le requiert, ou lorsque le Président, ou le Rapporteur les interpellent de le faire: je dis, lorsque le Rapporteur les interpelle, car il n'y a point de cause qui n'ait un Rapporteur de nommé, pour en faire l'examen avant qu'elle soit portée à l'audience, & quand les Avocats ont plaidé, on les fait retirer avec l'auditoire, ensuite le Rapporteur rend compte de l'affaire : le jugement étant arrêté tant sur les plaidoiries que sur le rapport, on fait rentrer l'auditoire, & le Président prononce : si l'affaire mérite un plus long examen, on en renvoye la décision à un autre jour, ce qui revient à notre délibéré : cet usage que nous n'avons pas de nommer des Rapporteurs dans toutes les affaires de plaidoirie, recule un peu la décision des procès, en doublant en quelque sorte le travail des Juges, mais il a un avantage, cela tient chacun en haleine, & fait qu'en général les procès sont mieux instruits.

Pour procurer une plus prompte expédition aux Parties, les Juges ont des *Ajutanti di studio*, (on prononce *Aiutanti*) qui répondent à ce que nous appellons ici des *Sécretaires*, mais l'*Ajutante* fait ses fonctions d'une maniere plus honorable, car il ne reçoit jamais aucun salaire de son travail. Presque tous les Juges ont des bibliotheques, où de jeunes Avocats qui ne sont point encore employés, & qui cherchent à se faire connoître, se rassemblent pour faire des conférences sur les Loix ; & le Magistrat qui leur permet de travailler chez lui, choisit celui d'entre eux qui est le plus instruit pour en faire son *Ajutante di studio*.

Pour connoître la procédure & la jurisprudence de Naples, on peut consulter RAPELLA, *Istituzione del Regno*, 2 vol. *in-4°*. & FRETCIA, *de Feudis*, qui sont les Auteurs les plus accrédités.

Pour les affaires de Finances qui intéressent les revenus du Roi, ou l'*Azienda Reale*, on procede en une Cour appellée *Regia Camera*, composée d'un Lieutenant & de plusieurs Présidens de la Chambre.

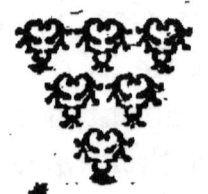

CHAPITRE XV.

De la Police & des Mœurs de Naples.

L E Chef de la Justice appellé, com- *De la Police.*
me nous l'avons dit, *Regente della Vi-caria*, a aussi la surintendance de tout
ce qui concerne la police de la ville, ainsi
nous allons mettre cet article à la suite
de celui des Tribunaux.

Naples est pavée de larges dales de
pierre, ainsi que plusieurs autres villes
d'Italie, cela est fort commode pour les
gens de pied, mais fort glissant pour les
chevaux, sur-tout dans les rues montantes qui y sont en fort grand nombre,
aussi est-il très-ordinaire à Naples de voir
des mules ou des chevaux de carrosse,
qui ne sont point ferrés des pieds de
derriere, & des roues de voitures qui
n'ont point de cercles de fer, on les défend même pour les gros chariots qui
roulent dans la ville.

L'Officier de port appellé *Portulano*,
est obligé de faire nétoyer les rues, & il

reçoit pour cet effet au marché un droit appellé *Jus della Piazza*, cependant les rues y sont très-sales quand il pleut ; elles ne sont guère nétoyées que par les *Mondezari*, qui vont ramasser les immondices pour les porter aux jardiniers. Les sept Élus de la ville qui devroient veiller à l'exécution de ces réglemens, s'en occupent peu, parce qu'il fait beau pendant une si grande partie de l'année, qu'on ne s'apperçoit guère de la mal-propreté des rues.

Il n'y a point de lanternes la nuit pour éclairer la ville ; il est vrai que celles qui brûlent devant les Madones presque à chaque coin de rue, suffisent dans certains quartiers, mais la dévotion diminue beaucoup actuellement, & l'on parle d'établir des lanternes publiques. Les sbires chargés de veiller la nuit à la sûreté de la ville, sont distribués en 22 escouades, dont sept font la ronde à chaque nuit dans la ville & dans les fauxbourgs ; chaque escouade est composée d'un capitaine de justice, avec un substitut, un caporal & dix sbirres ; ils sont commandés par un commissaire appellé *Scrivano*, qui est obligé de prendre avec lui deux bourgeois pour servir de témoins dans les procédures qui se présentent à faire.

Le *Scrivano* de la principale escouade, laquelle est appellée la *Sopraronda*, est chargé de distribuer les six autres dans les quartiers où elles doivent aller, sans qu'elles soient averties d'avance du lieu de leur destination. Elles sont obligées trois fois dans la nuit, savoir à quatre heures de nuit, à sept & à dix en hiver, de venir lui rendre compte de ce qui s'est passé, & si l'on a arrêté quelqu'un, on le conduit dès le matin chez le Régent de la Vicairie. La ronde dure jusqu'à une heure ou deux avant le jour.

Indépendamment de ces sept escouades de sbirres qui s'appellent *Guardie*, il y a encore trois piquets d'infanterie, qui font la ronde chaque nuit ; ils sont composés d'un sergent, d'un caporal & de dix soldats, sous la direction d'un *Scrivano*.

Les commissaires ou exempts de police, appellés *Scrivani*, se multiplient excessivement ; il y en a 110 actuellement, & le nombre n'en est pas fixe ; ils n'ont point de gages pour la plûpart, mais ils sont taxés pour chaque sorte de crime qu'ils découvrent ; on a souvent suspecté l'intégrité de quelques Scrivani, & j'ai ouï former des plaintes contre cette partie de l'administration de la police; on prétend que les filoux sont d'accord avec les Scrivani, & qu'ils ne sont point assez punis : cependant les vols avec violence & les assassinats sont assez rares ; le peuple de Naples a peu de besoins, & n'est pas assez avide, ou assez méchant pour exposer sa vie & son repos par des crimes ; les Napolitains crient beaucoup, ils se menacent continuellement d'un ton à faire craindre pour leur vie, mais cela a rarement des suites.

<small>Caractere du peuple.</small>

Il y a dans Naples environ 40 mille *Lazaroni*, c'est-à-dire, gens pauvres qui n'ont point d'état, & qui n'en veulent point avoir ; ils ne leur faut que quelques aunes de toile pour s'habiller, deux sols par jour pour se nourrir ; ils couchent sur des bancs quand ils n'ont point de lits, on les appelle même pour cela *Banchieri*; ils sont aussi stoïciens que les Grands y sont voluptueux & recherchés. C'est sans doute un grand vice dans un Etat que cette foule de gens oisifs ; mais pour changer le goût d'une nation, & en forcer le naturel, pour lui donner de l'émulation, pour lui inspirer le goût du travail, & pour employer utilement tous les bras, il faut bien du temps & bien des soins; il faut un projet fortement conçu, suivi long-temps & avec vigueur, un Prince qui réside & qui s'occupe de son royaume; il n'est pas douteux qu'on ne fît alors de grandes choses dans le royaume de Naples; la Marine seule y offre tant de ressources, elle peut occuper tant de bras, elle ouvre un si vaste champ à l'industrie & au commerce, qu'on doit tout espérer de cette ville.

On ne doit pas être étonné que des gens de l'espece que nous venons de décrire, soient menteurs & trompeurs, c'est ce qui fait tort à la réputation des Napolitains, qui cependant ne sont pas pires que les autres Italiens.

La populace de Naples est aisée à contenir malgré le nombre; il y faut cependant trois choses, *Farina*, *Furca*, *Festini*, des provisions, des exemples de sévérité, & des fêtes de spectacle. Le caractere tranquille de ce peuple a bien paru dans la terrible disette qu'éprouva cette ville en 1764; on n'y vit pas la moindre émeute; cependant les rues étoient remplies des malheureux qui mouroient ou de la faim, ou des maladies qu'entraîne la mauvaise nourriture, & les Magistrats avoient d'autant plus de tort, qu'ils avoient laissé exporter des blés en abondance quelques mois auparavant.

Les vengeances atroces, les jalousies cruelles qui étoient si communes dans les derniers siécles, ne paroissent plus aujourd'hui, du moins à Naples & dans les environs; les Grands vivent en société avec la même liberté qu'à Paris, & le peuple s'est humanisé à leur exemple: cependant les femmes des bourgeois aisés sont encore dans l'usage de ne sortir jamais seules à pied; il y a dans la basse ville des maris qui menent eux-mêmes leurs femmes à la Messe, & qui se mettent devant elles si on les regarde un peu trop; mais la jalousie ne va pas ordinairement plus loin. On ne rencontre point le soir dans les rues de Naples de ces femmes qui font la honte de leur sexe par leurs importunités; il est vrai qu'il y a des indicateurs qui se placent dans des endroits connus, comme auprès du théatre, mais c'est encore avec une espece de réserve, ou de timidité, qui fait honneur aux mœurs & à la police de Naples.

La

La multitude de gens oisifs dans le bas peuple doit contribuer, aussi bien que l'ardeur du climat, à rendre fort communs le libertinage, & les maladies qui en sont la suite. Nous appellons en France *Mal de Naples* la maladie vénérienne, parce qu'en effet c'est à Naples que les François la prirent lorsque Charles VIII y envoya des troupes en 1494. Chaque pays a donné à cette maladie le nom de ceux qui la lui ont communiquée ; les Flamands, les Hollandois, les Africains & les Mores l'appellent mal Espagnol ; les Portugais mal Castillan, les habitans des Indes & du Japon l'appellent mal Portugais, les Persans mal des Turcs, les Polonois mal des Allemands, les Moscovites mal des Polonois : ces denominations font voir l'ordre & le progrès que la contagion a suivi ; mais les Anglois les Italiens & les Turcs l'appellent mal des François, parce qu'ils prétendent l'avoir reçu de nous. Le vaisseau de Christophe Colomb revenu en Espagne le 6 Mars 1493, après la découverte de l'Amérique fut la première cause de cette maladie en Europe, il infecta le Portugal & l'Espagne en moins d'un an, & les voyages qu'on fit

Maladies vénériennes.

Tome VI.   P

les années suivantes en Amérique ne firent qu'en augmenter les progrès (a).

Ferdinand & Isabelle ayant fait passer des troupes en Italie pour secourir le Roi de Naples contre Charles VIII Roi de France, plusieurs Espagnols qui servirent dans cette guerre, communiquerent le mal à des femmes Napolitaines, qui en infecterent les François de l'armée de Charles VIII, & ces derniers l'apporterent en France, où cette maladie fut nommée pour cette raison mal Napolitain : il faut voir à ce sujet le grand & fameux ouvrage de M. Astruc sur les maladies vénériennes.

La foule de peuple qu'il y a dans Naples fait qu'on y a des domestiques à peu de frais, aussi les maisons des gens riches abondent en pages, en laquais, en coureurs ; il n'y a point de Dame qui à la promenade n'ait des coureurs (*volanti*) aux côtés du carosse ; le goût du luxe y est porté extrêmement loin ; les marchands se plaignent que la Noblesse ne paye pas, qu'il se trouve de très-grands Seigneurs qui n'ont sur ce

___

(a) Voyez Gonsalve Fernandez d'Oviedo, sommaire de l'Histoire naturelle & générale des Indes occidentales.

chapitre ni délicatesse ni honneur, mais il n'y a gueres de pays où l'on n'en trouve beaucoup de cette espece.

Les domestiques (du moins en général) ne sont point encore sur le pied d'aller mettre à contribution les étrangers aussitôt qu'ils ont paru chez leurs maîtres, comme cela se pratique à Rome, soit parce qu'il y a plus de richesse à Naples, soit parce que les étrangers n'y sont pas en si grand nombre & aussi long-temps qu'à Rome; cependant à Pâques, à la S. Martin, à Noël, ou quand la maîtresse de la maison est accouchée, ils vont faire des complimens, & on leur donne la *mancia*; mais beaucoup de gens s'en tirent pour deux carlins. La société est extrêmement agréable à Naples, sur-tout parmi les personnes de la Cour; les étrangers y trouvent toute sorte de plaisir quand ils y sont bien annoncés ou bien connus. La Noblesse y est riche, magnifique, donne à manger, beaucoup plus que dans le reste de l'Italie, & vit d'une maniere pleine d'aisance & d'agrément.

La maniere de s'habiller est absolument la même qu'à Paris; les Dames qui passent pour avoir le plus de goût sont celles qui se rapprochent le plus de nos usages, & Mad. Souquet marchande de modes Françoise est la plus accréditée de la ville.

Il y a peu de sigisbéature à Naples, les femmes de qualité vont assez indifféremment avec tout le monde, comme à Paris; la liberté y est même plus grande à certains égards, car il n'est point contre l'usage que les Dames aillent en visite & en conversation chez des hommes qui ne sont point mariés; j'ai déja observé que cela se pratique également à Rome.

A Naples les Dames reçoivent les visites & les complimens de leurs amis le jour de leur naissance, & souvent une amie donne une fête à celle dont on célebre la naissance: elles reçoivent aussi des visites le jour même qu'elles sont accouchées, la tête fort peu couverte, & sans prendre de précautions pour se tenir chaudement ou pour ne pas être obligées de parler; le climat fait qu'il n'arrive aucun accident; on observe seulement le premier ou le second jour de ne pas rester dans la chambre du lit plus de cinq ou six personnes à la fois.

Quelque nombre de filles qu'il y ait dans une maison noble, une seule ordinai-

CHAP. XV. *Gouvernement de Naples.* 341

rément se marie, les autres sont renfermées dans les couvents dès l'âge de trois ans ; elles n'ont dans la suite que la liberté de choisir la maison où elles veulent s'engager ; il arrive seulement quelquefois qu'un Gentilhomme les demande sans dot, & elles sortent à cette condition ; aussi dans le couvent de Ste. Claire compte-t-on plus de 200 Religieuses, & à proportion dans beaucoup d'autres couvents.

La politesse outrée qui va toujours en croissant à mesure qu'on avance en Italie, est à Naples au dernier période : tout étranger est traité d'excellence, du moins par les gens du peuple ; un Prêtre ôte jusqu'à sa calote pour saluer une personne à qui il veut marquer des égards ; la paysanne la plus vieille & la plus laide s'appelle *bella Donna :* une chose bien travaillée est *stravagantemente lavorata ;* tout est ainsi au dernier superlatif : on ne s'y arrête, ce me semble que parce que le langage ne fournit pas des expressions ultérieures. Au reste c'est un agrément de plus pour les étrangers, qui n'y étant point accoutumés, sont toujours flatés des propos obligeants, & à qui il n'en coûte rien pour payer de la même monnoie.

Exagérations Napolitaines.

P iij

On remarque chez les Napolitains un geste particulier qui est fort agréable; il se fait en passant le revers des doigts de la main droite avec vîtesse sous le menton; il exprime la négation, comme notre geste de tourner la tête à droite & à gauche, mais il est plus gracieux: il donne occasion à une femme de faire paroître une belle main, ou de faire briller un beau diamant: il est aussi en usage à Rome, où on l'a emprunté des Napolitains qui le tiennent, dit-on, des Orientaux; mais il est peu usité dans les autres parties de l'Italie. M. Greuze trouvoit ce geste si agréable, si picquant, qu'il l'a exprimé dans deux tableaux qu'il a fait à Rome pour M. Gougenot. L'un représente une Romaine à mi-corps, sa coëffe rabattue sur les yeux, & l'autre a pour sujet une jeune fille chez qui un Chevalier de l'Ordre de Christ veut s'introduire déguisé en marchand de petit métier. Une vieille servante en lui tirant son manteau découvre à sa maîtresse la supercherie & celle-ci le congédie avec le geste Napolitain. Il y a des danseuses qui introduisent souvent ce geste dans leur jeu avec toutes les graces possibles.

Le Clergé de Naples est en général fort régulier ; le Cardinal *Serfale* qui est Archevêque donne l'exemple de la régularité, & il l'exige de son Clergé d'une maniere édifiante.

Je sais qu'il y a eu autrefois bien des avantures, bien des désordres dans les convens de Naples ; mais le goût des histoires galantes & des entreprises romanesques est fort diminué, depuis que l'on s'est humanisé dans la ville, & que la jalousie a fait place au goût de société ; il n'en est pas encore tout à fait de même en Sicile.

Quant à la dévotion du peuple, elle est toute extérieure, demonstrative & inconséquente ; ils assassinent, le Rosaire à la main ; il leur faut des spectacles de dévotion pour les intéresser à la Religion. Aussi les fêtes les ornemens des Eglises, les reposoirs, les niches, les autels que l'on construit dans les rues, le *Presepio* que l'on fait faire à Noël dans les maisons par des Architectes & des Sculpteurs, les machines pour l'exposition du S. Sacrement, &c. sont d'une richesse, d'une somptuosité & d'une magnificence que l'on ne voit point ailleurs. J'ai parlé par exemple de la procession singuliere des Bataglini qui se faisoit de nuit la veille de la Pentecôte ; il se fait encore de ces processions qui sont des espèces de saintes mascarades, composées d'une foule de pénitens qui accompagnent une énorme machine portée en grande pompe, garnie de musiciens en habits de théatre, & suivie de tout ce qui peut inspirer au peuple l'émotion & le respect pour les choses saintes.

Il étoit commun il y a 30 ou 40 ans de voir un Prédicateur quitter son surplis & sa soutanne, ouvrir par derriere sa veste, mettre son dos à nud, se frapper avec une discipline de fer, & traverser ainsi toute l'Eglise en continuant de se déchirer au milieu du peuple qui fondoit en pleurs. M. de Vougny vît faire au P. Cachiotti, Missionaire Jésuite, le 25 & le 26 Sept. 1730 une semblable cérémonie à Naples dans l'Eglise de *Sta. Anna del Palazzo* ; les Synodes ont proscrit ces pieuses tragédies, & je n'ai pas ouï dire qu'il y en ait actuellement, si ce n'est peut-être dans quelques oratoires particuliers.

Les Napolitains ont toujours le nom de Dieu à la bouche ; *per amor di Dio*, est leur expression la plus familiere, c'est une suite de l'esprit de dévotion qui a toujours régné à Naples.

CHAPITRE XVI.

De la Musique & des Spectacles.

LA MUSIQUE est sur-tout le triomphe des Napolitains, il semble que dans ce pays-là les cordes du tympan soient plus tendues, plus harmoniques, plus sonores que dans le reste de l'Europe; la Nation même est toute chantante; le geste, l'inflexion de la voix, la prosodie des syllabes, la conversation même, tout y marque & y respire l'harmonie & la Musique; aussi Naples est elle la source principale de la Musique Italienne, des grands compositeurs & des excellens Opéra; c'est-là que Corelli, Vinci, Rinaldo, Jommelli, Durante plus savant qu'eux tous en harmonie, Leo, Pergoleze, Galuppi, Perez, Terradeglias & tant d'autres compositeurs fameux ont fait éclore leurs chef-d'œuvres. M. Gibert, habile Musicien François, connu par les petits Opéra de la Sybille, du Carnaval d'été, de la Fortune au village, d'Apelle & Campaspe, y est depuis plusieurs années; il cultive la Musique dans la premiere école qu'il y ait, & il puise à la source les Musiciens dont on a besoin pour la France, & dont il fait des recrues de temps à autres.

J'ai parlé des différens Conservatoires de Naples où l'on éleve des enfans destinés pour la musique: presque tous les Castrats ou *Castrati* qui chantent en Italie sont façonnés à Naples, parce que c'est l'endroit où cette opération se fait avec le plus d'adresse. Ces voix artificielles sont si estimées en Italie, que les entrepreneurs d'Opéra quand ils en trouvent de belles, les prennent à des prix excessifs. Le malheureux appas du gain est cause que les paysans ou les pauvres peres de famille qui ont beaucoup de garçons, ne manquent gueres d'en sacrifier un: Ils s'adressent à l'un des plus habiles Chirurgiens de Naples, pour faire l'amputation, & lorsque leurs enfans sont entierement guéris, ils les font entrer dans un de ces Conservatoires, où ils sont très-mal nourris, mais où l'on ne néglige rien pour leur apprendre la Musique, car c'est là où se borne l'éducation qu'on leur donne. On leur présente d'abord des instrumens de toute espèce, on les éprouve & on leur apprend à jouer de celui pour lequel ils ont le plus de disposition : on leur montre aussi la composition, & il est d'usage qu'ils ne sortent point de ces sortes d'hôpitaux sans avoir fait la musique d'une Messe. S'ils ont de la voix on s'attache encore plus à les cultiver, parce que c'est la partie la plus recherchée & pour laquelle on se fait le mieux payer.

Il est expressément defendu d'attenter à la virilité des jeunes gens dans les Conservatoires : mais les peres ne veulent pas risquer l'opération sans s'assurer autant qu'il est possible que leurs enfans ayent de la voix. Ils commencent par les mettre dans ces sortes d'hôpitaux ; après qu'on leur a donné les premiers élémens de la musique, si on estime que leur voix puisse devenir plus belle par le moyen de l'opération, les parens les retirent quelque temps chez-eux, & après la leur avoir fait faire ils les remettent au Conservatoire, où l'on continue leur éducation. Mais il arrive souvent que l'opération au lieu de leur embellir ou de leur conserver la voix, la leur fait perdre tout-à-fait; on prétend même que sur cent à peine y en a-t-il un qui réussisse parfaitement; d'ailleurs leur voix est sujette à se perdre dans le temps de la muë, ou dans l'espace de quelques années par le seul effet de l'âge. Il semble qu'on autorise à Rome cette sorte de barbarie, en donnant à ces malheureux qui n'ont plus aucune ressource du côté de la voix la permission de se faire Prêtres : mais comme suivant les canons ils seroient irréguliers s'ils n'étoient pas entiers de tous leurs membres, on y ajoute une formalité qui sert pour ainsi dire de palliatif, mais qui ne diminue pas l'indécence de cette pratique.

L'usage de cette opération est moins funeste à la ville de Naples qu'elle ne le seroit ailleurs ; elle prive l'état de bien des sujets, mais on n'y fait aucune attention dans un pays où la population est immense en comparaison du travail ; & l'état en profite d'ailleurs par l'avantage qu'il a d'être le séminaire des meilleurs Musiciens, & un fond inépuisable d'excellente musique pour tout le reste de l'Europe.

En effet ces *Castrati* se répandent sur les théatres de toute l'Italie, de l'Alle-

CHAP. XVI. *Des Spectacles de Naples.* 349

magne, de l'Angleterre, de l'Espagne ; l'on en fait venir même pour la chapelle du Roi à Versailles. La répugnance qu'ont les Italiens pour les voix fortes & dures, telles que nos basses-tailles & nos hautes-contres, rend indispensable pour leurs plaisirs l'usage des *Castrati :* il vaut mieux cependant pour la nature humaine que l'on soit accoutumé comme nous à trouver du plaisir dans des voix naturelles, mâles, éclattantes, & qui ont toute leur force ; c'est l'habitude seule qui décide des plaisirs ; je trouve la nôtre plus heureuse, & nos plaisirs plus naturels.

Il y a trois théatres à Naples ; celui de S. Charles, celui des Florentins, & le théatre neuf.

Le théatre de S. Charles est presque attenant au palais ; il a été bâti à peu-près sur les desseins de celui de Turin, dont nous avons donné la description, mais sous la conduite de ce *Carefale*, dont nous avons parlé à l'occasion de *Capo di Monte*. Ce théatre est remarquable par la beauté de la charpente & par la grandeur de son emplacement ; il communique au palais du Roi qui peut y venir à couvert de ses appartemens.

Théatre de S. Charles.

Le public y arrive par de grands escaliers fort commodes, & de beaux corridors; il y a six étages de loges, qui sont assez grandes pour qu'on puisse y jouer & y recevoir des visites; on compte 22 loges dans le premier rang & 24 dans les autres; la décoration des loges est riche, quoique simple: quand le Roi y assiste, on illumine la salle, qui paroît alors plus en beau; mais cette salle est si grande que l'on perd beaucoup du chant.

On estime la recette totale de l'Opéra sur ce théatre d'environ 100 mille liv.(a), & cependant il y a des acteurs à qui l'on donne jusqu'à 10 ou 11 mille liv. d'appointemens.

Il y a dans le théatre de S. Charles 70 loges qui appartiennent aux principales familles de Naples qui les ont achetées, & qui ne peuvent y renoncer sans la permission du Roi; mais indépendamment de la premiere finance on paye chaque année à l'Entrepreneur 1424 liv. pour les premieres & secondes loges, & 985 liv. pour les troisiemes, mais il peut entrer 10 à 12 personnes dans chacune.

(a) Elle est six à sept fois plus forte à Paris, & l'on y joue trois ou quatre fois plus.

CHAP. XVI. *Des Spectacles de Naples.* 351

Le parterre, (*la Platea*) dans lequel on est assis, ne coûte que 26 sols, & les abonnemens du premier & du second rang sont d'une *Doppia*, ou de 19 liv. pour un Opéra qui a 12 ou 14 représentations.

C'est ordinairement le 5 Novembre, jour de la fête du Roi d'Espagne, que l'Opéra recommence ; il y a quatre Opéra chaque année, de 12 ou 14 représentations chacun, & cela dure jusqu'au mois de Septembre.

Il y a si long-temps que l'on parle à Paris de la Musique Italienne, & l'on a tant écrit là-dessus, que je n'entamerai point la question de préférence entre les deux Musiques ; je renvoie là-dessus au Dictionnaire de Musique de M. Rousseau : on n'y trouvera pas, il est vrai, la défense de la Musique Françoise ; mais que peuvent dire les François contre le goût général de l'Europe, si ce n'est que leur musique leur paroissant plus agréable, & peignant davantage pour eux, ils n'ont pas de raison suffisante pour la changer totalement contre de la Musique Italienne.

La partie dramatique des Opéra Italiens répond très-bien à la beauté de la

Des Opera Italiens.

Musique, sur-tout dans les poëmes d'Apostolo Zeno & de Metastasio ; ce dernier est le plus recherché, & il n'y a point d'année où l'on ne mette de nouvelle musique sur quelques-uns de ses poëmes, parce que les Musiciens sont beaucoup plus communs en Italie que les grands Poëtes, & qu'on veut, en fait de Musique, une variété continuelle.

Metastasio.   Metastasio compose avec une extrême facilité, il est fertile en inventions variées ; souvent l'action de ses piéces est double, mais il sacrifie la régle d'unité aux agrémens de son poëme & aux besoins du théatre ; il entend très-bien l'appareil du spectacle, il sait y introduire d'une façon naturelle les combats, les triomphes, les fêtes, & tout ce qui peut en augmenter la magnificence.

Il a su emprunter des Anciens, & des Modernes, tels que Corneille, Quinault, Racine, Crébillon, les sujets, les situations, les pensées dont il avoit besoin ; quelquefois il lui faut deux ou trois tragédies pour en faire une, comme on en peut juger par le dernier acte d'Olimpias; mais il rend très-bien tout ce qu'il s'approprie, & le résultat va toujours à son but. Il seroit à souhaiter que les Au-

CHAP. XVI. *Des Spectacles de Naples.* 353

teurs qui travaillent pour l'Opéra François, puisassent à leur tour dans Métastase, comme on l'a fait en dernier lieu dans un autre Auteur Italien, pour l'Opéra d'Ernelinde. Le style de Métastase est coulant, vif, sententieux, rempli de pensées ingénieuses, mais quelquefois trop recherchées. Ses vers sont harmonieux & agréables, ses peintures souvent magnifiques, l'héroïsme même s'y trouve avec toute sa dignité ; il faut voir le reproche que Caton fait à César, *Ami tanto la vita*, &c. ou celui de Thémistocle à son fils, *Non tanta ancor non tanta*, &c.

Ainsi l'on peut dire en général que l'Opéra d'Italie est très-bien, soit pour la musique, soit pour les paroles ; mais il n'en est pas tout-à-fait de même, selon moi, des autres parties du spectacle.

Il n'y a presque aucune machine dans les Opéra d'Italie, & les décorations n'ont point le séduisant & le pittoresque de celles de Paris, comme je l'ai déja observé à l'occasion de l'Opéra de Turin ; l'on n'y voit point la multitude d'habillemens, pleins de richesse, de goût & d'élégance que l'on admire à l'Opéra de Paris ; le nombre & la diversité des Acteurs qui fait un des agrémens de notre Opéra, ne se trouve pas dans celui de Naples; il n'est pour l'ordinaire composé que d'environ une demi-douzaine de personnages, & il n'a point toute cette majesté, tout cet appareil de chœurs, de fêtes en chants & en danses, qui se trouve dans les nôtres; il n'y a que l'orchestre qui est plus nombreux & plus varié, parce que les instrumens ne sont ni rares, ni chers en Italie, au lieu que les belles voix se payent à un prix exorbitant, & cela non-seulement en Italie, mais en Espagne, en Portugal, en Allemagne : tout le monde sait la fortune immense que Farinelli a faite en Espagne. On emploie dans un Opéra trois ou quatre voix de dessus, & un *Contr'alto* ou hautecontre, mâle ou femelle, avec un *Tenore* ou taille, pour les rôles de Roi. Les voix de basse n'y sont pas en usage, elles sont rares & peu estimées, l'on ne s'en sert que dans certaines farces, où le rôle comique est pour l'ordinaire une basse. Ces trois premiers genres de voix ont une tierce ou une quarte d'élévation plus que chez nous. Les hautescontres sont rares & recherchées, elles ne sont pas de même genre que les nôtres, & aucune espece de voix françoise ne pourroit rendre leur chant ; elles vont en *E-si-mi*, ce sont des voix de femmes en bas-dessus, plus basses même qu'aucune des nôtres ; & elles chantent non à l'octave supérieure des femmes, mais à l'unisson des hommes.

Les Acteurs qui sont uniquement occupés de leur musique & du goût du chant, paroissent peu appliqués au talent de la déclamation, & leur jeu est détestable en comparaison du nôtre ; quand on voit Mlle. Arnoux dans l'Opéra de *Dardanus*, on se passeroit volontiers des paroles qu'elle chante, tant il y a d'expression dans son jeu ; je n'ai rien vu qui en approche dans les Opéra d'Italie.

Les grands Acteurs en Italie, les Virtuosi du premier ordre, ne se donnent pas la peine de jouer toujours eux-mêmes ; quand ils le font, c'est quelquefois d'une façon très-familiere & très-peu respectueuse pour les spectateurs ; ils saluent les personnes de leur connoissance, même au milieu de leur jeu, sans crainte de déplaire au public, dont l'indulgence autorise depuis long-temps cet abus ; on peut aussi l'attribuer au peu d'attention qu'on donne au spectacle, où l'on fait un bruit insupportable, soit dans le parterre, soit dans les loges.

La Gabrieli qui brilloit à Naples en 1765, passe pour la plus belle voix de l'Italie; elle a été quelque temps à Vienne en Autriche, d'où elle a été obligée de sortir; elle étoit demandée en 1765 à Petersbourg, à Berlin, à Genes, à Parme, à Florence; mais ses conditions étoient si exorbitantes, & elle s'étoit rendue si difficile qu'elle avoit fini par rester à Naples, où elle vouloit se reposer cette année : elle portoit à son côté, comme un titre d'honneur, les chiffres en diamans d'un jeune gentilhomme qui lui plaisoit, & qu'elle aimoit sans intérêt. Au reste il n'est pas permis à Naples d'entretenir publiquement les Actrices, ni même d'aller sur le théatre à l'heure du spectacle, & le bon ton n'exige point qu'on ait une fille entretenue : quand cela arrive, on fait pour elles beaucoup moins de dépense que l'on n'en fait chez nous.

Les danses sont encore à Naples, & même dans l'Italie en général, une des parties foibles de l'Opéra; elles consistent souvent en des ballets & des pantomimes, qu'on donne dans les entr'actes, mais qui font peu relatifs à la piéce. Ce font, par exemple, des Bergeries, des danfes de Matelots ou de Chinois ; les danfeurs y font en petit nombre ; les danfeufes qui danfent feules, y mettent le plus de légéreté & d'action qu'elles peuvent, fouvent jufqu'à s'exténuer ; car les Italiens n'ont de goût que pour la danfe haute & pantomime, qui eft accompagnée de pas extraordinaires, de contorfions & de tours de force, dont on fait en France moins de cas que de la belle danfe terre-à-terre, dans le goût de Veftris & de Mlle. Guimard. Plufieurs de leurs bons danfeurs font venus en France pour apprendre les meilleurs principes de cet art, & s'y perfectionner ; mais de retour en Italie, quelques tentatives qu'ils aient pu faire, ils n'ont jamais pu réuffir à y faire goûter notre genre gracieux. Pour dérider des fronts auffi férieux que ceux des Italiens, il faut quelque chofe de grotefque ; l'étonnante légéreté de Mlle. Allard ou de Dauberval fuffiroit à peine pour leur faire aimer le gracieux de notre danfe. Il y a cependant de bons danfeurs qui la préferent à toute autre, mais ils font obligés de l'abandonner pour plaire au plus grand nombre.

Les Italiens aiment à voir parodier notre danse ainsi que nos usages. J'ai oüi raconter que dans l'intermede d'un grand Opéra on avoit introduit un danseur vêtu comme l'étoit notre Dupré, quand il enchantoit la Cour & la ville, & portant une perruque longue semblable à la sienne : il commença par exprimer une danse gracieuse, ensuite précipitant ses mouvemens il passa à une espece de fureur, pendant laquelle faisant beaucoup de sauts & de cabrioles, il fit tomber sa perruque par terre, & acheva son entrée tête nue, en affectant de temps en temps des poses d'une ou deux mesures, pendant lesquelles il développoit toutes ses graces fades & apprêtées. Ce lazzi parut délicieux aux Italiens ; & quelques gens du parterre disoient : *Ecco come balla Dupré, il più famoso ballerino de' Francesi.*

Cependant les danseurs Italiens regardent les nôtres comme leurs maîtres : presque tous les pas de la danse portent en Italien la même dénomination qu'en François, les terminaisons n'en sont pas même changées ; & cela vient de ce que nous sommes en quelque sorte regardés comme les créateurs de cet art, dont nos maîtres de ballets ont formé les pas & les desseins, & dont ils ont entiérement perfectionné le goût (a).

La Morelli est la meilleure danseuse que j'aie vu à Naples en 1765, comme Mlle. Gabrieli & sa sœur étoient les meilleures chanteuses; on assujettit les danseuses à porter des caleçons ; les actrices même ont la gorge couverte, mais c'est avec une gase légere qui accuse le nud, & ne rend pas l'habillement plus modeste.

Voilà en abrégé ce que l'Opéra Italien a de beau, & ce qu'il a de foible par rapport au nôtre. J'avois bien d'autres réflexions à faire sur ce sujet, mais je suis obligé de mettre des bornes à l'étendue de ce volume.

TEATRO NUOVO, le théatre neuf, qui est près de la rue de Tolede, est exécuté sur un plan peu agréable : sa forme, au lieu d'être circulaire, présente diffé-

Théatre neuf.

___

(a) La seule chose étrange & ridicule que l'on puisse leur reprocher, c'est l'usage de danser avec des masques : je suis bien étonné que les graces & les succès de M. d'Auberval n'ayent pas rendu insupportable pour le public le deguisement hideux & choquant de nos autres danseurs.

rentes faces ; il est dénué d'ornemens ; son étendue est à peu-près celle de nos salles de Paris. On y joue des Opéra boufons, accompagnés de ballets & de pantomimes, qui sont toutes en action & souvent très-bien composées ; ce spectacle tient même pendant l'été, & lorsque le théatre S. Charles est fermé.

Teatro de' Fiorentini, théatre où l'on donne des Opéra boufons, quelquefois des comédies, comme celles de Goldoni, &c. quand il passe à Naples des troupes de comédiens, car il n'y a pas de troupe réglée & permanente dans la ville. La salle est petite, elle a quatre rangs composés chacun de quinze loges ; sa forme est dans le goût des nôtres.

Tous les spectacles de Naples jouent le samedi & le dimanche, parce que ce sont les jours où le peuple y abonde. Ils prennent encore chacun un autre jour de la semaine, comme le mercredi ou le jeudi ; il n'y a que le vendredi où l'on donne relâche en mémoire de la Passion de N. S.

Naples est la seule ville d'Italie où les Moines peuvent aller au spectacle ; à Rome ils se contentent d'assister aux répétitions.

CHAPITRE

CHAPITRE XVII.

Des Sciences & des Arts.

NAPLES fut autrefois plus célebre qu'elle ne l'est actuellement pour les sciences & pour les lettres : Cicéron & Séneque appelloient cette ville *la Mera des Etudes*. On y a vu fleurir en divers temps beaucoup de grands hommes qui n'étoient pas nés dans cette ville, tels que Virgile qui étoit de Mantoue, ensuite Séneque, & dans le 14ᵉ. siécle Bocace qui étoit Toscan, & Pontanus né à Cerreto dans l'Umbrie. Mais il y a eu aussi d'illustres Napolitains. Varron cité par S. Augustin, (*de Civit. Dei, L. XV. c. 8.*) parle d'un Mathématicien célebre appellé *Dio Neapolites*. Dans les derniers siécles on y a vu [a] pour la Physique J. B. Porta, grand Physicien, dont nous avons parlé ci-dessus dans le Chapitre IX. Colonna, célebre Botaniste, qui a donné son nom à une plante fort connue ; *Valeriana Columnæ* ; Ferrante Impera-

---

[a] *Istoria dello studio di Napoli, Paolino* 1753. 2. vol. in 4º.

to (a) ; pour l'Astronomie François Fontana, qui donna en 1646 des observations curieuses ; pour la Poésie, le Tasse, Sannazar & Costanzo ; les deux premiers sont si connus, que je me contenterai de parler de ce dernier.

Angelo di Costanzo est un des Poëtes les plus célebres de l'Italie, il naquit à Naples en 1507, & il y mourut vers l'an 1590 (b). Crescimbeni voulant donner une idée des plus beaux sonnets Italiens dans tous les genres, choisit tous ses modeles dans Costanzo ; voici le premier qu'il cite pour le genre majestueux.

   Nell' assedio crudel, che l'empia sorte,
    Mi tiene a tal, che l'alta impresa io lasse
    Benche manchi la vista, onde si pasce
   Per gli occhi, non però l'alma e men forte

   Per che le viene ogn' hor per altre porte
    Quell' immagin gentil, che dalle faste
    Le diede il ciel per cibo, onde rinasce
   In lei'l vigore, e sprezza ogn' hor la morte.

(a) *Istoria naturale di Ferrante Imperato Napolitano*, 1599. Venet. 1672. in folio.

(b) V. *Giornale de' Letterati d'Italia* T. I. p. 204.

Crescimbeni T. II. & VI. *Le Rime d'Angelo di Costanzo Cavaliere Napoletano*. Sesta edizione in Padova 1750, 185 pages in 12.

CHAP. XVII. *Des Sciences & des Arts.* 363

Nè infidie umane mai, nè cafo avverfo
Potranno avere in lei contanta forza
Ch' ella fi renda e ch' habbia a mutar verfo.

Che quanto dell' inferma afflitta fcorza
Di fuori abbate il mio deftin perverfo
Tanto dentro il penfier falda, e rinforza.

Après avoir rapporté ce fonnet comme un modele dans le genre fublime, il en propofe un du même auteur : *Quando al bel volto d'ogni grazia adorno*, comme un modele pour les beautés poétiques ; & celui qui commence par ces mots, *Mentre a mirar la vera ed infinita voftra belta*, &c. dans un genre plus modéré. Le fonnet, *Poichè voi ed io varcate avremo l'onde*, lui fert d'exemple pour le concours fingulier des idées ; & cet autre, *Alpeftra, e dura felce, onde il focile d'Amor*, dans le genre de la tendreffe fimple & naturelle (a).

Les gens de lettres ne font pas actuellement à Naples en auffi grand nombre qu'à Rome, & même dans d'autres villes d'Italie ; il n'y a jamais eu affez d'émulation; cette ville a été furnommée *Otiofa*, parce qu'en effet la chaleur du climat, la fertilité de la terre, & l'indif-

(a) *Dell' iftoria della volgar poefia, fcritta da Giovan Mario Crefcimbeni, volume fefto.*

Q ij

férence de son gouvernement ont toujours contribué à rendre les Napolitains indolens. Cependant il y auroit fallu d'autant plus de vigueur, que la chaleur du climat éloigne davantage de l'application & du travail ; d'ailleurs l'étude & la science y sont encore un peu méprisées par la Noblesse, c'est un petit reste de l'ignorance barbare du moyen âge ; il y a cependant à Naples des gens de lettres distingués dans chaque genre : j'ai déja parlé de M. le Prince de *S. Severo*, en donnant la description de son palais ; on auroit peine à trouver ailleurs un Prince, peut-être même un Académicien, plus habile dans la Physique & dans les Arts.

M. MAZOCCHI, Chanoine de Naples, un des plus savans hommes de l'Italie, est malheureusement un des plus âgés, car il a plus de 90 ans ; personne ne s'est acquis une plus grande réputation que lui dans les langues Orientales & dans les Antiquités sacrées & profanes ; son Ouvrage intitulé *Spicilegium Biblicum*, qui a paru en 1762 & 1766, contient les plus savantes dissertations sur l'Ecriture-Sainte, & il est trop peu connu parmi nos Théologiens. J'ai vu avec satisfaction ce respectable vieillard parler des Sciences & des Savans qu'il a connus, s'intéresser encore aux Nouvelles littéraires, montrer plus de vivacité & de mémoire qu'on n'en peut espérer dans un corps affoibli par un âge si avancé.

Le P. DE LA TORRE est dans un autre genre l'un des Savans qui font le plus d'honneur actuellement à la ville de Naples. Il est de l'Ordre des Somasques; son savoir en Mathématiques, en Physique, en Histoire Naturelle & dans toutes les parties de la Philosophie & des Arts, est connu dans toute l'Europe : c'est lui qui soutient le plus à Naples le goût de la Physique & de l'Observation; son Histoire du Vésuve est pleine d'érudition & de sagacité; on y voit une foule d'observations jointes à la meilleure physique : il étoit fort occupé en 1765 à faire des lunettes d'approche, qui par la combinaison de différentes lentilles planes d'un côté & convexes de l'autre, produisoient un meilleur effet que les lunettes ordinaires; il a fait venir aussi de Londres à grands frais du *flint glass*, ou cristal d'Angleterre, pour faire de ces lunettes achromatiques, dont on voit

P. de la Torre.

depuis quelques années des effets si singuliers ( ).

Le P. de la Torre fait aussi d'excellens microscopes, avec de petites gouttes de verre d'un foyer très-court, fondues au feu de lampe sur du tripoli fin calciné : il a donné les détails de sa méthode dans le premier volume du Recueil d'Observations microscopiques; les derniers objets dont il s'est occupé, & qu'il m'a fait voir, sont les yeux des mouches composés chacun de 3 à 4 mille poliedres, qui sont chacun entourés d'un triple vaisseau sanguin. Les organes de la génération des mouches : la femelle introduit dans le mâle qui la serre avec trois muscles, & qui introduit à son tour. Les organes sécrétoires par lesquels une mouche répand cette gomme qui lui sert à s'attacher & à dormir contre la glace de miroir la plus polie. C'est avec de petits globules de verre qui grossissent 2 mille fois le diametre d'un objet, que le P. de la Torre est parvenu à considérer ces corpuscules, & à les suivre dans leurs derniers détails.

(a) M. Dolland s'est principalement signalé dans ce genre d'ouvrages, & nous avons d'excellens Mémoires sur ce sujet de MM. Clairaut, d'Alembert & Klingenstiena, du P. Boscovich & du P. Pezenas.

M. le Duc *de Noia*, de l'illustre Maison Caraffa, est connu par un Mémoire fort curieux sur la Tourmaline, pierre singuliere, qui devient électrique lorsqu'on la chauffe, semblable à la pierre de Ceylan, dont il est parlé dans les Mémoires de l'Académie pour 1717. M. le Duc de Noia a fait lever un plan de Naples & de ses environs, en 35 feuilles, que j'ai vu en manuscrit. Il a aussi un cabinet de médailles & d'autres curiosités dans son palais.

M. SERRAO, célebre Médecin, a donné aussi sur le Vésuve un Ouvrage très-estimé, mais dans lequel il s'est borné principalement à l'éruption de 1737. Nous avons encore de lui un Ouvrage sur la Tarantule, dont je parlerai ci-après.

M. *Sarcone* vient de donner sur l'épidémie de 1764, un Ouvrage dont j'ai oui dire beaucoup de bien, il a pour titre: *Istoria ragionata de' mali osservati in Napoli, nell' intero corso dell' anno 1764, scritta da Michele Sarcone, Medico, Direttore dell' ospidale del regimento Suizzeri di Jauch*, 2 vol. in-8°.

M. *Cyrillo*, Professeur de Botanique, est occupé avec le P. de la Torre d'ex-

Q iv

périences intéressantes; il dessine très-bien, & c'est un des Physiciens les plus distingués de Naples.

M. *Fasano* a donné en 1765 une Relation de la maladie épidémique de 1764: *Della Febre epidemica sofferta in Napoli l'anno 1764, di Tommaso Fasano, in Napoli 1765*, in-8º. 465 pages.

On ne peut parler de Physique & de Mathématique sans citer avec éloge Mlle. *Mari-Angela* ARDINGHELLI, qui dès sa premiere jeunesse s'est fait connoître par les talens les plus marqués & par les connoissances les plus rares; issue d'une famille noble & distinguée, ornée de toutes les graces de son sexe, elle y joint une modestie simple & aisée, qui l'embellit aux yeux de ceux qui la voient. Elle est connue dans la République des Lettres par les Traductions Italiennes qu'elle a données des Ouvrages Anglois de M. Hales, le plus grand Physicien de l'Angleterre; mais sa modestie l'a empêché de donner au public des choses qui n'appartenoient qu'à elle: elle eut écrit d'ailleurs bien davantage, si un cœur aussi estimable que son esprit, ne l'eût obligée de se livrer aux soins qu'exige une mere déja âgée, & de la soulager

Mlle. Ardinghelli.

Chap. XVII. *Des Sciences & des Arts.* 369

dans les affaires domestiques de sa famille. Quoi qu'il en soit, Mlle. Ardinghelli est à la tête des Femmes illustres qui font en Italie la gloire de son sexe. C'est aussi à elle que M. l'Abbé Nollet a adressé une partie de ses Lettres sur l'Electricité.

La Princesse *de Colombrano* est une autre Dame aussi distinguée par son savoir que par sa naissance, très-versée dans la Physique, & qui est en correspondance avec beaucoup de Savans en Europe.

M. *Sabatelli*, habile Astronome, dont on peut voir des observations intéressantes dans les Mémoires de l'Académie pour 1760.

M. Nicolas *di Martino*, Maître de Mathématiques du Roi de Naples, a donné au public plusieurs ouvrages de sciences.

M. Pierre *di Martino*, son frere, s'est fait connoître également par des livres de même genre.

M. *Palmieri* a donné en 1761 un Ouvrage estimé sur l'art de la Guerre, en 2 volumes in -4°. *Riflessione critiche sull' arte della Guerra, de Giuseppe Palmieri, tenente Colonello negli eserciti del Re,*

Q v

e *Sergente maggiore del reggimento di Calabria ultra.*

M. Antoine *Genovefi* est un auteur très-considéré à Naples ; il a fait un cours de Métaphysique, des ouvrages sur le commerce, sur les grains & autres objets utiles.

M. le Marquis *Galliani* (*Berardo*) a donné une traduction de Vitruve, avec des notes très-estimées, il est frere de M. l'Abbé Ferdinand Galliani, sécretaire d'ambassade à la Cour de France, qui fait les délices des meilleures sociétés de Paris par la vivacité de son esprit, la variété de ses connoissances, & les saillies de la critique la plus agréable ; il est l'ami de cœur de M. le Marquis Tanucci ; on ne peut faire un plus grand éloge de lui.

M. Pasquale *Carcani* est le principal rédacteur des Antiquités d'Herculanum que l'on publie actuellement ; il est employé aussi dans les bureaux de M. le Marquis Tanucci, ce qui l'empêche de s'occuper d'érudition autant qu'il le feroit s'il étoit libre ; mais on peut juger de son savoir par les notes savantes dont il a enrichi les derniers volumes de cette grande Collection.

Le P. Gennaro Sanchès *de Luna*, Jésuite, a écrit sur l'érudition grecque.

Le P. *Negri*, Barnabite, est connu par ses Commentaires sur l'Histoire Ecclésiastique de Tornielli.

M. Damian *Romano* est un Jurisconsulte distingué par ses écrits.

M. *Cyrillo* est aussi un très-grand Jurisconsulte, qui de plus est très-versé dans les langues : il a fait des comédies qui ont eu du succès.

Si nous n'avions déja cité M. le Marquis TANUCCI comme grand Ministre, nous le placerions ici dans le catalogue des Ecrivains célebres ; on a de lui des Dissertations en matiere d'érudition & de Jurisprudence, qui ont commencé sa réputation dans l'Europe, & qui firent connoître au Roi de Naples ses talens pour le gouvernement : il est peut-être le premier exemple d'un homme de lettres qui ait passé tout d'un coup de la tranquillité de son cabinet aux embarras de l'administration, sans s'y trouver déplacé, & qui ait montré par une heureuse expérience combien il y a de rapport entre ces deux genres d'occupations.

Il n'y a pas autant de Poëtes à Naples qu'il sembleroit devoir s'en trouver dans la partie la plus animée de toute l'Italie : on y trouve cependant une *Improvisatrice*, ou Improvisante, qui s'appelle Madalena *Morelli*; & un jeune enfant de onze ans, qui s'appelle Gasparo *Molle*, qui a ce genre de talent à un dégré éminent. Le génie des Napolitains est très-porté à l'enthousiasme & à la vivacité poétique, & j'ai vu un nouvel ouvrage du P. Biagio *Caputi*, Oratorien, qui l'annonce bien dans le titre comme dans l'exécution : *Estasi e rapimento sopra la Luna, di Archerio Filoseno, Poëma, in Napoli*, 1763, in-4°.

Mad. la Duchesse de *Vastogirardi* est encore une illustre Napolitaine, dont il y a des poésies imprimées : j'ai vu même publier à Florence un petit ouvrage de sa façon, intitulé : *Avertimenti di Augusta Cat. Piccolomini, Duchessa di Vastogirardi, in Firenza*, 1765, in-4°. La maison Piccolomini, dont elle est issue, semble avoir, plus qu'aucun autre en Italie, un esprit & des talens héréditaires.

La Princesse d'*Areca*, aussi aimable que spirituelle & enjouée, me fit voir aussi de fort jolis vers qu'elle avoit faits sur sa vie & sur les infidélités du Duc de

CHAP. XVII. *Des Sciences & des Arts.* 373

S. Nicolas, fur lequel on lui faifoit quelques plaifanteries de fociété.

Parmi les étrangers que leur amour pour les lettres fait remarquer à Naples, on doit citer M. Hamilton, Envoyé d'Angleterre, avec qui j'ai fait le voyage du mont Véfuve ; il a une collection précieufe de vafes étrufques, les uns en nature, les autres deffinés au naturel en différens endroits ; il y en a qui font admirables pour les formes ; j'en remarquai un qui portoit des caracteres grecs, ce qui pourroit faire foupçonner que beaucoup de ces vafes ont réellement une origine grecque ; & la beauté de leur forme femble auffi l'indiquer ; mais il y aura beaucoup de chofes à expliquer en publiant ces figures : on travaille à les faire graver en 4 volumes in-folio ; les explications feront en Italien & en Anglois, & les planches enluminées.

Les Arts n'ont pas été plus cultivés par les Napolitains que les Sciences exactes ; les Vicerois n'y ont jamais excité beaucoup d'émulation, il n'y a eu que le génie naturel de cette nation pleine d'efprit, qui quelquefois s'eft fait jour au travers des ténebres,

Des Arts de goût.

& a produit des personnages distingués.

Le Cavalier d'ARPINO, ou *le Josepin*, Joseph-César d'Arpinas, fut le plus ancien des Peintres de réputation qui se distinguerent à Naples. Il naquit en 1560 au village d'Arpinas qui est dans la terre de Labour; il fut réduit par sa pauvreté à servir des Peintres qui travailloient au Vatican; mais le Pomeranci qui lui reconnut des talens, l'employa dans divers ouvrages à Monte Cavallo & au Capitole, & c'est-là où sont ses plus beaux morceaux. Il vint en France en 1600 avec le Cardinal Aldobrandin, Légat du Pape, à l'occasion du mariage d'Henri IV avec Marie de de Médicis: le Roi lui fit des présens considérables, & le créa Chevalier de S. Michel, c'est pourquoi il est connu sous le nom du Cavalier d'Arpino. Ses principaux ouvrages à Naples sont la sacristie & la coupole des Chartreux. Il mourut à Rome en 1640.

L'ESPAGNOLET, Joseph *Ribera*, nacquit en Espagne en 1589, mais il se forma en Italie, & travailla presque toujours à Naples. Il a été regardé comme le plus habile Peintre qu'il y ait eu dans cette ville, & il y mourut en 1556. Il

CHAP. XVII. *Des Sciences & des Arts.* 375

avoit sur-tout étudié la maniere du Caravage, dont le caractere distinctif est la force, & qui surpassoit en cela tous les Peintres; il aimoit les sujets terribles comme ceux de Tantale, d'Ixion, de Prométhée, les martyres de S. Barthelemi, de S. Etienne, de S. Laurent, &c. & il y a mis une fierté & une vérité qui étonnent: il persécuta le Dominiquin d'une maniere atroce, & fut, pour ainsi dire, la cause de sa mort, comme je l'ai déja remarqué.

LUCA GIORDANO, que nous appellons Jordans, naquit à Naples en 1632. Les ouvrages de l'Espagnolet furent ses premiers modeles, mais il parcourut ensuite toute l'Italie, pour se former d'après les chef-d'œuvres des plus grands Maîtres; il savoit imiter leurs différentes manieres de façon à tromper les plus habiles; il avoit d'ailleurs une facilité étonnante; personne n'a fait autant d'ouvrages, pas même le Tintoret; aussi avoit-il le surnom de *Fa presto*. Le Roi d'Espagne, Charles II, le fit venir à sa Cour en 1692; il peignit l'Escurial, la chapelle royale de Madrid & le sallon de *Buen-retiro*; lorsqu'il revint à Naples, il fut si recherché & si employé, qu'il fit la plus grande fortune : la ville est remplie de ses ouvrages. Il mourut en 1705.

Il Calabrese. IL CALABRESE, le Calabrois, ou *Mattia Preti*, né en 1643 à Taverna dans la Calabre, étudia long-temps d'après le Correge ; il fut ensuite disciple du Lanfranc, Peintre de Parme, qui avoit beaucoup travaillé à Naples. Il est estimé pour la variété, la richesse de l'invention & la force du coloris, mais il avoit peu de dessein & de gracieux. Il mourut à Malte en 1699.

SALVATOR ROSA naquit à Naples en 1615 ; il travailla sous l'Espagnolet & sous Lanfranc, & s'acquit une très-grande réputation dans la Peinture, la Gravure, & même la Poésie : son caractere enjoué & divertissant le faisoit désirer autant que la réputation de ses talens. Il ne travailla pas long-temps à Naples ; ce fut à Rome où il se distingua le plus, & il y mourut en 1673. Il est sur-tout connu pour grand paysagiste ; il a peint aussi des marines & des batailles avec beaucoup de succès.

Paul *de Matteis* & le Cavalier *Massimo* sont encore au nombre des grands Peintres de Naples : enfin il y a eu François SOLIMENE, mort en 1747 à l'âge de 90 ans. Il avoit été destiné par son pere à suivre le Barreau, & il le fit pendant quelque temps, ne s'occupant de peinture que pour son amusement; cependant le talent singulier qu'il avoit pour ce bel art le détermina à s'y consacrer, & il est un de ceux qui a le plus travaillé à Naples; il avoit de l'imagination, une touche ferme & savante, un coloris frais & vigoureux; il étoit d'ailleurs homme de bonne société, & faisoit très-bien des vers, ainsi que Salvator Rosa son prédécesseur.

Les Peintres qui sont actuellement le plus considérés à Naples sont *Francesco de Mura* & *Giuseppe Bonito*.

Les Sculpteurs les plus célebres qu'il y ait eu à Naples, ont été Jean *de Nola*, *Auria*, *Santa Croce*, le Cavalier *Cosmo Fanzago*, & Laurent *Vaccaro*; celui-ci travailloit au commencement de ce siécle, & nous avons indiqué ses ouvrages en plusieurs endroits de ce livre. Je ne parle pas du Bernin, puisque c'est à Rome qu'il a passé presque toute sa vie, quoiqu'il fût né à Naples.

Dans l'Architecture il y a eu André Vaccaro & Laurent Vaccaro, car ce dernier excella dans l'architecture comme dans la sculpture, & Dominique Antoine Vaccaro, fils de Laurent.

Les plus habiles Architectes de Naples sont actuellement M. Vanvitelli & M. Fuga.

Louis Vanvitelli, premier Architecte du Roi de Naples doit être regardé comme le premier Architecte de l'Italie, & il l'étoit déja lorsqu'en 1750 il fut appellé par le Roi Charles III pour construire le superbe château de Caserte, dont nous parlerons dans le volume suivant. Il avoit alors 50 ans, il étoit Architecte de S. Pierre de Rome & de la Chambre Apostolique, il avoit dirigé les dernieres réparations du Dôme de S. Pierre lorsqu'on y mit ces grands cercles de fer qui ont fait l'objet d'une longue contestation. Depuis qu'il est à Naples il a restauré le palais du Roi, dont la principale façade alloit s'écrouler, il en a rempli les arcades pour la renforcer, en même temps qu'il la refondoit, & il a fait des niches à la place des vuides pour fortifier la façade sans nuire à la décoration. C'est lui qui dirige la nouvelle Eglise de l'*Annonziada*, remarquable par sa régularité, & par la situation singuliere du Dôme; il a construit le bâtiment de la Cavallerie *quartiere di Cavalleria*, qui est vers le pont de la Madeleine, & le grand bâtiment de la place appellée *Largo dello Spirito Santo* commencé en 1758.

CHAPITRE XVIII.

Des Mesures, des Poids & des Monnoies.

Le palme de Naples contient à peu près 9 pouces 8 $\frac{1}{2}$ lignes de France. Il se divise en 12 *uncie*; l'uncia en 5 *minuti*.

La canne est de 8 palmes, ainsi elle contient 6 pieds 5 pouces 8 lignes.

Le mille de Naples est composé de mille pas, & le pas est de 7 $\frac{1}{3}$ palmes, ou de 5 pieds 11 pouces 2 $\frac{2}{3}$ lignes, du moins dans les environs de Naples, & de Caserte, ainsi le mille de Naples est de 989 toises.

Le *passo* que nous disons être à Naples de 7 $\frac{1}{3}$ palmes est de 8 palmes à Accerra, Somma, Ottaiano & dans les environs ; il est de 7 $\frac{1}{4}$ à Capoue, de 8 $\frac{1}{4}$ à Aversa, de 7 $\frac{2}{3}$ à S. Severino, Rocca, Nocera de' Pagani, Scarati, Gragnano, la Cava, & Salerno. De 7 seulement à Eboli à Taranto, à Brindisi, dans l'Apouille, l'Abruze, la Calabre, la Basilicate, le *Principato citra* & *Principato ultra*. Il est de 7 $\frac{1}{2}$ à Tiano & Sessa, enfin il n'est que de 6 palmes à Otranto & à Lecce, si ce n'est dans quelques endroits de la Province de Lecce où il est 6 $\frac{1}{2}$.

Le *Moggio* ou l'arpent est une surface de 30 pas en tout sens ou de 900 pas quarrés, on s'en sert pour la mesure du terrein, & cela revient à 887 toises quarrées aux environs de Naples où le pas est 7 $\frac{1}{3}$ palmes ; ce *moggio* approche beaucoup de l'arpent de Paris, qui contient 900 toises quarrées. On seme dans le *moggio* la valeur d'un *tumulo* de grains qui fait à peu près 4 boisseaux ; on en seme 6 & même jusqu'à 12 aux environs de Paris.

Les mesures de Naples pour les solides & les fluides sont assez mal fixées ; on prétend que le bénitier de S. Janvier est le modéle de la mesure des liquides, il a 4 pouces 9 lignes de profondeur & 16 pouces 8 lignes de diametre, mais sa courbure étant celle d'une voûte surbaissée, &

ses bords très-arrondis, il m'a paru difficile d'en bien déterminer la capacité.

Le *Campione* qui est chargé de marquer les mesures & d'en faire chaque année la reconnoissance, n'a qu'un modéle de bois très-irrégulier & très-grossier, il régle les autres mesures sur celle-là en la remplissant de millet & le versant dans la mesure qu'il veut régler. Il m'a assuré que les mesures originales de bronze sont enterrées à la *Vicaria* au-dessous du lion de bronze, pour y avoir recours, en cas d'accident.

La jauge, *massagonia*, est entre les mains de *Don Vincenzo Baccio Terracina*, qui demeure à *Ponte nuovo*, près la porte de Capoue, mais je n'ai pu en tirer aucun éclaircissement qui fut assez exact pour donner des résultats bien précis ; je me suis donc contenté de mesurer les étalons de Campione, pour connoître la capacité des mesures de Naples.

Le *tumulo* dont on sert pour mesurer le bled contient 2550 pouces cubes, en sorte qu'il revient à peu-près au minot de sel qui est à Paris de 2535 pouces ou à 4 boisseaux, qui sont de 661 pouces à Paris. Il est réputé communément à Naples de 3 palmes cubes, cela feroit

2738 pouces, au lieu de 2550 que j'ai trouvé par la mesure immédiate.

Le son, *la crusca*, se mesure avec le même *tumulo*, mais on le comprime deux fois avec les mains & l'on fait la mesure comble.

Le sel se mesure aussi avec le même *tumulo*; cette mesure remplie de sel pese 50 *rotola*.

La *botta*, contient environ 534 pintes de Paris, c'est un milieu entre plusieurs mesures différentes que j'ai examinées; la botte se divise en 12 barils, chacun de $44\frac{1}{2}$ pintes, le baril en 60 caraffes, en sorte qu'une caraffe & demie font à peu-près notre pinte de Paris.

La *Regia Camera* a une mesure particuliere qui est plus grande, dans le rapport de 11 à 10, car 60 caraffes de la chambre en font 66 de l'*Oste*, c'est à dire de l'aubergiste.

La livre dont on se sert pour peser à Naples vaut 10 onces, $3\frac{1}{2}$ gros, & 27 grains, ou 6039 grains poids de marc; elle se divise en 12 onces, dont chacune vaut $503\frac{1}{4}$ grains, l'once en 30 *trapesi*; le *trapeso* en 20 *acina*; cent onces font 3 *rotoli*, ainsi le *rotolo* est de $33\frac{1}{3}$ onces de Naples ou 29 onces, un demi gros est 35 grains poid de marc.

Le *staro* est de 10 ½ *rotoli*. Le *cantaro* est de 100 *rotoli*, ce qui fait environ 182 livres, c'est-à-dire presque deux quintaux de France.

LES MONNOIES les plus ordinaires de Naples sont les ducats, les carlins, & les grains; dix grains font un carlin, dix carlins font un ducat: cette matiere de compter par fractions décimales est fort commode pour les calculs; le grain se divise encore en 12 *cavalli*; mais le *cavallo* est une trop basse monnoie pour qu'un étranger en ait besoin. On donnoit à Naples en 1765, 56 carlins pour un louis, ainsi le ducat valoit 4 livres 6 sols de France, & le carlin 8 sols & demi.

Il y a beaucoup d'autres monnoies différentes à Naples auxquelles un étranger a de la peine à s'accoutumer, mais dont il peut se passer, en comptant toujours par carlins; telles sont le *quatrino* qui vaut 3 *cavalli*, la piece de 4 *cavalli*, le *tornese* qui vaut 6 *cavalli*, la pataque, de 2 grains, la piece de 9 grains ou de 3 *quatrini*, la *publica* qui vaut 18 *cavalli*; au-dessus du carlin les pieces de 12 & de 13 grains; le *tari* qui vaut 20 grains ou deux carlins, la piece de 24 & de 26 grains, celles de 3, de 4, de 5, & de 6 carlins, celle de 66 grains; la piaftre qui vaut 10 carlins, la piece de 12 carlins, enfin celle de 13 carlins & de deux grains.

Les monnoies d'or font de deux ducats, de 3, 4, 6, 10, 16 & 24 ducats; celle de 3 ducats ou de 30 carlins eft fort ufitée & s'appelle *uncia d'oro*, once d'or; 4 ducats & demi font la *doppia*, & 26 carlins font un fequin.

L'extraction des différentes marchandifes fait que le change eft fouvent à l'avantage de Naples; on ne donnoit en 1765 que 111 grains pour une piaftre de Livourne eftimée 5 ℔ de France, cela fait 22 $\frac{1}{5}$ grains pour une livre; cependant on devroit donner au moins 23 $\frac{1}{3}$ à raifon du prix de nos louis-d'or qui paffent pour 56 carlins quand ils font tranfportés à Naples; il eft vrai qu'il y a des temps ou l'on donne à Naples jufqu'à 25 grains pour une livre de France, c'eft lorfque le Royaume de Naples doit à la France des retours en argent. Le favant Abbé Expilly évalue notre livre à 24 grains (dans fon Géographe manuel,) & il a raifon quant à la

valeur

valeur de l'or, car le marc d'or fin valant à Paris 740^{tt} 9^f 1^d $\frac{1}{11}$ suivant l'Ordonnance de 1726, & l'once de Naples pesant 503 grains & deux tiers, il s'en suit que l'once de Naples vaut 80^{tt} 19$\frac{11}{2}$, mais elle vaut dans le commerce à Naples 19 ducats & 4 carlins : ces deux quantités sont dans le rapport de un à 23 & $\frac{27}{100}$; on trouve 24$\frac{1}{4}$ si l'on prend le prix de l'or à la Zecca, qui est toujours un peu différent de celui du tarif, comme le prix de l'or chez nos orfévres excéde un peu celui de l'Ordonnance de 1726.

L'interêt ordinaire de l'argent prêté à Naples est de 4 pour cent comme il est actuellement en France, mais les personnes qui craignent les procès aiment mieux prêter à 3 pour cent & même à deux, & ne placer que chez des gens extrêmement surs ; les Jésuites, par exemple, trouvoient de l'argent à 2 pour cent tant qu'ils en vouloient.

CHAPITRE XIX.

Du Commerce de Naples, & des Consommations.

La France tire du Royaume de Naples beaucoup de soie crue ; on en tire aussi quelques ouvrages en soie tout façonnés, des taffetas, des bas de soie tricotés, & sur-tout des mouchoirs de soie, dont l'usage se soutient dans nos Provinces méridionales comme beaucoup d'autres usages d'Italie, à cause de la fréquentation & de la proximité.

La France tire encore du Royaume de Naples beaucoup d'huile & de bled ; de la laine, du chanvre, de la manne, du jus de réglisse qui se prépare dans la Calabre & dans l'Abruze, du poil & des peaux de lapins, du mairain pour les tonneaux, du marbre, des macaroni ; on assure que Rome tiroit de Naples pour 400 mille livres de macaroni avant les défenses que le Pape fut obligé de faire en 1764.

Les essences de Naples, les savons,

les fleurs artificielles, les confitures font encore des choses recherchées des étrangers, on y fait des *diavoloni* ou petits anis, aromatisés avec de l'huile essencielle de canelle, qui sont stomachiques ou du moins cordiaux, & à ce qu'on prétend un peu aphrodisiaques, ce qui en augmente beaucoup la consommation; un confiseur nommé Torelli près de S. Paul des Théatins, passe pour avoir les meilleurs, & il les vend jusqu'à cinq carlins l'once, c'est-à-dire près de 40 francs la livre de France.

Les raisins secs, appellés quelquefois chez nous raisins de carême que nous tirons de Naples, se font sur-tout dans la Calabre, c'est ce qu'on appelle *Pansa, Zebibo, Ragin secco,* suivant les lieux; c'est une espéce particuliere de raisins à gros grains, que l'on trempe trois à quatre fois dans une lessive alcaline & bouillante, faite avec des cendres ordinaires, cela suffit sans autre préparation pour les condenser & les conserver; mais on leur donne par-là une propriété saline qui cause la soif à ceux qui en ont beaucoup mangé. Ces raisins font une branche de commerce assez considérable dans le Royaume de Naples; car quoiqu'on en fasse dans le reste de l'Italie, & même en Provence, ceux de la Calabre sont meilleurs & moins chers: voilà à peu-près les principaux objets de commerce qui méritent d'être cités; (a) tout cela n'est pas assez considérable pour produire de grandes fortunes, aussi je n'ai pas ouï citer de millionaires parmi les Négocians de Naples: ce sont les *Ruggieri* qui passent pour les plus riches.

La Poste de France arrive à Naples le vendredi; elle part le samedi pour Rome, c'est le jour le plus convenable pour écrire à Paris, où les lettres arrivent le 20ᵉ jour, & coûtent 26 sous de port.

Il y a quelques arts d'industrie à Naples; tel est le jaune de Naples, dont nous parlerons ci-après. Le travail des tables incrustées de pierres dures, qui ne se faisoit autrefois qu'à Florence, est actuellement établi à Naples, où l'on fait de très-beaux ouvrages dans ce genre, mais en petit nombre.

On y monte les diamans assez propre-

(a) *Riflessioni di Nicola Fortunato, Giureconsulto Napolitano, intorno al commercio antico e moderno del regno di Napoli, sue finanze marittime &c. in Napoli 1760, in 4.*

ment, mais on aime assez à faire venir les desseins de Rome.

Une des choses particulieres que l'on remarque à Naples est le *lustrica*, ou ciment, dont les terrasses & le dessus des maisons sont couverts; il est formé avec de la chaux & de la pouzzolane, qui sont détrempées, broyées & battues à différentes reprises; ce travail est fort long quand on le veut bien faire, mais il est très-rare qu'il le soit assez bien pour n'être pas sujet aux lézardes, ou aux crevasses. La chaux qu'on y emploie ne coûte que 25 carlins la voiture de 10 cantara, ou douze sous le quintal, quand on l'achete en détail; le *peso* qui est de 40 *rotola*, coûte 15 grains, y compris les droits qui sont de 5 grains, ce qui fait 18 sous le quintal. La chaux douce qui sert pour les enduits, ne coûte que 14 grains le *peso*.

Dans le genre des arts utiles on peut voir encore à Naples une machine curieuse pour monter les fardeaux, une pour raper le tabac, une pour faire aller plusieurs pilons en même temps, & une à Caserte pour mettre en place les colonnes avec aisance.

R iij

Prix des denrées.

Le prix des denrées est moindre à Naples qu'à Paris & à Londres, parce qu'il y a plus de frugalité, moins de commerce & moins d'argent. Quoique le blé fût cher en 1765, il ne coûtoit pas 15 carlins le tumulo, ce qui fait 20 liv. le setier de Paris ; le *palata* de pain qui coûte 4 grains, doit peser 28 onces, ce qui revient à 2 s. 3 d. la livre ; le vin ordinaire à 12 carlins le barril, fait 2 s. 4 d. la pinte de Paris ; il y en a même à la moitié de ce prix-là ; le *Lacrima fine*, c'est-à-dire, le vin d'ordinaire qui est le plus estimé, est d'un sequin le barril, ce qui revient à 72 liv. le muid de Paris, ou 5 sous la bouteille : la viande coûte 9 grains le rotolo, ce qui revient à 4 s. 3 d. la livre ; le veau coûte 5 s. 8 d. il y a du veau plus délicat & plus recherché, *vitella mongana*, qui vaut près de 12 sous, mais aussi les veaux de *Sorrento* sont la viande la plus estimée de l'Italie, on leur donne plusieurs vaches, on les nourrit avec un soin particulier, & l'on parvient à leur donner un goût exquis & une extrême blancheur.

Le sel qui est au nombre des choses nécessaires à la vie, ne coûte que 2 ducats & 57 grains le tumulo, ou les 50 rotola, ce qui ne revient qu'à 2 f. 4 d. & demi la livre ; les macaroni également néceſſaires au peuple Napolitain, reviennent à 3 f. 4 d. la livre ; le jambon à 6 f. 7 d. ; le charbon à 48 f. le quintal ; de ſorte qu'un artiſan, ſa femme & 4 enfans vivent honnêtement ſans dépenſer plus de 4 ducats, ou 17 liv. par mois pour leur ménage.

Les cabriolets que l'on prend ſur la place, *Caleſſe*, ne coûtent que 4 l. 6 f. par jour, & les carroſſes de remiſe 6 l. 8 f., (ou 15 carlins) y compris la *mancia* du cocher : une felouque avec 6 rameurs coûte 20 carlins, ou 8 l. 12 f. & elle ſuffit pour une nombreuſe compagnie.

Je terminerai ces détails ſur le commerce de Naples par un état des conſommations annuelles de la ville, qui donnera une idée de ſa grandeur : il eſt tiré du produit des entrées que payent toutes les denrées, (on ne parle pas des franchiſes des Communautés & de différens particuliers) le tout réduit en meſure de Paris, auquel j'ai joint la valeur en meſure du pays. Il ſe conſomme à Naples,

Conſommations de Naples.

389280 ſetiers de blé ou de farine, ou 1212206 *tumuli*.
88093 ſetiers d'orge ou d'avoine. 274277 *tumuli*.

75292 quintaux d'huile	400000 *ſtara*.
45542 quintaux de fromages	25000 *cantara*.
72866 quintaux de poiſſon	40000 *cantara*.
45542 quintaux de viandes ſalée	25000 *cantara*.
43720 quinteaux de neige ou de glace	24000 *cantara*.
155620 muids de vin	90000 *bottes*.
60354 minots de ſel	60000 *tumuli*.
21800 bœufs ou vaches.	
160000 moutons ou agneaux.	
55600 cochons.	
82000 chevreaux.	
16000000 poules, poulets ou pigeons.	
20000000 œufs.	
300000 melons d'eau.	

Les droits d'entrées ſur leſquels ce dénombrement a été fait, ſont d'un ducat pour une botte de vin, ou 46 ſ. pour un muid de Paris ; on paye auſſi un grain & demi pour un rotolo de viande, ou 8 den. & demi par livre, poids de de France, la même choſe pour le fromage ; un grain pour un rotolo de cochon, ou 5 den. 3 quarts par livre.

Les melons d'eau que l'on porte ſur ſa tête, ou ſur ſes épaules, ne payent rien, non plus que la volaille.

Au nombre des agrémens que procure la poſition de Naples, on doit compter celui de la pêche qui eſt des plus abondantes, & qui fait vivre une quantité prodigieuſe de peuple. On a reproché au Préſident de Monteſquieu d'avoir dit que la populace de Naples vivoit de poiſson sec que la mer laisse sur ses bords, c'étoit une exagération sans doute, mais le fait est qu'il y en a beaucoup qui vivent de la pêche qui y est très-abondante & très-facile.

Les poissons les plus estimés & les plus délicats sont appellés *Sturione*, *Triglia*, *Sfoglia*, (Solle) *Spigola dentale*, *Pesce spada*, *Calamaretti*, *Cernia*, &c. c'est-là ce qu'on appelle *Pesce nobile*, qui cependant est à très-bon compte ; on l'a souvent à 14 ou 15 sous la livre.

Les coquillages, *Frutti di mare*, y sont aussi très-bons, sur-tout ceux qu'on nomme *Ostrichi*, *Ancini*, (Oursins) *Spere*, *Spannoli*.

C'est à Naples & à Genes que se font principalement les pâtes que l'on mange dans le reste de l'Italie ; on les fait avec une sorte de blé, ou *saragolla*, dont le grain est dur, qui fait un pain rougeâtre, glutineux. On le tire de Termini en Sicile & du Levant, comme de Livadie, &c. Il dégénère & il s'abatardit avec le temps, quand on le seme aux environs de Rome. Il rompt sous la dent, il a peu de farine & de substance blanche ; on le mout de différentes grosseurs, & l'on distingue cinq qualités différentes dans

Macaroni.

la mouture : 1°. la fleur ; 2°. la farine ; 3°. la petite semoule, *Semolella* ou *Rarita* ; 4°. la semoule, *Semola* ; 5°. le son, *Vrenna*, ou *Semolone*. On passe cette espece de farine par des tamis de différentes grosseurs ; les *Vermiceli* sont de cinq passées, les *Fidelini* de six passées, & ainsi des autres. Les pâtes fines se font avec la troisieme farine appellée *Semolella* ; on la pétrit avec peu d'eau, sans aucun levain, parce que la pâte s'aigriroit trop facilement ; pour la pétrir, ou la brier, on se sert d'une brie, c'est-à-dire, d'une barre, ou espece de timon, de 10 ou 12 pieds de long, dont une extrémité tient à charniere dans la muraille, & qui a une partie tranchante, sous laquelle on place la pâte, tandis que deux ou trois hommes la font mouvoir en sautant avec force sur l'autre extrémité de la barre : on travaille ainsi la pâte pendant un quart-d'heure, quelquefois pendant une heure, suivant qu'on a besoin d'une pâte plus ou moins déliée.

On met ensuite cette pâte sous la presse appellée *Torno*, *Torcio*, qui a une grosse vis, ordinairement verticale, quelquefois horisontale, que trois à quatre hommes font tourner avec un grand levier, comme dans certains pressoirs à vin. Il y a sous la vis un cylindre de bois creux, qu'on remplit de pâte; au fond du cylindre est une plaque, ou forme de cuivre appellée *Trafila*, d'environ 10 pouces de diametre, percée d'une multitude de trous, qui décident de la grosseur & de la figure des pâtes.

On distingue plus de 30 sortes de pâtes ; *Fedelini, Vermiceli, Sementelle , Punte d'Aghi, Stellucce, Stellette, Occhi di pernici, Acini di pepe*; ce sont-là les pâtes les plus fines; *Macaroni, Trenete, Lazagnette, Pater noster, Ricci di foretana*; celles-ci sont les plus grossieres.

Il y a des formes dont les trous ont une pointe au milieu, & cela produit des cordons forés en maniere de tube, comme sont les macaroni ordinaires. La forme qui sert pour les étoilettes, a un couteau qui tourne autour du centre, & qui coupe les étoiles à mesure que la pâte paroît au travers des trous de la forme (a).

Lorsqu'on fait des pâtes longues qu'on ne coupe point, on place un enfant

_____
(a) V. l'Art du Vermicelier donné par M. Malouin en 1767 & le Mémoire du D. Beccari dans les volumes de Bologne, sur la farine propre aux Macaroni.

avec un éventail pour empêcher les cordons de se coller ensemble.

C'est à la *Torre de l'Annonziada* à 4 lieues de Naples, que font les Ouvriers en pâtes fines, du-moins pour la plupart, car les *Macaronarii* de Naples qui font les pâtes ordinaires, ont droit de les empêcher de travailler en ville.

Les pâtes fines coûtent à Naples huit grains le rotolo, ou 3 f. 9 d. la livre.

Les macaroni sont la nourriture ordinaire du peuple, il leur est presque impossible de s'en passer. Policinello, devenu Roi, à qui l'on ne donnoit pas de macaroni, parce que c'étoit un aliment trop commun, disoit en langage Napolitain, *Mo mo me sprincepo*, dans le moment je laisse la royauté.

CHAPITRE XX.

Sur le Jaune de Naples & sur la fixation du Pastel.

Le Jaune de Naples, ou *Giallolino*, est une couleur fort usitée parmi les Peintres; on l'emploie dans la Miniature, & elle donne une couleur de citron plus solide que les orpins & le massicot; mais sa cherté fait qu'on l'épargne dans les grands ouvrages. Les Physiciens ont été jusqu'ici très-partagés sur la nature de cette couleur, dont on fait à Naples un grand secret. Suivant M. Pomet, c'étoit un soufre recuit; suivant l'Encyclopédie, au mot *Fresque*, c'étoit une crasse des mines de soufre. M. Montamy crut que c'étoit un ocre martial calciné par le Vésuve. M. Pot l'a regardé comme une production de l'art. M. Fougeroux, de l'Académie Royale des Sciences, ayant fait des recherches à ce sujet, est parvenu à reconnoître que le plomb en étoit le principal ingrédient; voici en effet la méthode usitée à Naples pour cette préparation, & que M. le Prince de S. Severo m'a fait l'honneur de me communiquer.

On prend du plomb bien calciné & passé au tamis, avec un tiers de son poids d'antimoine pilé & tamisé : on mêle exactement les deux matieres, & on les passe de nouveau par le tamis de soie : on prend ensuite de grandes assietes plates de terre cuite non vernissées ; on les couvre d'un papier blanc, où l'on étend la poudre sur une épaisseur d'environ deux pouces : on place ces assietes dans un fourneau à faïence, mais seulement à la partie supérieure du fourneau, pour qu'elles ne reçoivent pas un feu trop violent, la réflexion de la flamme, ou le réverbere leur suffit : on retire ces matieres en même temps que la faïence ; on y trouve alors une substance dure & jaune, que l'on broie sur le porphyre avec de l'eau, & que l'on fait ensuite sécher pour s'en servir au besoin ; c'est ce qu'on appelle *Jaune de Naples*.

Fixation du Pastel.

LA PEINTURE en pastel a tant de moëlleux & tout à la fois si peu de consistance, qu'on a souvent désiré de pouvoir en fixer les couleurs. On sait que les crayons, ou pastels qu'on y emploie, ne laiffent fur le papier qu'une poudre fine qui s'y attache fans le fecours d'aucune humidité ni d'aucun gluten ; cette efpece de pouffiere n'y eft étendue & appliquée que par le feul frottement du doigt, & il fuffiroit d'y paffer la main pour la faire tomber : la glace même qu'on y met pour défendre cette peinture, n'en affure pas la folidité ; un coup, une fecouffe, un ébranlement fait tomber la fleur du paftel, & emporte la fraîcheur du coloris malgré la glace. D'ailleurs la difficulté de trouver des glaces d'une certaine grandeur, reftreint à des bornes étroites la peinture en paftel.

Ces confidérations ont fait tenter divers moyens pour fixer le paftel, c'eſt-à-dire, pour fraper cette pouffiere de crayons, & la faire adhérer fur le fond du tableau, & M. Loriot, célebre Méchanicien de Paris, y eft parvenu avec fuccès, mais fa méthode n'eft point connue du public. Cette opération eft difficile ; on ne peut paffer fur le tableau aucune efpece de pinceau trempé dans une liqueur propre à en fixer la volatilité, parce qu'il emporteroit la couleur : on ne peut pas plonger le papier dans la liqueur, comme on le fait pour fixer les deſſins au crayon, il en réſulteroit deux défauts eſſentiels ; les couleurs qui ne peuvent ſouffrir l'humidité, telles que le jaune de Naples, l'orpiment, la lacque, le noir de fumée, ſeroient détachées par le contact de l'eau, & ſe répandroient à ſa ſurface ; les clairs qui ſont comme l'ame du tableau, & qui relevent la vivacité des couleurs, ſeroient ternis par l'humidité, & prendroient une teinte obſcure comme dans les vieux tableaux à l'huile.

On tenteroit inutilement d'expoſer le tableau ſur la vapeur d'une liqueur échaufée, pour fixer le paſtel par la chaleur & l'humidité ; car les parties glutineuſes n'étant pas les plus volatiles, ne s'élèvent point aſſez dans cette vapeur pour produire la fixation.

Après avoir éprouvé toutes ces difficultés, M. le Prince de San Severo examina s'il ſeroit poſſible de fixer ces couleurs en humectant le papier par derriere ſeulement, mais il ſe préſentoit encore ici de nouvelles difficultés ; une eau gommeuſe, propre à fixer les paſtels, étendue avec un pinceau derriere le tableau, humecte fort bien certaines couleurs, mais la lacque, le jaune de Naples, &

Chap.XX.*Sur le Jaune de Naples, &c.* 401

quelques autres, restent toujours séches & ne se fixent point. Une matiere huileuse, quelque transparente & quelque spiritueuse qu'elle soit, ternit les couleurs, & leur ôte leur plus bel agrément. L'huile de térébenthine, quoiqu'elle soit claire comme de l'eau, a le même inconvénient ; d'ailleurs elle s'évapore dans l'espace de deux ou trois jours ; les couleurs alors ne restent pas bien fixées, & se levent avec le doigt. La gomme Copal, la gomme Elemi, le sandarach, le mastic, le karabé, & généralement tous les vernis à l'esprit-de-vin & les résines obscurcissent les couleurs, & rendent le papier transparent, nébuleux & comme semé de taches.

La colle de poisson est la seule matiere que le Prince de S. Severo ait trouvé propre à cet usage: voici son procédé. Il prend 3 onces de la belle colle de poisson, que les Italiens appellent *Colla a patlone*, il la coupe en écailles minces, & la met infuser pendant 24 heures dans dix onces de vinaigre distillé ; il met là-dessus 48 onces d'eau chaude bien claire, & il remue ce mélange avec une spatule de bois, jusqu'à ce que la colle soit presque entiérement dissoute. Ce mélange étant

Usage de la colle de poisson.

versé dans un vase de verre que l'on enfonce dans le sable à deux ou trois doigts de profondeur, on met la poële qui renferme le sable sur un fourneau à feu de charbon, mais on le ménage de façon que la liqueur ne bouille jamais, & qu'on puisse même toujours y tenir le doigt ; on la remue souvent avec la spatule, jusqu'à ce que la dissolution soit entiere ; après quoi on laisse refroidir la matiere, & on la passe par le filtre de papier gris sur un entonnoir de verre, en observant de changer le papier quand la liqueur a trop de peine à passer.

S'il arrive qu'on n'ait pas mis assez d'eau, que la coile soit d'une qualité plus glutineuse, qu'elle ait de la peine à passer, & qu'elle se coagule sur le papier, on y ajoute un peu d'eau chaude, on fait dissoudre la matiere avec la spatule de bois, & on la filtre. L'expérience fait juger de la quantité d'eau nécessaire pour cette opération. Quand la liqueur est filtrée, on la verse dans une grande bouteille, en mettant alternativement un verre de la dissolution & un verre d'esprit-de-vin bien rectifié, pour qu'il y ait un égal volume plutôt qu'un poids égal des deux liqueurs ; la bouteille étant

CHAP. XX. Sur le Jaune de Naples, &c. 403

bouchée, on la secoue pendant un demi-quart-d'heure, pour que les liqueurs soient bien mêlées, & l'on a tout ce qui est nécessaire pour la fixation du pastel.

Le tableau qu'on veut fixer, étant placé horisontalement, la peinture en-dessous, bien tendu par deux personnes, on trempe un pinceau doux & large dans la composition décrite ci-dessus; il faut que le pinceau soit de l'espece de ceux qu'on emploie pour la miniature, mais qu'il ait au moins un pouce de diametre; on le passe sur le revers du papier jusqu'à ce que la liqueur pénetre bien du côté de la peinture, & que l'on voie toutes les couleurs humectées & luisantes comme si l'on y avoit passé le vernis; la premiere couche pénetre promptement à cause de la sécheresse du papier & des couleurs absorbantes : on donne une seconde couche plus légere; il faut avoir soin de donner ces couches bien également, & de maniere qu'il ne s'y fasse aucune tache, après quoi l'on étend le papier sur une table bien unie, la peinture en-dehors & le revers sur la table, pour l'y laisser sécher à l'ombre, & peu-à-peu; il suffit de quatre heures en été, & l'on a un tableau fixé, sec, sans aucune altération, & sans aucun pli ; quelquefois il y a des couleurs qui ne se fixent pas assez par cette premiere opération, & l'on est obligé de donner une nouvelle couche de la même façon que la précédente.

Il est utile que le Peintre repasse ensuite les couleurs avec le doigt l'une après l'autre, chacune dans son sens, de la même façon que s'il peignoit le tableau ; ce qu'on peut faire en trois ou quatre minutes de temps, pour ôter cette poussiere fine qui étant détachée du fond, pourroit n'être pas adhérente & fixée.

Cette maniere de fixer le pastel est simple, facile & sûre, l'altération qu'elle cause dans les couleurs est insensible, & sa solidité est telle, que l'on peut nettoyer le tableau sans gâter la couleur ; cette colle donne de la force au papier, de maniere qu'on peut l'attacher à la muraille, & le coller sur toile encore plus facilement que le papier ordinaire ; le vinaigre distillé contribue à chasser les mites qui gâtent souvent les pastels.

On peut aussi coller le papier sur une toile avant que de le peindre, pourvu qu'elle soit claire, & qu'on se serve de colle d'amidon ; on fixera le pastel de la même maniere, en employant seulement un pinceau qui foit un peu plus dur, & en appuyant un peu plus fort, pour que la liqueur pénetre de l'autre côté; il faudra plus de temps pour le fécher, mais l'effet fera le même pour la fixation du paftel.

J'ignore fi c'eft une méthode femblable que M. Loriot a employée à Paris, mais fa fixation du paftel a fi bien réuffi, qu'elle lui a mérité une penfion du Roi, & je n'aurois rien à dire fur cette matiere, fi cet ingénieux artifte ne s'étoit réfervé le fecret de fa méthode.

Lorfque M. Loriot voulut faire voir à l'Académie de Peinture combien il ménageoit les couleurs dans la fixation du paftel, il préfenta un tableau qu'il avoit divifé en quatre; deux parties en échiquier, ou en diagonale, étoient fixées, & les deux autres ne l'étoient point, cependant on n'y appercevoit aucune différence pour le ton de couleur, ni pour la fraîcheur du tableau. L'on crut de bonne foi qu'il y avoit une partie à laquelle M. Loriot n'avoit point touché, mais c'eft une chofe certaine que toute liqueur, quelque tranfparente qu'elle foit, produit une petite teinte fur le paftel, principalement dans la lacque, & dans les couleurs obfcures, affez légere, il eſt vrai, pour ne faire aucun tort au tableau, mais telle cependant qu'on ne pouroit pas confondre la partie fixée avec une partie qui n'auroit point été mouillée; il y avoit donc fans doute un tour de main, & l'on s'en feroit affûré en donnant à M. Loriot la moitié d'un tableau à fixer, en réfervant l'autre moitié pour en faire enfuite la comparaifon après la fixation. Il eſt probable qu'il paffa dans les endroits qu'il vouloit réferver, une liqueur propre à pénétrer auffi bien que la colle, mais non pas à fixer le paſtel: on peut fe fervir, par exemple, d'un mélange compofé moitié d'eau, moitié d'efprit-de-vin, parce que l'eau feule ne pénétreroit pas certaines couleurs qui font immifcibles à l'eau, comme on l'a vu plus haut. En frotant avec le pinceau trempé dans cette liqueur les parties qu'on ne veut pas fixer, elles prennent la même teinte que celles qu'on a fixées avec la colle préparée, dont on a vu la compofition, & il eſt impoffible d'en faire la différence.

M. le Prince de San Severo a auffi une méthode pour peindre en paſtel fur de la toile de Hollande, méthode plus solide, plus commode que celle de peindre sur le papier, & qui donne plus d'éclat aux couleurs.

CHAPITRE XXI.

Du travail des Cordes à boyaux, & des Tanneries.

La fabrication des cordes de violon est une chose qui est presque réservée à l'Italie; Naples & Rome en fournissent toute l'Europe, & il y a toujours beaucoup de mystere dans ces branches exclusives de commerce. On peut voir dans l'Encyclopédie à l'article *Boyaudier*, que ceux même de Paris, qui sont au nombre de huit, & qui travaillent au fauxbourg St. Martin près de Montfaucon, font un grand secret de leurs procédés, quoiqu'ils fassent plus de cordes pour les horloges & les raquettes, ou bien pour battre & voguer la capade ou l'étoffe des Chapeliers, que pour les instrumens de Musique. Il s'en fabrique quelques-unes à Toulouse, à Lyon, à

Marseille, mais toujours avec beaucoup de secret. Cela m'a fait désirer de connoître la fabrication de Naples qui est la plus estimée. M. Angelo Angelucci, près de la fontaine des serpens, a bien voulu se prêter à ma curiosité; c'est de tous celui qui en fait le plus grand commerce, car il emploie plus de cent ouvriers dans les différens endroits du Royaume, où l'on peut avoir facilement la matiere première.

C'est avec les boyaux des agneaux de sept à huit mois, que l'on fait les meilleures cordes de violon; il ne faut pas que les agneaux passent un an; ceux des mois d'Août & de Septembre sont les meilleurs, non-seulement parce qu'ils ont alors sept à huit mois, qui est l'âge le plus convenable, mais parce que la saison la plus chaude est aussi la meilleure; le boyau s'étend mieux, il est plus lisse, plus sec & plus sonore.

Il n'est pas surprenant qu'en France on soit moins porté à ce travail; on tue peu d'agneaux de si bonne heure; on les réserve pour le commerce de la laine, & on les laisse grandir, au-lieu qu'en Italie on en tue un nombre prodigieux avant un an. Les boyaux de veaux sont trop gros!

CHAP. XXI. *Des Cordes à boyaux, &c.* 409.

gros, ils n'ont pas la même délicatesse & la même harmonie ; les boyaux de mouton sont dans le même cas, ils ne peuvent servir que pour les grosses cordes.

M. Angelucci emploie quatre personnes à Naples, qui vont deux fois le jour dans les quatre coins de la ville chez les *Capretari*, especes de Bouchers qui vendent les chevreaux & les agneaux ; on ramasse les boyaux, on les paye 5 grains, ou 4 s. 3 d. & demi chacun ; mais comme ils se rompent souvent, il y en a beaucoup de perdus.

On sépare ces boyaux en neuf sortes différentes, suivant leur qualité, leur épaisseur, ou leur force qui les rend propres à différentes especes de cordes ; ils ont alors environ 50 pieds de long. On coupe la partie la plus grosse pour des cordes communes, parce qu'elle ne devient pas aussi lisse que le reste du boyau.

On met tremper ces boyaux dans de l'eau fraîche pendant 24 heures, on les nettoie ensuite avec un morceau de canne de jonc, pour en ôter les excrémens, la graisse & les membranes inutiles.

On les met dans une eau alkaline, qu'on appelle dans ces atteliers *forte*. *Eau forte.*

Tome VI. S

Pour compofer cette eau on met fur environ 200 pintes d'eau 20 livres de lie-de-vin brûlée, cela fait l'eau la plus forte; la plus foible, par laquelle on commence, doit être étendue dans quatre fois plus d'eau, ou à raifon de quatre livres de matiere alkaline pour 200 pintes d'eau; la premiere eau eft fi foible qu'à peine y apperçoit-on le goût de l'alkali en la mettant fur la langue.

On met enfemble dix boyaux dans une terrine pleine de cette premiere eau; on la change quatre fois le jour; à chaque fois on manie les boyaux d'un bout à l'autre, & on les laiffe quelques momens à fec. Tous les jours on augmente la force de l'eau, & l'on met les boyaux dans des eaux de plus en plus fortes, en augmentant la dofe de l'eau la plus forte qu'on mêle avec la plus foible.

Quand ils ont été dégraiffés & attendris pendant huit jours par cette eau alkaline, on les affemble pour les tordre; on ne met que deux boyaux enfemble pour les petites cordes de mandolines, trois pour la premiere corde de violon, fept pour la derniere, on en affemble 120 pour les plus groffes cordes des *Contro-baffo*; quelquefois on en met juf-

CHAP. XXI. *Des Cordes à boyaux, &c.* 411

qu'à 300, mais c'est pour d'autres usages auxquels on peut employer également les cordes de boyau, & non pas pour les instrumens de Musique.

Pour tordre ces boyaux on fait une dixaine de tours avec une roue à manivelle; tout de suite on les tend sur un chassis appellé *Telaro*, où il y a un grand nombre de chevilles, sur lesquelles on les passe, & l'on porte le chassis dans l'étuve.

L'étuve est une petite chambre de 12 à 15 pieds de long, bien fermée, échauffée modérément, & de maniere à faire sécher les cordes dans l'espace de 24 heures; on les laisse d'abord simplement dans l'étuve, mais ensuite on y met du soufre pour les blanchir : il faut deux livres & demie de soufre pour les 24 heures; on l'alume, il brûle pendant six heures, mais la vapeur suffit ensuite; étant arrêtée dans l'intérieur de cette étuve, elle blanchit les cordes à mesure qu'elles séchent.

Etuve.

Quand les cordes sortent de l'étuve, & avant qu'elles soient parfaitement séches, on les tord encore avec la roue; ensuite on les essuie avec des cordes de crin tressées grossiérement, dont on en-

S ij

toure chaque corde à boyau, & que l'on promene du haut en bas, pour nettoyer la corde par le frottement & les inégalités de ce crin.

On les tord encore un peu seulement avec la main, sur-tout celles qui sont grosses, & on les laisse sécher entiérement ; cinq à six heures suffisent quand il fait beau. On les coupe alors en les ôtant de dessus le chassis, on leur donne huit palmes ou six pieds & demi de longueur, quelquefois six palmes seulement ; on y met un peu d'huile pour les adoucir, & on les plie autour d'un mandrin, ou cylindre de bois, appellé *Bussolotto*, pour en faire de petits paquets, qu'on assemble ensuite sous différentes formes, & auxquels on donne différens noms ; on les appelle, par exemple, *Favetta*, quand l'assemblage des paquets a une forme cylindrique.

Le temps où l'on travaille le plus dans ce métier de *Cordaro* ou Boyaudier, est depuis Pâques jusqu'à la fin d'Octobre, parce que la chaleur est favorable à ce travail ; les saisons variables où il y a des successions de froid & de chaud, sont incommodes, parce qu'on est obligé de rendre l'eau plus forte quand il fait plus

CHAP. XXI. *Des Cordes à boyaux, &c.* 413

chaud, pour prévenir la corruption.

Le degré de force de ces eaux eſt la partie la plus délicate de l'art : pour bien connoître à l'œuil & au toucher ce que les boyaux demandent d'un jour à l'autre, il faut la plus grande habitude ; on aſſure même qu'il faut être né dans le métier pour y réuſſir ; la plupart des ouvriers qui y travaillent à Naples, ſont de Salé, village de l'Abruzze ; le Maître les nourrit, & leur donne 21 l. 8 ſ. par mois.

Domenico Antonio Angelucci, qui étoit le plus célebre *Cordaro* de Naples, & qui eſt mort au mois de Janvier 1765, s'étoit aſſocié avec ceux de Rome ; mais cette aſſociation ne dura pas long-temps : elle occaſionna un grand procès qui n'eſt pas encore terminé, & dans lequel ſon frere *Felice Angelucci* a fait beaucoup de Mémoires relatifs à cet art, mais il n'a rien publié à ce ſujet.

Le prix des cordes de violon pour la France & pour l'Angleterre eſt plus conſidérable que pour l'Allemagne ; on fait celles-ci plus fines, de moindre qualité & à meilleur marché. Le *mazzo*, compoſé de 30 cordes à deux fils, ou chanterelles, de ſix palmes, c'eſt-à-dire, de *tirata foreſ-*

tiera, coûte 5 carlins, les autres à proportion.

Les Tanneries de Naples, (*Concerie*) sont si différentes des nôtres, & si peu connues à Paris, qu'il est bien naturel d'en parler, sur-tout pour servir de supplément à la longue description de l'Art du Tanneur qui a paru en 1764, dans laquelle on a parlé de ce qui se pratiquoit en France & en Angleterre, sans pouvoir parler de l'Italie.

Tanneries. Les Tanneries de Naples sont sur la *Strada nuova* près du *Carmine*. Les cuirs de bœufs qu'on y estime le plus, sont ceux qui viennent de Francavilla dans la Pouille ; on les achete dix ducats ou 43 livres, quand ils sont beaux & d'une espece à peser 72 livres après le tannage ; on n'en trouve guere en France qui passent 45 à 50 livres, mais aussi les bœufs d'Italie sont-ils beaucoup plus gros que les nôtres.

Après que les cuirs frais ont été lavés & dessaignés, on les met dans le plein, c'est-à-dire, dans la chaux, comme le font encore chez nous beaucoup de Tanneurs ; on en met 40 à la fois dans un même plein ; tous les cinq jours on les leve & on les recouche. Au bout d'un mois

CHAP. XXI. *Des Tanneries.* 415

on les tire du plein, on les pele, on les écharne, on les travaille de riviere.

On les couche ensuite, non pas dans un second plein, mais dans un autre creux plein d'eau avec 8 boisseaux de son pour 40 cuirs, afin de les faire fermenter; on les leve tous les matins & on les recouche pendant quatre jours; les Tanneurs de Naples appellent ce confit *Aqua d'Alume*.

Les fosses qui servent pour la chaux, pour le son & pour le tannage, sont revêtues intérieurement de *lastrica*, espece de ciment, qui est le même dont les terrasses des appartemens sont couvertes; nous en avons parlé ci-dessus.

Après que les cuirs ont été dans la chaux & dans le son, on les met dans la fosse à tanner avec de la feuille de myrte, que l'on seme sur chaque cuir; & dans les duplicatures de chacun, on met 10, 12, ou 15 quintaux de myrte dans une fosse de cent cuirs, à proportion de leur grandeur.

Feuille de myrte.

Le myrte dont on se sert à Naples pour les Tanneries, est le myrte à larges feuilles, *Myrtus latifolia Romana Caspari Bauhini.* 408. *Myrtus floribus solitariis, involucro diphyllo* Linn. specie-

rum 471. Cette plante est très-commune en Italie & en Espagne, ses feuilles ont souvent 2 pouces de long & 9 à 10 lignes de large ; on l'appelle *Mortella* à Naples, elle y revient à 47 sous le quintal ; mais dans les provinces, comme à Gaëta, on l'a souvent pour 33. Il en faut cinq quintaux & demi, c'est-à-dire, pour environ 13 liv. à chaque cuir, pendant tout le temps de sa fabrication, en changeant presque tous les mois la feuille.

Le jour où l'on a couché les cuirs, quatre hommes les remuent à force de bras ; le lendemain on les leve, on les coupe, & on les étend dans la fosse avec 200 sceaux d'eau, (chacun d'environ 14 pintes) pour 200 cuirs ; quand ils ont bu toute l'eau, on en remet de la nouvelle, on les laisse ainsi pendant un mois ; tous les mois on leve l'ancienne feuille, & l'on en met de la nouvelle ; cela continue pendant trois ans, excepté la derniere année où la feuille reste six semaines sur les cuirs.

Ce tannage est plus long que celui de France qui ne dure guere plus de deux ans, mais c'est parce que le tan, ou l'écorce de chêne que nous employons en

CHAP. XXI. *Des Tanneries.* 417

France, a beaucoup plus de force & de vertu astringente que la feuille de myrte dont on se sert à Naples.

Après que le cuir est tanné on le travaille sur un banc avec une étire, c'est-à-dire, un fer propre à l'étendre & en serrer les fibres; on y met du suif fondu comme dans notre cuir de Hongrie, environ 15 ou 18 livres pour un cuir qui pese 72 livres quand il est sec, mais je crois que ce suif n'y reste pas tout entier.

Le suif coûte à Naples 15 grains le *rotolo*, ce qui revient à 7 sous la livre.

Le cuir ainsi tanné se vend à Naples 94 ₶ le quintal, ce qui fait environ 18ˢ 9ᵈ la livre, c'est un peu moins qu'à Paris où il vaut toujours 20 à 25 sous la livre, aussi-bien qu'à Londres.

Les Napolitains conviennent assez que les cuirs de France & d'Angleterre sont meilleurs pour les grosses semelles, pour la *Solà*, que ceux de Naples; ils en tirent en effet, mais on ne leur envoie de France que des cuirs de 18 à 20 livres, & d'Angleterre des cuirs de 30 à 33, & les petits cuirs ont plus de nerf que ceux de Naples qui sont beaucoup plus grands; ils en tirent aussi de Rome.

Les Napolitains envoient leurs cuirs à la foire de Salerne qui se tient à la fin de Septembre, ou à celle de Gravina, qui se tient au mois d'Avril: on n'en permet pas l'entrée dans l'Etat Ecclésiastique.

Les cuirs de bufle se tannent de la même façon que ceux de bœuf; les cuirs de chevaux se tannent aussi à l'usage de ceux qui usent peu & qui veulent faire peu de dépense, on n'y met point de suif; un année suffit pour les tanner; il y entre du myrte pour 3 ⁕, ils pesent environ 20 livres quand ils sont tannés, & se vendent 10 à 12 francs la piece.

Cuirs à œuvre. Pour faire le cuir à œuvre propre aux empeignes, on choisit les veaux de S. Germain près de Naples, les boucs ou les chevres de l'Abruzze & de la Calabre, & l'on prend de petites vaches, *annechie*, pour le cuir de carrosse. On les met en chaux pendant un mois ou environ, & dans le confit de son pendant 6 à 7 jours, quelquefois 3 jours seulement. On les met ensuite dans un coudrement ou espece de pâte, faite avec du myrte pilé, appellé *sommaco*, qu'on tire de Palerme en Sicile & qui coûte 6⁕ le quintal. On met 300 cuirs

CHAP. XXI. Des Tanneries.

à la fois dans une grande tine avec de l'eau froide, où on les tourne fans interruption pendant 3 jours en changeant le *fommaco* tous les jours.

Pour 300 peaux il faut 180 livres de poudre à chaque jour : on les leve, on les fait fécher, on les corroie, & l'on y met de l'huile d'olive à deux fois, environ 14 ou 15 onces pour une peau de vache.

Les peaux de vaches étant finies péfent environ 20 livres, & celles de veaux 8 à 9 livres; elles se vendent 23 fous la livre; les peaux de chevres péfent 3 ½ livres, & celles des boucs 5 à 6 livres : on les vend 33 fous la livre; on les travaille fur le chevalet avec un couteau fourd, c'est-à-dire, qui ne tranche pas, à plufieurs reprifes différentes, d'abord lorfqu'elles fortent de la chaux, enfuite lorfqu'elles ont été en confit, & lorfqu'elles ont été coudrées; puis on les met en noir, à peu-près comme on le trouvera expliqué affez au long dans l'Art du Corroyeur qui a paru à Paris en 1767.

CHAPITRE XXII.

Du Climat de Naples ; des Tarentules ; de l'Agriculture.

Le climat de Naples est extrêmement chaud, non-seulement par sa position qui n'est qu'à 41 degrés de l'équateur, mais encore à raison des montagnes qui l'environnent, qui concentrent & repercutent la chaleur, & peut-être encore à raison des fourneaux souterrains de la Solfatare & du Vésuve.

L'Eté y est insupportable pour les François, jusqu'à ce que les pluies qui viennent à la fin de Septembre en aient un peu modéré la chaleur ; mais aussi l'hiver y est délicieux, on ne s'y chaufe jamais, & si l'on fait des cheminées dans les grandes maisons, depuis quelques années, c'est plutôt une mode qu'un besoin. Il n'y a pas de jour dans l'année où l'on ne voye de petits garçons tout nus, c'est-à-dire, même sans chemise, courir dans les rues de la basse ville, & les petites filles avec une simple chemise.

CH. XXII. Du Climat de Naples, &c. 421

Malgré cette grande chaleur il pleut à Naples autant & plus qu'à Paris. M. Cirillo y a observé que la quantité d'eau étoit de 29 pouces, par un milieu entre dix années d'observations, & nous n'en trouvons que 19 à Paris; cette quantité de pluie à Naples n'est cependant pas énorme, puisque j'ai cité ailleurs une observation de 102 pouces de pluie dans les Etats de Modene, faite en 1716 par Conradi.

La hauteur du barometre, suivant le P. de la Torre, varie depuis 26 pouces 4 lignes jusqu'à 28 pouces 4 lignes, c'est à peu-près la même variation qu'à Paris, & la même hauteur moyenne; car en 1753 je l'observai à Paris depuis 26 p. 5 lign. jusqu'à 28 p. 5 lign. ce qui donneroit précisément la hauteur moyenne 27 p. 4 lign. comme le P. de la Torre la trouve à Naples; il est vrai qu'à Paris dans des brouillards un peu secs le barometre monte jusqu'à 28 p. 9 lign. mais cela est fort rare.

On peut juger par-là que Naples n'est pas exempte des vicissitudes de pluie & de beau temps, qu'on a toujours au bord de la mer; ce n'est que sur les hautes montagnes où le barometre ne varie que d'une ligne, parce que les nuages & les vapeurs ne s'y élevent que difficilement, & que l'air y est toujours à peu-près également pur & léger.

C'est à la grande chaleur de ce climat qu'on doit attribuer la fécondité des mules dont on cite plusieurs exemples, même dans l'année 1766.

Le climat de Naples étant beaucoup plus chaud que le nôtre, est aussi beaucoup plus sujet aux insectes; les lits n'ont point de rideaux à cause de la chaleur, mais on les couvre avec des gases pour se garantir de la *zanzara*, qui est une espece de cousin très-incommode; & le peuple fait les montures de lits avec du fer pour mieux se préserver des insectes.

Tarentule. LA TARENTULE est un des animaux les plus singuliers dont on ait parlé, & même une des choses extraordinaires du Royaume de Naples; c'est une grosse araignée à 8 pieds & dont le corps est composé de deux parties séparées par un canal très-mince; elle tire son nom de Tarente, ville qui est à 60 lieues de Naples, où elle est plus commune. On a dit & imprimé mille fois que sa piquure causoit la mort si l'on ne faisoit

Ch. XXII. *Du Climat de Naples, &c.* 423

danser le malade jusqu'à défaillance, & que la musique étoit le spécifique de cette espece de poison ; M. Geoffroy même le croyoit (Hist. de l'Acad. 1702 p. 16). Le P. Goüye lut à l'Académie en 1702 une lettre d'un Pere Jésuite de Toulon qui avoit vu danser plusieurs jours de suite un soldat Italien mordu d'une Tarentule ; mais combien de personnes ont vu danser des convulsionnaires à Paris dans le cimetiere de S. Médard, & cependant personne actuellement ne croit aux convulsions. Il en est de même de la Tarentule : tous les Physiciens mettent au nombre des erreurs populaires sa piquure & tous les effets qu'on en raconte (a).

M. le Docteur Serrao célebre Physicien de Naples, a publié il y a quelques années, un ouvrage fort ample sur cette matiere ; il y donne la description de l'insecte, il y parle de tous les Auteurs qui ont cité ce prétendu pouvoir de la musique depuis Perotto, Auteur qui mourut en 1480, jusqu'à M. Nicolas Cirillo Médecin mo-

(a) Voyez les Mémoires de l'Académie pour 1707. L'Encyclopédie au mot Araignée, le Dictionnaire d'Histoire Naturelle de M. Bomare, & le Journal étranger, Mai 1758.

(b) *Della Tarantola overo falangio di Puglia.* in 4°. 260 pages.

derne; car cet Auteur a donné dans ses notes sur Etmuller une observation faite à l'hôpital de Naples, des effets de la musique dans une maladie attribuée à la Tarentule. Cependant M. Serrao raconte des expériences faites sans aucun inconvénient de la morsure de cette araignée, & il assure que le mal qu'elle fait n'est pas plus considérable que celui d'une guêpe ; d'ailleurs la Tarentule se trouve dans des pays plus chauds que la Pouille, où l'on n'a jamais fait de pareils contes à son sujet. Enfin M. Serrao prouve que si le grand nombre d'autorités qui paroissent favorables au tarentisme avoient quelque force pour l'établir, la grande diversité de sentimens qu'on trouve dans les mêmes Auteurs, seroit encore plus forte pour la faire rejeter. Il conclut que c'est une opinion vulgaire & ridicule qui n'a de fondement que la stupidité & l'ignorance du peuple.

M. Serrao pense néanmoins que les habitans de la Pouille étant singuliérement passionnés pour la musique, il peut y avoir des cas d'hypocondrie où la musique a produit des effets salutaires sur ces malades, sur-tout à l'aide du préjugé, de l'exemple & de l'imagination, dont le pouvoir est aussi grand dans le pays dont il s'agit, que l'ignorance y est profonde: il ne manque pas de gens qui racontent que les *Tarentati* peuvent se déchirer le corps sans se faire mal, qu'ils devinent les secrets, qu'ils prédisent l'avenir, & autres puérilités qui marquent le caractere du peuple toujours porté au merviileux. Le peuple en France même, n'est-il pas généralement persuadé que les araignées sont venimeuses; & je sais cependant très-bien par expérience qu'elles ne le sont point du tout, non plus que les scorpions, dont M. de Maupertuis a voulu éprouver exprès la piquure.

Dans le mauvais recueil intitulé: *Les Délices d'Italie*, il est dit, qu'à Naples la vieille feuille ne tombe point des arbres qu'elle ne soit poussée par la nouvelle: cela n'est pas étonnant par rapport aux pins, ciprès, leccini, ou chênes verts, & par rapport aux orangers qui sont verts en toute saison; mais à l'égard des chênes ordinaires, des ormes, des noyers, & autres arbres qui chez nous quittent leurs feuilles pendant l'automne, ils la quittent également

De la verdure

dans les environs de Naples, seulement six semaines plus tard qu'en France, & ils la reprennent six semaines plutôt ; ces arbres s'y élevent moins haut qu'en France & dans le Nord : la grande chaleur les rend tortueux & petits, & ils se couronnent de bonne heure, mais ils sont plus denses, & sur-tout beaucoup plus durs que les nôtres : les ormes, les chênes, & même les noyers d'Italie employés au charonnage, durent six fois plus que chez nous.

La fertilité des campagnes est singuliere aux environs de Naples ; aussi appelle-t-on cette Province *Campagna felice*, ou *Terra di lavoro*, c'est celle que Virgile célébroit en disant :

> . . . Illam experiere colendo
> Et facilem pecori & patientem vomeris unci
> Talem dives arat Capua & vicina Vesevo
> Ora jugo. - *Georg.* II. 223.

On n'y voit point de buffles comme dans l'Etat Ecclésiastique, mais des bœufs d'une très-grande espece ; les plus beaux viennent de l'Abruzze, & ils coûtent jusqu'à 150 & même 200 ₶ la paire. Il est fort ordinaire de voir à la campagne un bœuf attelé seul à une voiture.

Agriculture. L'usage des propriétaires n'est point de partager les fruits avec le cultivateur, comme cela se pratique dans la Marche d'Ancone, où il y a des grangers qu'on appelle *Mezzaioli*. Aux environs de Naples ce sont des Fermiers, *Affituarii*, mais on se plaint, comme en France, qu'ils ruinent les fonds pour en tirer tout le produit, & les abandonner à la fin de leur bail ; les particuliers aiment mieux payer le cultivateur & recueillir les fruits par eux-mêmes ; cet usage a lieu toutes les fois qu'on est à portée de faire valoir ses fonds.

Le blé se seme entre le 1 Octobre & le 20, il se moissonne vers le 15 de Juin ; un *tumulo* de blé qui pese de 80 à 90 livres, & qui a environ 2550 pouces cubes (a), peut ensemencer un peu plus d'un *moggio* de terrein, qui est de 887 toises quarrées, c'est-à-dire, à peu-près un arpent, tandis qu'aux environs de Paris on seme jusqu'à un setier de blé, ou pour le moins un demi-setier dans un arpent.

On bat le blé avec les pieds des che-

(a) C'est le quadruple du boisseau de Paris qui doit avoir 662 pouces cubes. 12 boisseaux font le setier, qui pese 240 livres, poid de marc.

vaux, méthode qui est moins pénible & moins fatiguante que celle de la France, où des hommes armés de fléaux épuisent toutes leurs forces sur une aire de blé dans les jours même les plus chauds.

L'usage des prairies artificielles est très-commun aux environs de Naples; on y seme du trefle, & il y en a de plusieurs especes différentes, qui se sement au mois de Mars, au mois de Mai & au mois de Juillet.

Quelquefois après avoir levé le trefle on seme du panis au mois de Mai, & on le fauche un mois après pour le faire manger en verd, ou bien on le laisse trois mois en terre pour avoir la paille du panis; quelquefois on mêle le panis avec le maïs, ou le blé de Turquie.

Il y en a qui mêlent de la graine de lupin & de la graine de rave, pour les faucher ensemble & les faire manger en verd; d'autres attendent que les raves aient fait la *catozza*, c'est-à-dire, aient poussé leurs grosses racines, pour la donner aux bestiaux pendant l'hiver.

Souvent au mois d'Août l'on seme de l'orge, du seigle, des lupins & du trefle, pour les faucher vers le milieu d'Octobre. D'autres fement trois fois l'année dans le même terrein & fucceſſivement, les différens grains dont nous avons parlé; dans les endroits les plus voiſins de la mer, & qui font les plus chauds, on les laiſſe venir en graine; dans les endroits frais on les fauche pour avoir du fourage, que l'on donne toujours vert, & qui eſt de différente eſpece ſuivant les temps.

Le blé de Turquie, c'eſt-à-dire, le Maïs ou *Zea* de M. Linnæus, qui eſt le *Frumentum Indicum* de Bauhin, s'appelle auſſi à Naples *Grano d'India*, dans d'autres endroits, *Gran Turco*; il paroît que le nom de blé de Turquie eſt venu de ce nom Italien *Gran Turco*, mais il ne veut pas dire qu'on l'ait tiré de Turquie, puiſque c'eſt une plante d'Amérique, comme l'obſerve Camerarius; il n'a été appellé blé de Turquie que par des Botaniſtes Italiens, tels qu'Anguillara qui vivoit à Padoue, & ce nom a paſſé en France, parce que la plupart des Sciences y ſont venues de l'Italie.

En conſidérant la fertilité du territoire de Naples, on eſt étonné d'apprendre que l'on puiſſe y éprouver une famine ſemblable à celle de 1764, ſur-tout dans un temps où le reste de l'Europe n'étoit point dans la disette. Elle y fut cependant si terrible, que le peuple y périssoit de misere & de faim ; les maladies épidémiques vinrent à la suite de la famine, & ce fut une des années les plus affreuses qu'on y eût vues depuis long-temps. J'ai déja cité deux ouvrages fort détaillés, faits sur ces maladies de 1764.

Les Napolitains devoient encore en 1765 à Marseille & à Trieste une partie des blés qu'on leur a fournis, mais ceux que Naples a fournis l'année suivante à l'Etat Ecclésiastique ont bien dû les acquiter.

Conservation des grains.

On aura peine à croire d'après cela que ce soit pourtant à Naples que l'on ait imaginé la meilleure maniere de conserver les grains par le moyen des étuves ; c'est cependant un fait certain. M. Maréchal qui fait construire actuellement même en 1768 des étuves pour cet effet, vit en 1748 celles que M. *Intieri* avoit faites à Capoue, & dans différens endroits du royaume de Naples, il en fit faire de semblables à son retour en France en 1749 ; il rendit compte à M. d'Argenson de cette découverte, il lui présenta les plans & les mémoires concernant cette étuve & ſes avantages, & lui en fit connoître la ſtructure & les manœuvres par un modele en relief. M. Paris du Verney, Adminiſtrateur général des ſubſiſtances militaires, plus connoiſſeur que perſonne dans le genre des grains, & M. Duhamel, célebre Phyſicien, furent appellés pour examiner cette invention ; ils la jugerent de la plus grande utilité pour le Royaume ; en conſéquence M. d'Argenſon chargea M. Maréchal en 1750 d'établir une de ces étuves à Lille, pour faire des expériences ſur les grains que le Roi y avoit pour lors en approviſionnement. Il continua ſes expériences à Strasbourg en 1751, & à Colmar en 1752 ; & l'on y conſerve encore en 1768 du blé de ce temps-là, dont le pain eſt excellent. L'invention de M. *Intieri* a été perfectionnée, & M. Duhamel a publié en 1753 un très-bon Traité de la conſervation des grains (*a*), où il a donné des expériences nouvelles & des vûes ingénieuſes ſur la même matiere. On auroit dû plutôt chercher une pareille invention dans le Nord, que dans des pays où la grande chaleur doit ren-

(*a*) Traité de la conſervation des Grains, par M. Duhamel : Nouvelle Edition. in-12. Paris, 1767. chez L. F. Delatour.

dre les blés faciles à conserver, & où la grande fertilité du terrein n'expose pas au danger de la disette; cependant la famine de 1764 fait bien voir qu'on ne doit pas négliger, même à Naples, les approvisionnemens, & par conséquent les étuves.

Vignes.   Les vignes qui sont en abondance aux environs de Naples, sont toutes élevées sur des peupliers, comme chez les anciens Romains.

Ergo aut adultâ vitium propagine
    Altas maritat Populos.

Hor. Epod. II.

Cela rend les campagnes très-fraîches & très-agréables, on ne peut rien de plus délicieux que celle qu'on passe en arrivant de Rome à Naples par Capoue ; le chemin est bordé par des champs entiers couverts de grands peupliers, qui sont joints par des vignes qui vont souvent de l'un à l'autre en forme de guirlandes. Il y a trois ou quatre seps de vigne à chaque peuplier, & dix à douze pas de distance d'un arbre à l'autre ; ces peupliers viennent facilement de bouture ; on fait seulement pour les planter des fossés de 12 pieds ; on peut pour vingt écus faire planter un millier de seps de vigne.

On

CH. XXII. Du Climat de Naples, &c. 433

On fait la vendange à Naples vers le 10 Octobre, auſſi bien qu'en Bourgogne. Il ſemble que la chaleur du climat devroit accélérer la propagation, mais les vignes étant toutes à l'ombre, elles mûriſſent moins vîte. *Vendange.*

Pour faire le vin grec doux & liquoreux, dont on uſe beaucoup en Italie, on prend le raiſin blanc extrémement mûr & prêt à ſécher, *uva fracida*, on le foule avec les pieds, mais ſans le laiſſer fermenter dans la cuve ; on tire le vin, & on le met dans des tonneaux, que l'on ferme enſuite lorſque le vin a bouilli pendant dix à douze jours ; on le vend deux ſols & demi la bouteille.

Il y a auſſi beaucoup de Mûriers aux environs de Naples : les perſonnes qui ne veulent pas élever des vers à ſoie, vendent la feuille 56 ſols le quintal : un mûrier ordinaire rapporte par-là un ducat, ou 4 liv. 6 ſols quand il eſt affermé. M. l'Abbé de Sauvages qui a voyagé derniérement en Italie, y a beaucoup étudié la culture des mûriers, & il ſe propoſe de publier un Mémoire à ce ſujet. *Mûriers.*

En approchant de l'Etat Eccléſiaſtique, 20 lieues au nord de Naples, les terres ſont moins fertiles ; à l'Iſoletta

Tome VI.   T

près d'Aquino, vers le Mont Caffin, on ensemence les terres la premiere année avec du blé, la seconde avec du maïs ou avec du millet, la troisieme avec de l'avoine; le laboureur y partage les fruits avec le propriétaire, & il en prend la moitié, quelquefois les trois cinquiemes; les terres rapportent 5 à 6 comme à Paris, rarement dix pour un.

Quelquefois on cultive son fond en prenant un cultivateur & des bœufs à la journée, moyennant 34 sols par jour & la nourriture de l'homme.

Dans ce canton-là on moissonne vers la fin de Juin, on vendange vers le dix de Septembre, & l'on seme pendant tout le mois de Novembre, quoiqu'aux environs de Naples ce soit en Octobre, aussi bien que dans les environs de Rome.

On y a aussi des prairies artificielles, mais seulement dans les terres à blé; on y seme, par exemple, du froment la premiere année, & l'année suivante de la *Vetovaglia* ou *Erba prata*, c'est-à-dire, des herbes que l'on fauche pour avoir du fourrage.

Il y a des laines dans le royaume de Naples, mais elles ne suffisent pas pour la consommation des habitans; cependant le pays doit y être très-propre : un Viceroi qui vouloit en tirer parti, acheta dans une grande partie de la Pouille le droit de pâturage pour les moutons, & il en fit venir d'Espagne, mais cette entreprise n'a pas eu de suite ; il en a seulement résulté un inconvénient, c'est qu'aujourd'hui ceux qui voudroient avoir des moutons, ne peuvent les faire paître sur leur propre terrein sans en acheter la permission du Roi, à qui le droit de pâturage exclusif est demeuré.

Parmi les objets de culture que j'ai remarqués à Naples, il en est un que l'on doit principalement à M. le Prince de S. Severo, c'est celui de l'Apocin. La plante appellée *Apocynum majus Syriacum erectum*, dans l'Histoire des Plantes du Canada de M. Cornut, & *Asclepias Syriaca* dans Linnæus (*Spec. p.* 214.) porte des gousses qui sont pleines d'une soie végétale, assez abondante & assez douce pour mériter d'être employée dans les arts ; plusieurs personnes ont tenté d'en faire usage ; M. Rouviere à Paris en avoit obtenu le privilege, mais il faisoit un grand mystere de ses procédés ; voici ceux qu'on emploie à Naples.

On nétoie ce duvet, ou cette soie,

de maniere qu'il n'y ait ni semences, ni feuilles, ni membranes; on le met en macération pendant l'espace de 12 ou 15 jours, suivant la saison, dans de l'eau de pluie, où l'on aura fait fondre du savon, une once & demie pour chaque pinte d'eau. Dans les premiers jours cette matiere jette une couleur jaune, capable de teindre les mains; il faut alors changer l'eau & le savon, afin qu'elle macere, ou mûrisse mieux. On ôte ensuite cette soie de dedans l'eau; on la presse avec les mains, on la lave plusieurs fois dans de l'eau fraîche de pluie, jusqu'à ce qu'on en ait enlevé tout le savon, & que l'eau en sorte claire. On la fait sécher à l'ombre, on la peigne & on la carde avec beaucoup de délicatesse & de ménagement, & on la file comme du coton avec de petits fuseaux.

Cette opération qui est de même espece que celle de faire rouir le chanvre dans les marais, attendrit & emporte la gomme végétale, ou la partie visqueuse qui enveloppant les filets de l'apocin, leur donne de la roideur, & les rend trop lisses pour qu'ils puissent s'accrocher, se tortiller, & s'unir dans la filature.

Cependant l'apocin après cette macération n'est propre encore qu'à faire des bas, des gants, ou autres tissus qui ne demandent pas beaucoup de souplesse & de velouté ; mais pour faire des étoffes, elle exige une préparation ultérieure, dont je n'ai pas eu communication.

L'impôt territorial est fort modique aux environs de Naples : il m'a paru d'environ 15 sols par arpent, du moins dans la plaine de Nola ; l'Eglise y est assujétie comme les particuliers : aux environs du Mont Cassin on estime les impôts à huit pour cent du revenu : les fiefs payent d'autres sortes d'impôts sous le nom de *Rilevio*, d'*Adigo*, de *Cavallo montato*, ils sont encore moindres que l'impôt sur les biens roturiers ; mais les fiefs sont réduits actuellement à une condition qui paroît bien désagréable pour la Noblesse ; on ne peut pas les vendre, ni les hypotéquer, & ils retournent tous au Roi, comme dans les premiers siécles du gouvernement féodal.

Fin du Tome Sixieme.

TABLE DES CHAPITRES

Contenus dans ce Volume.

CHAPITRE I. *Voyage de Rome à Naples par Velletri & Terracina,* page 1

Ch. II. *Des Marais Pontins,* 24

Ch. III. *Route de Terracine à Naples par Gaïete,* 56

Ch. IV. *Description de Capoue,* 71

Ch. V. *Histoire de Naples,* 85

Ch. VI. *Description de la partie méridionale de Naples,* 114

Ch. VII. *Quartier des Chartreux,* 153

Ch. VIII. *Château de Capo di Monte,* 165

Ch. IX. *Quartier des Catacombes,* 183

Ch. X. *Partie orientale de Naples entre la rue de Tolede & le Port,* 203

Ch. XI. *Suite de la partie orientale de Naples. Quartier S. Dominique,* 234

Ch. XII. *De la Cathédrale & de ses environs,* 266

Ch. XIII. *Quartier des Carmes & du Marché,* 299

Ch. XIV. *Du Gouvernement de Naples,* 313

TABLE DES CHAPITRES.

Cʜ. XV. *De la Police & des Mœurs de Naples,* 331

Cʜ. XVI. *De la Musique & des Spectacles,* 345

Cʜ. XVII. *Des Sciences & des Arts,* 361

Cʜ. XVIII. *Des Mesures, des Poids & des Monnoies,* 379

Cʜ. XIX. *Du Commerce de Naples, & des Consommations,* 386

Cʜ. XX. *Sur le Jaune de Naples & sur la fixation du Pastel,* 397

Cʜ. XXI. *Des Cordes à boyaux, & des Tanneries,* 407

Cʜ. XXII. *Du Climat de Naples; des Tarentules; de l'Agriculture* 420

Fin de la Table du Tome VI.

www.ingramcontent.com/pod-product-compliance
Lightning Source LLC
Chambersburg PA
CBHW071110230426
43666CB00009B/1907